互联网+教育改革新理念教材

大学生心理健康教育

主编　单慧娟　廖财国

江苏大学出版社
JIANGSU UNIVERSITY PRESS
镇　江

内容提要

本书是根据教育部办公厅发布的《普通高等学校学生心理健康教育课程教学基本要求》，针对高等院校学生的心理素质水平状况和思想实际编写的。全书共14个项目，内容包括大学生心理健康概论、大学生心理咨询、大学生的环境适应与心理健康、大学生自我意识的发展、大学生的气质应用及性格优化、大学生的情绪管理、大学生的人际交往、大学生学习状态的提升、大学生的社团活动、大学生恋爱和性心理健康、大学生的求职择业与心理健康、大学生挫折心理调控、大学生网络心理健康和大学生生命教育。

本书既可作为高职院校心理健康课程的学习教材，也可作为相关人员学习心理健康知识的通用教材。

图书在版编目（CIP）数据

大学生心理健康教育 / 单慧娟，廖财国主编. -- 镇江 : 江苏大学出版社，2022.2（2024.1 重印）
ISBN 978-7-5684-1788-4

Ⅰ. ①大… Ⅱ. ①单… ②廖… Ⅲ. ①大学生－心理健康－健康教育－高等学校－教材 Ⅳ. ①G444

中国版本图书馆 CIP 数据核字(2022)第 031127 号

大学生心理健康教育
Daxuesheng Xinli Jiankang Jiaoyu

主　　编 / 单慧娟　廖财国
责任编辑 / 吴小娟
出版发行 / 江苏大学出版社
地　　址 / 江苏省镇江市京口区学府路 301 号（邮编：212013）
电　　话 / 0511-84446464（传真）
网　　址 / http://press.ujs.edu.cn
排　　版 / 北京同文印刷有限责任公司
印　　刷 / 北京同文印刷有限责任公司
开　　本 / 880 mm×1 230 mm　1/16
印　　张 / 13
字　　数 / 393 千字
版　　次 / 2022 年 2 月第 1 版
印　　次 / 2024 年 1 月第 3 次印刷
书　　号 / ISBN 978-7-5684-1788-4
定　　价 / 45.80 元

如有印装质量问题请与本社营销部联系（电话：0511-84440882）

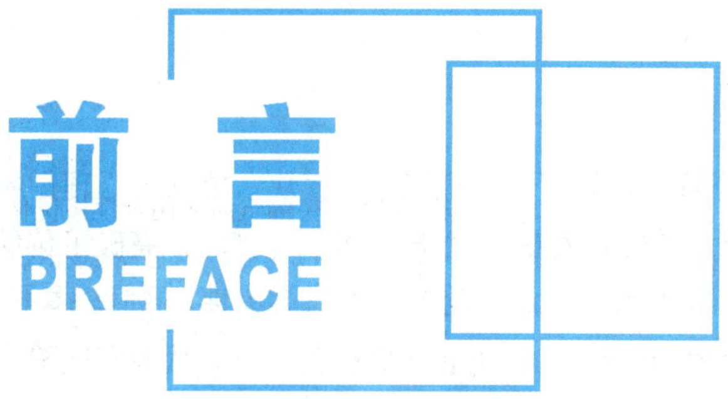

前言
PREFACE

随着科学技术的迅猛发展，社会生活的各个领域都面临着严峻的竞争和挑战。大学生作为社会的主要后备力量，肩负着建设国家的艰巨任务，他们所面临的压力是巨大的。思想观念多样、学习节奏紧张、环境适应困难、自我意识淡薄、人际关系复杂、就业形势严峻、人才竞争激烈等一系列问题都会对大学生的心理健康产生很大的影响。从我国高校的普遍情况来看，大学生的心理健康状况不容乐观。特别是近年来，心理问题导致大学生休学、退学甚至犯罪的事件有所增多，大学生的心理健康问题已引起家庭、学校及社会的普遍关注，“大学生心理健康教育”也被列为各大高校的公共基础课程。

本书以教育部办公厅发布的《普通高等学校学生心理健康教育课程教学基本要求》为依据，以科学的心理学理论为基础，结合当前大学生的身心发展特点、思想状况及实际问题，本着科学性、理论性、指导性、实用性的原则进行编写，旨在为大学生提供心理健康的知识、心理调适的方法及心理自助的指南。

党的二十大报告指出，人民健康是民族昌盛和国家强盛的重要标志，要重视心理健康和精神卫生。为此，我们结合大学生心理健康的现状、国家对学生心理健康管理工作的新要求，进一步修改完善了本书，以便贯彻党的二十大对心理健康的新要求、新精神。

全书结构严谨，条理清晰，语言流畅，知识全面，重点突出，形式多样。此外，本书具有以下突出特点：

一、价值引领，铸魂育人

本书切实落实教育立德树人的根本任务，以培养学生正确的世界观、人生观和价值观为己任，将社会责任、人文精神与工匠精神等有机地融入正文内容、经典案例与各类模块中，使学生的综合素养、专业知识和实践能力同步提升，以期对学生起到“润物细无声”的教育效果。

二、校企合作，案例实用

本书在编写过程中得到了心理健康教育相关行业和企业的大力支持，他们提供了来源于一线的、丰富而实用的教学案例。另外，本书采用专题教育方式，从大学生的自身发展和实际需要出发，以增强大学生的心理素质为目标，针对大学生面临的主要心理问题和存在的心理困惑，给予深入的解读和分析，并提供相应的应对策略和自我调适方法，让学生懂得“是什么”“为什么”“怎么做”，以使大学生重视心理健康、提高心理素养并能主动进行调节与维护。

三、全新理念，全新形态

本书融入“项目式”教学理念，在每个项目设置了“心理探索”模块，更贴合心理健康教育的特点。除此之外，每个项目均设有“热身活动”“头脑风暴”“心理训练”等模块，突破了传统教材的说教形式，深入浅出地阐述心理学基础知识，大大增强了本书的趣味性与可读性。同时，本书注重实践，学练结合，通过丰富多样的训练活动帮助学生更好地将理论和实践融为一体，从而有效提升其心理调适能力，培养其分析问题、解决问题的能力。

四、数字资源，丰富多彩

本书配有高质量的教学资源、微课和教育平台。

（1）丰富的教学资源，包括课件、教案、在线练习、答案等。

（2）精心录制的微课。本书为重要知识点配备了微课，学生只需拿起手机扫一扫，就能获取心理学的相关知识，还能掌握一些心理调节的方法和技巧，从而不断提高自己的心理素质水平。

（3）贴心的文旌综合教育平台“文旌课堂”（www.wenjingketang.com）。提供院系、班级自动化管理功能，海量严格筛选的试题及多套专家组织的试卷，教师可以扫描扉页二维码轻松布置作业、组织在线考试，以及让学生在 PC 端或移动端提交作业、进行学习自测和参加在线考试等。

在本书的编写过程中，我们还参考、借鉴了一些同仁的研究成果和资料，在此特向他们表示衷心感谢。此外，本书在编写过程中引用了大量案例，其中部分案例来源于互联网和一些非正式出版物，在此，也对这些案例资源的作者表示衷心的感谢。

由于编者水平有限，书中存在的疏漏与不当之处，敬请专家和读者批评指正。

本书编委会

主　编　单慧娟　廖财国

副主编　于岚茜　刘春丽　张　鑫　段媛媛

高　鹏　苏晓奇　王晋江　梁红梅

田文海　胡瑞平　王利敏　王　佳

佘玙圭　焦雨梅　张松青

大学生心理健康教育

项目一 健康心灵 美丽人生
——大学生心理健康概论

“

大多数人认为，健康就是一个人拥有矫健发达的四肢、雪白整齐的牙齿、乌黑靓丽的头发等，即全身上下无病无痛，其实不然。现代医学认为，健康不仅意味着无疾病，还应当意味着精神健康和社会适应良好，即健康可概括为躯体健康、心理健康和社会适应良好。刚入校的大学生往往会在环境适应、人际交往、学业发展、自我意识、情感与恋爱等方面遇到一些心理困惑或心理问题。因此，大学生有必要学习心理健康知识，学会识别心理健康问题，并掌握保持健康心理状态的方法，以便更好地适应大学生活，并在将来更好地适应社会。

”

【项目导入】

关注心理健康，主动寻求帮助

朱明性格内向，平时不爱和同学说话，无论什么事情都爱憋在心里。他在日记中写了这样两段话：

“读高中的时候，我的生活中没有什么值得忧愁的事，可进入大学后，无论在何时何地我都会感到一阵阵烦躁。烦躁的事有生活上的，也有学习上的。学校社团里有一些活动，但活动内容毫无新意，我真的觉得无聊。在家里，爸爸妈妈总是对我唠唠叨叨。我感觉他们完全不理解我，所以也不想和他们说话。”

“在学习上，我一直都是中上水平，可后来不知道怎么回事，大概是连续几次考试失利的缘故吧，我感觉学习特没劲，成绩也落后了。偶尔深夜独坐桌前，望着一大堆作业，我会想很多：就这样一天天颓废下去也不知道有什么结果，真想有一个新的开始……”

后来，朱明觉得自己的生活越来越不对劲，于是他主动找到辅导员，希望能够得到一些帮助。辅导员了解情况后，帮助他分析了他的问题，鼓励他主动向父母敞开心扉，与父母分享生活、心事和愿望；教给了他一些与同学交往的技巧，鼓励他与同学建立友好的关系，希望他能尽快走出消极情绪，变得开心、愉快起来；向他提供了一些学习方法，协助他制订了一个阶段的学习计划。

之后，朱明慢慢变得放松了，愿意主动和父母、同学沟通了，情绪也逐渐稳定下来。他还发现，有了学习计划后，他一心朝着目标努力，注意力慢慢变得集中了，学习效率也提高了，自己的生活发生了很大的转变。

热身活动

RESHEN HUODONG

活动一 相互认识（“滚雪球”）

一 两人一组相互介绍

- 活动目的：初步了解身边的同学。
- 活动时间：约 10 分钟。
- 活动道具：纸张和笔，一定的空间，可挪动的椅子。
- 活动流程：组织者给每个学生分发一张纸和一支笔。全班学生在同一个房间内做各种放松活动，当活动组织者喊“停”的时候，正在握手的、面对面的或挨着的两名同学自动组成一组。每组的两名成员拿出组织者分发的纸张，写下自己的姓名、院系、班级、宿舍等信息，以及自己喜欢和不喜欢的事物，并交给对方，然后向对方介绍自己。

二 四人一组相互介绍

- 活动目的：扩大交往圈子，认识新朋友。
- 活动时间：10 分钟。
- 活动流程：刚才相互自我介绍的两人小组与另外一个两人小组合并，形成一个 4 人小组。在新的小组里，每位成员将自己刚认识的朋友介绍给另外两位新朋友。

三 八人一组相互介绍

- 活动目的：进一步扩大交往范围，了解他人的性格与兴趣爱好。
- 活动时间：15 分钟。
- 活动流程：每个人把自己认识的 3 个朋友介绍给另外一个 4 人小组的成员，并最终形成一个 8 人小组；在向他人介绍自己的朋友时，应详细介绍朋友的性格特征和兴趣爱好。

活动二　寻找归属

- 活动目的：进一步增进相互之间的了解，发现个人特长与潜质，并让彼此融入团体，体验归属感。
- 活动时间：20 分钟。
- 活动道具：写有十二生肖的小纸片。
- 活动流程：

（1）每人抽取一张生肖纸片，通过肢体语言将所抽取属相的特征表演出来；然后找到抽到同一属相的同学，并向他们进行自我介绍。在自我介绍时，应着重介绍自身特长和潜质。

（2）抽到同一属相的同学展开讨论，以集体造型的方式让其他同学认识这一属相。

头脑风暴

TOUNAO FENGBAO

“5・25”全国大学生心理健康日

为引导大中学生关注自身的心理健康，2000 年，“5・25 全国大中学生心理健康节”在北京师范大学拉开帷幕。“5・25”的谐音为“我爱我”，意为关爱自我的心理健康和成长，活动的主题是大中学生人际交往和互助问题，口号为“我爱我——走出心灵的孤岛”。

2004 年，教育部、团中央、全国学联办公室向全国大学生发出倡议：把每年的 5 月 25 日确定为全国大学生心理健康日。随后，“5·25——大学生心理健康日”得到了全国多所高校的认同。全国多所高校都将这一天视作大学生的心理健康节，并利用这一天开展多种形式的心理健康教育活动。

自 2020 年 5 月 1 日开始，福建师范大学就在线上启动了“5·25”心理健康文化节系列活动，包括以“抗疫前行，手书心声”为主题的心理健康征文活动、同伴成长互助活动、校园心理情景剧大赛剧本征集活动、朋辈心理辅导 vlog 大赛、居家美食健心活动、21 日习惯养成计划、线上团体心理辅导活动等，受到了学生们的普遍欢迎。

2021 年 4 月下旬至 5 月下旬，安徽医科大学通过线上、线下的多方联动，开展了以“党史润心灵，奋斗促成长”为主题的大学生心理健康月系列活动，包括专题讲座、主题班会、心理游戏、团体辅导等，活动目的是培育学生自尊自信、理性平和、积极向上、刚健有为的健康心态。

2021 年 5 月，河南经贸职业学院开展了“5·25 悦运动，悦青春”大学生心理健康宣传月系列活动。第五届心理健康运动会便是其中之一。该运动会设置了“鼓动人心”“珠行万里”“生命之水”“移花接木”“同舟共济”“穿越火线”等 6 个项目，吸引了 1 000 余名师生参与。

思考 五月是充满活力与生机的季节，繁花似锦，绿荫如海。你对“5·25”全国大学生心理健康日有多少了解？你是否关注过自己的心理健康状况？你所理解的心理健康是什么样的？

心理探索

XINLI TANSUO

心理探索一 心理活动的本质

一 心理是脑的功能

什么是心理?

心理是脑的机能，脑是心理的器官。任何心理活动都产生于大脑，正常发育的大脑为心理的产生和发展提供了物质基础。

心理现象是随着神经系统的产生而出现，又是随着神经系统的不断发展和完善，由初级向高级不断发展的。无机物和植物没有心理，没有神经系统的动物也没有心理，只有具备神经系统的动物才有心理。无脊椎动物的神经系统非常简单（如蚯蚓、水蛭、沙蚕等环节动物属于高等无脊椎动物，只有一条简单的神经索），其心理发展只停留在感觉这个层次上，所以它们的心理仅能反映事物的个别属性；脊椎动物有了脊髓和大脑，其心理发展水平高于环节动物，达到了知觉的层次，所以它们能够认知事物的整体面貌；灵长类动物（如猩猩、猴子等）的大脑比较发达，它们能够认识事物的外部联系，有了思维的萌芽，但是还不能认识到事物的本质和事物之间的内部联系。

只有人类才有思维和意识，且心理发展达到了最高水平，因为人的大脑是神经系统发展的最高产物。由此可以得知：心理是神经系统特别是大脑活动的结果；而神经系统，特别是大脑，是从事心理活动的器官。

二 心理是客观现实的反映

客观现实是心理的源泉和内容。心理现象的产生过程是这样的：客观事物作用于人的感觉器官，感觉器官把外界的刺激信息经由神经系统传给大脑，大脑对信息进行加工、整理，进而产生心理现象。因此，如果抛开客观现实来考察人的心理，心理就变成了无源之水、无本之木。

心理是社会的产物，离开了人类社会，即使有人的大脑，大脑也不能自发地产生人的心理。20 世纪 20 年代，人们在狼窝中发现了两个小孩，这两个小孩被狼喂养了较长时间。被人们发现后，他们被送到了孤儿院。人们发现，尽管这两个小孩拥有健全的大脑，但是，由于他们是在狼群里长大的，脱离人类社会太久，因而只具有狼的特性，如怕光线、喜啃生肉、像狼一样嚎叫等，而不具备人的心理。

心理对客观现实的反映并不是机械的，而是积极能动的。人类能发挥主观能动性，将感性认识上升到理性认识，并将理性认识用于指导实践活动，改造客观世界。

心理是大脑活动的结果，却不是大脑活动的产品。因为心理是一种主观映象，这种主观映象可以是事物的形象，也可以是概念，甚至可以是体验。它是主观的，而不是物质的。从这个角度来说，应该把心理和物质对立起来，不能混淆，否则便会犯唯心主义的错误。

三 心理是以活动的形式存在的

心理是在人的大脑中形成的客观事物的主观映象，这种映象本身从外部是看不见也摸不着的。但是，心理可支配人的行为活动，可通过行为活动表现出来。人们可间接地通过这些表现去了解他人的心理状态，如一个人产生愤怒情绪时，其语气、面部表情、身体姿态等均有相应的表现，人们可以通过观察这些变化去分析其心理状态。

心理探索二 健康与心理健康

1948 年，世界卫生组织在其宪章中指出：“健康不仅仅是没有疾病或不虚弱，而且是一种在躯体上、精神上和社会适应上的安宁状态。”

1989 年，世界卫生组织对健康做出以下规定：“一个人只有在躯体健康、心理健康、社会适应良好和道德健康四个方面都健全，才算是一个完全健康的人。”这就说明，随着社会的发展，过去那种“无病即健康”的传统健康观已被人们抛弃，现代健康观应运而生。

由此可见，健康是一个综合概念，应包括生理、心理、社会适应和道德四个方面的内容。一个健康的人，既要有健康的身体，还要有健康的心理和行为，以及良好的道德修养。

那么，究竟什么是心理健康呢？

关于心理健康，世界卫生组织和国内外许多专家学者都提出过各自不同的看法。1948 年，世界卫生组织对心理健康的定义是：“人们在学习、生活和工作中的一种安宁平静的稳定状态。”

什么是心理健康?

《简明不列颠百科全书》中译本（1985 年）对心理健康的定义是：“心理健康是指个体心理在本身及环境条件许可范围内所能达到的最佳功能状态，但不是十全十美的绝对状态。”

我国有学者认为，心理健康者应符合以下条件：① 有满意感；② 人格完整，人际关系和谐；③ 个人与社会相适应；④ 情绪稳定。另有学者认为，心理健康者应具有健全的认识能力、适度的情绪反应、坚强的意志品质、和谐的个性结构（即个性心理特征、个性倾向性、心理过程、心理状态和自我调节系统相协调）和良好的人际关系。

由此可见，社会各界对心理健康的认识是仁者见仁、智者见智，并没有给心理健康下一个明确而统一的定义。

本书认为，心理健康是指人基本心理活动的过程完整且协调一致，即人格完整，认知、情感、意志和行为相协调。

拓展阅读

正确理解心理健康

心理健康是一个相对的概念。人的心理世界是复杂多样的，每个人都可能出现不良心理状态，即使是一个健康的人，也可能出现突发性、暂时性的心理异常。因此，大学生在理解心理健康的概念和标准时应注意以下几点。

（1）心理不健康与有不健康的心理之间不能等同。心理不健康是指一种持续性的不良心理状态。偶尔出现一些不健康的心理并不等同于心理不健康，更不等同于已患心理疾病。判断自己或他人的心理健康状况时，不能仅凭一时一事而简单地下结论。

（2）心理健康与不健康之间并不是泾渭分明的。良好的心理健康状态与严重的心理疾病之间有一个广阔的过渡带。在许多情况下，异常心理与正常心理之间没有绝对的界限，只存在程度上的差异。

（3）心理健康状态不是固定不变的，而是动态变化的。随着个体的成长、经验的积累、思维方式的转变、某些行为习惯的养成和环境的改变，个体的心理健康状态也会有所改变。

（4）心理健康的标准是一种理想尺度，它不仅为人们提供了心理健康的衡量标准，而且为人们指明了提高心理健康水平的努力方向。

心理探索三 大学生心理健康的标准

根据我国大学生的实际情况，评判大学生的心理健康水平可从以下几个标准考虑：

一 智力正常

智力是指一个人的认知能力和活动能力，是个体观察力、注意力、记忆力、思维力和想象力的综合。智力正常主要是指个体具有在经验中学习知识和理解事物的能力，获得和保持知识的能力，迅速而准确地应变的能力，以及运用逻辑推理有效地解决问题的能力等。心理健康的大学生具有强烈的求知欲和浓厚的探索兴趣，能够克服学习过程中的困难，保持一定的学习效率，并能够从学习中体验到快乐和满足感。

二　情绪健康

情绪健康的标志是情绪稳定、态度乐观、心情愉快。具体来说，情绪健康的表现如下：正面情绪多于负面情绪，乐观开朗，富有朝气，对生活充满希望；情绪稳定，善于控制与调节自己的情绪，既能有效克制又能合理宣泄自己的情绪；情绪的表达既符合社会的要求又符合自身的需要；情绪反应与环境相适应，在不同的时间和场合能恰如其分地表达情绪，情绪反应的强度与引起这种情绪的情景相符合。

大学生心理健康的标准

情绪在心理健康中具有重要作用。情绪健康有利于个体获得良好的心理状态，也有利于个体提高心理功能（如感知能力、思维能力等），从而更好地发挥自身潜能。大学生应学会保持愉快、稳定、协调的情绪。如果经常出现紧张、焦虑、抑郁、恐惧等不良情绪，那么潜能发挥就会受到影响，日常学习效果也会受到影响。

三　意志健全

意志是个体自觉地确定目标，并根据目标调节、支配自己的行为，以克服困难，实现预定目标的心理过程。意志健全主要是指个体在自觉性、果断性、坚韧性和自制力等方面都表现出较高的水平。意志健全的大学生在各种活动中都有明确的目的，能适时地做出决定并运用切实有效的方法解决所遇到的问题；在困难和挫折面前，能采取合理的应对方式，并控制自己的情绪和言行，而不会盲目行动。

意志不健全者通常有以下表现：① 优柔寡断，即面对不同的目标或方向时难以做出选择，患得患失，如一些大学生在面对继续深造和直接就业两个发展方向时，反复纠结，瞻前顾后，难以做出选择；② 自制力差，即控制自己言行和情绪的能力较差，如一些大学生进入大学后开始放飞自我，沉溺于网络游戏，从而荒废了学业；③ 盲目行事，即没有主见和原则，盲目跟从他人，如一些大学生不考虑自己的专业、兴趣和特长，盲目地参加社团活动或求职择业；④ 草率行动，即轻举妄动，如一些大学生做事冲动，逞一时之快，因一点小摩擦而与他人发生冲突，甚至做出违纪违法行为，等受到处分或者法律制裁时已悔之晚矣。

四 人格完整

人格是一切心理特征的总和，是个体的性格、气质、能力、需要、动机、兴趣、价值观等方面的综合。人格是个体独有的心理特征，是在先天素质和后天环境的共同作用下形成的，具有相对的倾向性和一定的稳定性。人格完整是指个体所想、所说、所做协调一致，个体人格结构的要素完整统一，即个体在气质、能力、性格、信念等方面均衡发展，具有正确的自我意识，以积极进取的人生观作为人格的核心，并能以此为中心把自己的需要、目标和行动统一起来。

五 自我意识完善

自我意识就是个体对自己存在状态的认识，是个体对其社会角色进行评价的结果。自我意识完善主要是指个体能正确地认识自己、评价自己、接纳自己。心理健康的大学生能够正确地自我观察、自我认定、自我判断、自我评价，即客观地认识自己，摆正自己的位置。他们既不因自己某些方面强于别人而自傲，也不因某些方面弱于别人而自卑；既能正确对待自己的优点，也不回避自己的缺点，能够自我悦纳，做到自尊、自强、自爱；面对挫折与困难，能够正视现实，积极进取，而不自暴自弃。

六 人际关系和谐

社会生活中最重要的活动之一是与人接触或与人打交道，也就是人际交往。和谐的人际关系是事业成功与生活幸福的前提。心理健康的大学生能够与同龄人建立平等、互助、和睦的伙伴关系。其具体表现如下：乐于与人交往，既能建立广泛的人际关系，又能结交知心朋友；能在交往中保持独立而完整的人格，有自知之明，不卑不亢；能客观评价别人和自己，善于取人之长，补己之短；宽以待人，乐于助人；积极的交往态度多于消极态度，交往动机端正。

七 社会适应正常

适应能力是衡量心理健康的重要指标。心理健康的大学生能够较快地适应环境，包括学习环境与生活环境、自然环境与人际环境等；能够和社会保持良好的接触，对社会现状有清晰、正确的认识，在思想和行动上都能紧跟时代发展的步伐；即使突然遭遇意外或身处恶劣环境中，也能较快地进行自我调节，顺应环境变化并保持心理平衡。

八 心理行为表现符合大学生的年龄特征

年龄特征是指在一定的社会和教育条件下，不同年龄阶段的个体在身体和心理发展方面所表现出来的典型的和本质的特征。个体在人生的不同年龄阶段，会有不同的心理行为表现，形成独特的心理行为模式。心理健康的人应具有与其实际年龄相匹配的心理行为特征，并形成与其年龄相适应的心理行为模式。如果一个人经常表现出严重偏离相应年龄的行为特征，那么其心理可能是不健康的。大学生正处于人生的黄金时期，他们精力充沛，思维敏捷，情感活跃，朝气蓬勃，勤学好问，面对困难时能始终保持积极乐观的态度。这才是心理健康的大学生应有的心理行为特征。

心理探索四 大学生健康心理的培养

一 掌握必要的心理卫生知识

大学生已经开始走向成熟，自我意识已基本建立，其日常学习的重要形式之一就是自我教育。因此，每个大学生都应增强心理卫生意识，主动学习并掌握必要的心理卫生知识，而不应在这方面存在盲点。

如何保持心理健康？

健康心理的培养和维护是一个科学的过程，与人们的生活、学习、工作密切相关，并且有一定的科学体系。这样的体系包含知识、方法、技术等多个方面的小系统。大学生应当主动学习并掌握心理学和心理健康的相关知识，了解自身的心理特点，掌握科学的心理调适方法。

二 建立合理的生活秩序

许多大学生头一次离家独自生活，一时间似乎得到了许多的“自由”。不过，如果滥用这种“自由”（如生活随心所欲、饮食作息不合理、盲目给心理加压、不科学用脑等），而不顾及自己的身体状况和生理节奏，将不利于自己的身心健康。因此，大学生应尽快建立合理的生活秩序。具体而言，应做到以下几点。

（一）心理压力适度

研究表明，个体在适度的压力和焦虑情绪之下，可以提高思考力和机敏度，但如果心理压力过大，则容易出现心理问题。因此，大学生在学习和生活中可以保持适度的心理压力，但应注意调适自己的心理，避免压力过大。

（二）生活张弛有度

大学校园生活是丰富多彩的。这为大学生合理安排生活节奏、积极参加多样的文体活动提供了十分有利的外在条件。大学生应当自觉养成良好的生活习惯，构建健康的生活方式，培养积极乐观的生活态度和高雅的生活情趣，做到起居有常、饮食有度、劳逸结合和有效调节，以充分发挥自身潜能。

（三）科学使用大脑

大脑是心理活动最重要的物质基础。如果大脑受到损伤，心理健康就无从谈起。大脑过度疲劳、紧张，或长时间处于高度兴奋状态，都会不利于个体心理健康，严重时还可能引起脑力衰竭。因此，大学生应当学会科学用脑，而不要图一时之快、逞一时之强，否则易使大脑受损，从而有害于身心健康。

三 合理地调控自身情绪

情绪是个体对外界刺激的主观体验，可引发一系列的心理反应和生理反应。情绪对个体心理健康的影响很大，几乎每一种心理疾病都有相应的情绪表现，几乎每一种躯体疾病的产生和发展都受心理因素的影响。如果一个人情绪波动较大、喜怒无常，时常处于不良情绪状态中，且不懂得控制和调节不良情绪，那么久而久之就会出现心理问题，甚至引发精神错乱。

情绪一般可划分为积极情绪和消极情绪，无好坏之分，但由情绪引发的行为或行为的结果有好坏之分。因此，大学生应学会合理地调控自己的情绪，有效地避免不良言行或不良后果。需要注意的是，调控情绪并非消灭情绪或压抑情绪，而是正视情绪，疏导情绪，将情绪合理化。

四 建立良好的人际关系

建立良好的人际关系是个体保持心理健康的重要途径。健康的心理是需要丰富的“营养”的，和谐的人际关系能为个体提供最重要的“营养”：它能让个体增添自信心，获得情感上的寄托，并增强归属感；也能让个体学会理解他人，培养博大的胸怀，并最大限度地减少心理压力和心理危机感。一个孤芳自赏、离群索居、生活在群体之外的人，是很难保持健康心理状态的。因此，大学生应当积极地去建立良好的人际关系，以便有效地保持健康心理状态。

五 确立合理的奋斗目标

每个人都有成功的欲望。青年中的佼佼者——大学生所拥有的成功欲望往往更为强烈。客观地看，每个人都有优势和劣势，每个人的能力都有一定的限度。一个人要想获得成功，首先应客观地评价自己，积极地悦纳自己，学会扬长避短，并确立合理的奋斗目标。这样既有利于个体充分发挥自身才能，又有利于个体避免一些不必要的挫折，从而为健康心理的培养和健康心理状态的维持创造条件。

相反，如果个体不自量力，仅凭美好愿望和一腔热情，盲目地制订宏伟目标，那么目标往往会落空，个体会遭受打击并产生挫败感。在这种情况下，个体不仅会白白耗费精力，而且容易产生心理问题。因此，大学生应确立合理的奋斗目标，而不要苛求自己。

此外，大学生还应避免盲目地与人竞争或相互攀比，否则会使自己终日处于紧张状态，不利于身心健康发展。

六 积极地开展自娱活动

个体培养和发展自己的业余爱好，进行多方面的自我娱乐活动，能够有效地调节心理压力，有利于培养健康心理。因此，大学生应根据自己的性格特点发展兴趣爱好，积极地开展自娱活动，适时地调整身心状态。这对培养健康心理和维持健康的心理状态十分有益。

七 主动地寻求心理咨询

当自己无法消除心理困扰，或者向朋友、亲人倾诉也不能消除烦恼的时候，大学生可以向心理辅导老师寻求帮助，也可以到专业的心理咨询机构进行心理咨询。求助是强者的行为，是有效利用身边资源的一种表现，是积极人生态度的外在表现。心理辅导老师和心理咨询师能为求助者提供专业咨询服务，和求助者一起探寻心理问题的产生原因，并努力寻找消除心理问题的办法，进而帮助求助者调整心理状态、维护心理健康、优化心理品质，从而促使求助者健康成长。

心理探索五 大学生的心理问题

大学生的心理问题可分为三个层次：轻微的心理失调、轻度的心理障碍和严重的心理疾病。前两个层次的心理问题一般可以通过自我调整或心理咨询解决，而严重的心理疾病则需要到专业的医疗机构诊治。

一 轻微的心理失调

轻微的心理失调是指由人的心理活动过激或不足引起的对生活影响较小的心理异常状态。轻微的心理失调主要表现为轻微脑功能失调、冷漠与孤独、过度自卑等。大多数大学生的心理问题属于这一层次。

轻微脑功能失调的主要表现如下：活泼过度，注意力不集中；情绪不稳，特别容易冲动，自我克制能力较差。轻微脑功能失调的大学生在遇到自己感兴趣的活动时通常过度激动、兴奋，但在碰到不顺心的事时又容易激怒，表现得喜怒无常。

冷漠与孤独的大学生对身边的人漠不关心，有时甚至表现得冷酷无情；对所学的知识不专心，没有学习热情；对集体活动冷眼旁观，置身事外。

过度自卑是一种普遍存在的情感体验。过度自卑的大学生通常有以下表现：胆小怯生，缺乏自信和勇气，不敢交际，特别畏惧失败，等等。

轻微心理失调的大学生能够正常开展日常活动，但其活动效率和个性发展会受到潜在的影响。轻微心理失调的影响可以通过调适自我心理予以消除。如果大学生不重视轻微心理失调现象，而任由其发展，那么这种心理状态会逐渐向轻度的心理障碍过渡。

二 轻度的心理障碍

轻度的心理障碍是指由特定情景或特定时段的不良刺激引起的心理异常状态。它属于暂时性的局部异常心理状态。轻度心理障碍主要指各种神经症，包括神经衰弱、焦虑症、强迫症、恐惧症、癔症等。这些异常心理状态是大学生群体经常遇到的（后文将详细介绍这些常见的异常心理）。

如果大学生出现轻度的心理障碍之后不及时进行心理调适或进行心理咨询，其不健康心理就会进一步发展，进而导致精神疾病的出现。出现轻度心理障碍的大学生能正常地开展活动，但其行为会受到心理状态的明显干扰并显得异常。这类大学生应及时进行心理咨询，必要时应进行心理治疗。心理咨询是预防和消除轻度心理障碍最普遍、最有效的方法。

三 严重的心理疾病

严重的心理疾病是指整个心理机能瓦解，心理活动各方面的协调性遭到严重损害，且机体与周围环境的关系严重失调的一种心理异常状态。严重的心理疾病主要包括人格障碍、抑郁症、精神分裂症等（后文将详细介绍常见的心理疾病）。

患有严重心理疾病的人，其思维意识与行为呈现出极为反常的状态，对自己和他人构成一种潜在威胁。患者基本上无法正常地生活和学习，必须到专业的医疗机构诊治。

心理探索六 大学生常见异常心理

大学生面临压力、竞争、矛盾、冲突时，可能会由于自身的生理和心理、社会环境等多方面因素的共同作用而患上神经症或出现人格障碍，甚至患上精神疾病。神经症、人格障碍、精神疾病的诊断有严格的医学评估标准。下面将简单介绍大学生群体中常见的异常心理。

一 神经症

神经症又称“神经官能症”或“精神神经症”，是一组轻度精神障碍的总称，包括神经衰弱、癔症、焦虑症、强迫症、恐惧症等。神经症与工作、学习负担过重或心理应激因素有关，是一种非器质性的心理障碍。神经症患者的心理功能和社会功能会受到妨碍，他们深感痛苦，但一般人并不太理解。常见的神经症有以下五种。

（一）神经衰弱

神经衰弱是指人体因大脑神经持续性过度紧张而出现大脑兴奋和抑制功能失调、神经活动能力减弱的一种心理异常现象。患有神经衰弱的大学生通常精神易兴奋，脑力易疲乏，注意力难以集中，记忆力不佳，常伴有情绪低落、易激惹（一种反应过度的精神病理状态，其常见表现为容易生气、敏感、激动、愤怒，甚至与人争吵不休）、睡眠障碍、肌肉紧张性疼痛等症状。

（二）癔症

癔症又称“歇斯底里”，是人体因精神刺激、不良暗示而出现感觉或活动机能障碍、意识状态改变的一种异常现象。癔症发病急剧，患者可以通过恰当的心理治疗而迅速恢复，但此症容易复发；发病年龄多为16～30岁，患者中女性多于男性。大多数发病的青年人具有以下共同特点：情感反应过分强烈，易从一个极端转向另一个极端；很容易受他人言语、行动、态度的影响，并产生相应的联想和反应。

癔症的症状多种多样，可表现为精神上、神经上和躯体上的功能异常。癔症患者发作时通常有以下表现：号啕大哭、喊叫、捶胸顿足、撕扯衣服、双目紧闭、突然失声或失忆、肢体突然不能活动等。

（三）焦虑症

焦虑症又称“焦虑性神经症”，是神经症这一大类疾病中最常见的一种。它以焦虑情绪体验为主要特征，可分为广泛性焦虑和急性焦虑（又称“惊恐发作”）两种形式。

广泛性焦虑是以持续、显著的紧张不安，自主神经功能兴奋和过分警觉为特征的一种慢性焦虑障碍。其患者通常有如下表现：在无明确客观原因的情况下持续紧张或担忧，坐立不安，常伴有自主神经症状，如心悸、手抖、出汗、尿频等。

急性焦虑患者通常有如下表现：突然或反复出现莫名的恐慌和不安，每次发作可持续几分钟至数十分钟，常伴有心慌、呼吸急促、眩晕、四肢无力、浑身出汗等症状。一些大学生常因学业压力过大、情感困扰、人际交往纠纷、价值观冲突、就业压力过大等而患上焦虑症，其生活、学习和职业发展也因此受到不同程度的影响。

拓展阅读

学会区分焦虑情绪和焦虑症

大学生应学会区分正常的焦虑情绪和焦虑症。具体可以从以下两个方面入手。

一方面，学会分辨自己的焦虑情绪是否“过多”“长期”“不必要”，以及这种焦虑情绪是否给自己的日常生活带来了较大的负面影响，如不能专心上课、不能正常学习、不能正常交往等。若焦虑情绪持续时间短或偶尔出现，且并未给日常生活带来重大影响，则通常为正常的焦虑情绪。

另一方面，学会区分这种焦虑情绪是来源于“客观事实”还是“主观感受”。若焦虑的严重程度与客观事实明显不相符，或焦虑持续时间过长，则可能为焦虑症。

（四）强迫症

强迫症是一种以强迫思维和强迫行为为主要表现的神经症。其特点是有意识的自我强迫和反强迫并存，两者之间的强烈冲突使患者感到焦虑和痛苦。强迫症的常见症状如下：一些毫无意义的，甚至违背自己意愿的观念、意向或行为等反复侵入患者的日常生活，患者往往能认识到这些想法或冲动来源于自身，并极力抵抗，但始终无法控制这些想法或冲动。

强迫症的主要症状包括以下几种：强迫行为，如反复计数、反复洗手、反复询问、反复查看门窗是否关闭等；强迫观念，如强迫性回忆、强迫性产生对立观念等。患者明知有些思维和行为不必要，也没有意义，但难以摆脱。这些症状严重影响患者的生活、学习、工作和人际交往。

（五）恐惧症

恐惧症是指个体对某一特定的物体、活动或场景产生持续、紧张和毫无理由的惧怕心理，从而产生回避反应。患者的惧怕心理和现实情形并不相符。其明知这种反应不合理，但是仍会反复产生这种反应，并难以自控。例如，某人遭遇过车祸后，一乘车就会产生恐惧心理，从此拒绝乘坐任何交通工具。

常见恐惧症有动物恐惧症、广场恐惧症、人际交往恐惧症、密集物体恐怖症等。大学生常患的恐惧症是社交恐惧症。恐惧症常急剧发作，患者会产生严重的恐惧心理，甚至达到惊恐的程度。恐惧症的治疗以心理治疗为主，治疗的关键是让患者不回避引发痛苦的某种刺激，并在有一定心理准备的前提下尝试去面对它，适应它，克服它。

二 人格障碍

人格障碍是指明显偏离社会文化背景的正常范围且根深蒂固的行为方式。人格障碍患者因人格内容异常、行为倾向性严重紊乱而感到痛苦，或者使他人遭受痛苦，甚至给他人、社会带来不良影响。

一些大学生有人格障碍，其内心体验和行为特征明显偏离社会群体的正常范围，具体表现为在自我认知、情感表达、人际关系等方面产生经常性、反复性的冲突。

大学生群体中常见的人格障碍有以下 6 种。

（一）偏执型人格障碍

偏执型人格障碍以猜疑和偏执为特点。患者中，男性多于女性。患者的主要表现如下：① 对周围的人或事物敏感，多疑，不信任；② 经常无端怀疑别人要伤害、欺骗或利用自己，或认为别人有针对自己的阴谋，因此过分警惕或怀有敌意；③ 遇挫折或失败时，埋怨、怪罪他人，推诿责任，强调自己有理，夸大他人的缺点或失误；④ 常有病理性嫉妒心理，如怀疑伴侣不忠、见不得他人优秀；⑤ 易记仇，常有回击、报复之心；⑥ 易感委屈，自我评价过高。

（二）分裂型人格障碍

分裂型人格障碍以观念、行为奇特，衣着另类，情感冷漠，人际关系有明显缺陷为特点。患者的主要表现如下：① 性格明显内向，独来独往，与家庭和社会疏远，除在生活或工作中必须接触的人外，基本不与他人主动交往，缺少知心朋友；② 面部表情呆板，对人冷漠，对批评和表扬无动于衷，缺乏情感体验，甚至不通人情；③ 常不修边幅，衣着另类，行为古怪，与社会格格不入；④ 说话时逻辑混乱，语意表达不清；⑤ 爱幻想，脱离现实。

（三）反社会型人格障碍

反社会型人格障碍以行为不符合社会规范、经常违法乱纪、对人冷酷无情为特点。患者中，男性多于女性。患者的主要表现如下：① 经常旷课或旷工，不能维持持久的学习或工作；② 对家庭成员缺乏爱和责任心，待人冷酷无情；③ 经常通过撒谎来获取私利或取乐；④ 缺乏自我控制力，易冲动，易怒，具有攻击性；⑤ 无道德观念，对善恶是非缺乏正确判断，在生活中不吸取教训，伤害他人后无内疚感；⑥ 极端自私或以自我为中心，经常损人利己或损人不利己，以恶作剧为乐，无羞耻感，从而令其家属、亲友、同学、邻居感到痛苦。

（四）冲动型人格障碍

冲动型人格障碍以阵发性情感爆发为特征，常有明显的冲动行为，故又称“攻击性人格障碍”。患者的主要表现如下：① 情感不稳定，易激惹，易与他人发生冲突，会因点滴小事爆发强烈的愤怒情绪或实施攻击行为，难以自控，且事前难以预测，发作后又对自己的言行感到懊悔不已，但又不能防止类似情况再次发生；② 人际关系不稳定，时好时坏，几乎没有持久的朋友；③ 情绪发作时，对他人有攻击行为，也可能自伤、自杀等；④ 做事缺乏计划性和目的性，虎头蛇尾，很难坚持去做需要较长时间才能完成的某件事。

（五）表演型人格障碍

表演型人格障碍以过分感情用事或用夸张言行来吸引他人注意为特点。患者的主要表现如下：① 情感体验较肤浅，情感反应强烈且易变，常感情用事，根据自己的好恶判断事物的好坏；② 爱表现自己，言行夸张、做作，犹如演戏，常哗众取宠，危言耸听；③ 常渴望被表扬和同情，受不了批评，爱撒娇，任性，急躁，心胸较狭隘；④ 以自我为中心，强迫别人按自己的意愿做事，不能如愿时则表达强烈的不满；⑤ 易受暗示，意志力较薄弱，容易受他人影响或诱惑；⑥ 爱幻想，表达客观事实时易掺杂幻想情节。

（六）强迫型人格障碍

强迫型人格障碍以过分严格要求自己或他人、追求完美为特征。患者的主要表现如下：① 对任何事物都要求过严、过高，循规蹈矩，按部就班，否则会感到焦虑不安；② 拘泥于细节，甚至对生活小细节也要求程序化；③ 常有不安全感，往往反复考虑某个问题，唯恐出现差错；④ 固执，专制，要求别人按照自己的方式办事，否则就感到焦虑；⑤ 遇到问题时常犹豫不决，推迟或逃避做决定；⑥ 常过分节俭，甚至吝啬；⑦ 责任感过强，过分投入学习或工作，在工作中常缺乏快乐和满足感，常产生悔恨和内疚情绪。

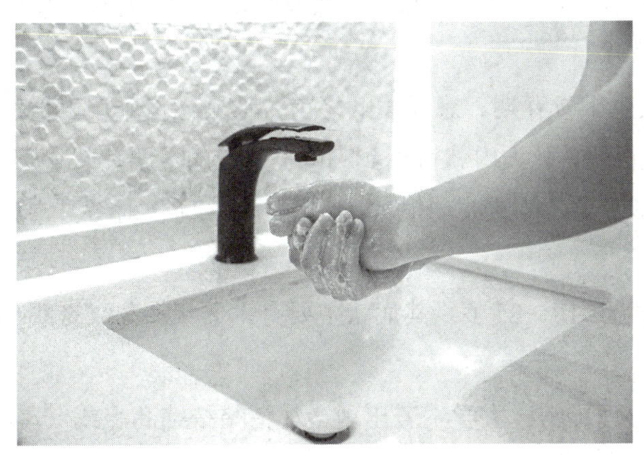

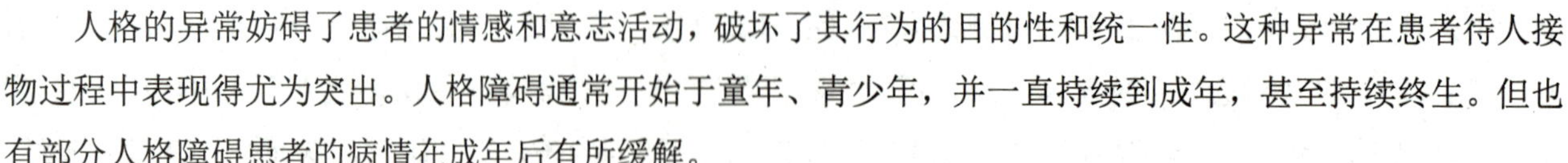

人格的异常妨碍了患者的情感和意志活动，破坏了其行为的目的性和统一性。这种异常在患者待人接物过程中表现得尤为突出。人格障碍通常开始于童年、青少年，并一直持续到成年，甚至持续终生。但也有部分人格障碍患者的病情在成年后有所缓解。

三 精神疾病

精神疾病是指由丘脑、大脑功能紊乱和病变导致的以认知、情感、意志、行为等方面出现不同程度障碍为临床表现的疾病。常见的精神疾病有情感性精神障碍和精神分裂症。

（一）情感性精神障碍

情感性精神障碍又称“心境障碍”，是指由多种因素引起的以显著而持久的情感或心境改变为主要特征的一类疾病。其主要临床表现如下：情绪高涨和低落，且伴有相应的思维改变和行为改变。这类疾病包括抑郁症、躁狂症和躁郁症。仅有抑郁发作和仅有躁狂发作的分别称为抑郁症和躁狂症，两种都有的叫作躁郁症。此病大多出现在青年期。

其中，抑郁症的临床表现如下：情绪极度低落，非常沮丧和悲伤；对周围的一切均不感兴趣，甚至忽视自身的外在形象与健康，整天无所事事或终日昏睡；行为迟缓，有明显的思维阻滞、注意力减弱、烦躁、失眠等现象；产生罪恶感，动作减少，丧失心志，甚至有死亡或自杀的想法；可能出现认知功能、语言功能及其他自主神经功能等紊乱的症状。躁狂症的临床表现如下：兴高采烈，情绪激昂，思维奔逸，精力充沛，意志增强，眨眼动作减少，肢体动作增多，自我评价过高，等等。

正常人的情感体验多种多样，其情感有相应的表达方式，并且能够自制和为人所感知。而情感性精神障碍患者通常丧失情感自控力和对重大刺激的主观体验，这往往导致患者的社会功能受损。

（二）精神分裂症

精神分裂症为一类精神疾病的总称，因为具有精神分裂的共同症状而得名。与其他心理异常不同的是，精神分裂症患者已丧失自主生活能力，病情严重到非住院治疗不可的地步。其临床表现主要包括思维松散、联想不合逻辑、妄想、情感不恰当或过于平淡、社会功能缺损等。根据临床表现的不同，精神分裂症可以分为以下几种类型：

（1）单纯型精神分裂症。单纯型精神分裂症多发生在青少年时期。患者多数是性格孤僻、懦弱，不喜欢人际交往的学生。患者早期常有失眠、头痛、精神萎靡等表现，并逐渐出现反应迟钝、不与人交往、对任何事都不感兴趣、对生活没有任何期待等症状；随后，通常出现不愿意上课或学习、对人冷漠、整天呆坐或蒙头大睡、偶尔情绪激动等行为表现。

（2）青春型精神分裂症。青春型精神分裂症多发生于青春期。患者发病之前，通常性格乖戾，情绪波动大，敏感而多疑，富于幻想。起病急骤，病情发展很快，几天内就可达到高峰。患者的主要症状如下：思维紊乱，语言表达不连贯，很难与人交谈；个性色彩明显，情感波动很大，变化无常，时笑时哭，常无缘无故大发雷霆；意志力薄弱；动作无意义。

（3）紧张型精神分裂症。紧张型精神分裂症多发生于18～25岁。其症状主要有木僵状态与兴奋跳动两种，有时单独出现，有时交替出现。

一些大学生可能因遗传因素、环境因素等而出现心理异常。大学生若出现诸如情绪持续高涨或低落、产生幻觉或错觉、妄想、哭笑无常、行为怪异、社会功能严重退化等症状，则很可能是患上了精神疾病，必须尽快就医。需要注意的是，诊断一个人是否患有精神疾病需要由精神科医生来进行。

心理训练

XINLI XUNLIAN

心理训练一　房、树、人

- 目的：挖掘自己未知的潜能，发现自身的局限。
- 基本工具：白纸、铅笔、橡皮和油画棒。
- 操作方法：请在纸上画一幅包括房子、树木、人物在内的画。没有时间限制，想怎么画就怎么画，可以涂改，但是要认真地画。

心理训练二　焦虑自评量表

表 1-1　焦虑自评量表

序号	题目	没有或很少时间有	有时有	大部分时间有	绝大部分或全部时间都有	评分
1	我觉得比平时容易紧张和着急（焦虑）					
2	我无缘无故地感到害怕（害怕）					
3	我容易心里烦乱或觉得惊恐（惊恐）					
4	我觉得我可能将要发疯（发疯感）					
5	我觉得一切都很好，也不会发生什么不幸（不幸预感）					
6	我手脚发抖或打战（手足颤抖）					
7	我因为头痛、颈痛和背痛而苦恼（躯体疼痛）					
8	我时常感到精神衰弱和身体疲乏（乏力）					
9	我觉得心平气和，并且容易安静地坐着（安静平和）					
10	我觉得心跳很快（心慌）					
11	我因为一阵阵头晕而苦恼（头昏）					

续表

序号	题目	没有或很少时间有	有时有	大部分时间有	绝大部分或全部时间都有	评分
12	我有过晕倒发作，或觉得快要晕倒似的（晕厥感）					
13	我呼气、吸气都感到很容易（呼吸容易）					
14	我手脚麻木和刺痛（手足刺痛）					
15	我因为胃痛和消化不良而苦恼（胃痛或消化不良）					
16	我常常要小便（尿意频数）					
17	我的手常常是干燥而温暖的（少汗）					
18	我的脸红并发热（面部潮红）					
19	我容易入睡并且一夜睡得很好（睡眠充足）					
20	我做噩梦					
总分统计						

评分方法

采用4级评分，主要评定症状出现的频度。评分标准如下："1"表示没有或很少时间有；"2"表示有时有；"3"表示大部分时间有；"4"表示绝大部分或全部时间都有。20个条目中有15项是反向陈述的，按上述1～4分的顺序评分；其余5项（第5，9，13，17，19项）是正向陈述的，按4～1分的顺序反向计分。

分数解释

50分以下不构成焦虑，50～59分为轻度焦虑，60～69分为中度焦虑，70分以上为重度焦虑。

项目二 心理咨询　学会自助

——大学生心理咨询

【项目导入】

朋辈互助　心理“0距离”

高宇航不仅是班级心理委员，还是学校心理委员联合协会成员。2020年，他顺利取得全国高校心理委员MOOC证书和心理疗法MOOC证书，并被评为2020年西安石油大学“优秀心理委员”和第四届“全国百佳心理委员”。

上高中时，高宇航所在的学校开设了“心理学”这门课程。在这门课上，他学习了很多和心理有关的知识。他至今还记得心理老师的一句话——“心理学习从不是像‘窥心术’那样肆意揣摩他人的心理，它应该是一味良剂，让人能够保持积极乐观的心态。”

上大学后，高宇航毅然选择了心理委员这一职位，希望利用自己学到的心理学知识帮助同学们解决学习或者生活中遇到的心理困惑。高宇航认为，作为一名心理委员，他要充当好同学们的友好倾听者、疑惑解答者和心路掌灯人的角色，他不仅要解决同学们的日常心理问题，还要作为“暗中的观察者”去认真细致地观察同学们学习、生活、人际交往等各方面的状态。他说道：“哪怕不能够彻底解决同学们的心理问题，我也一定会尽自己最大的努力帮助他们解决心路上的荆棘顽石。”

高宇航担任心理委员的初期，正是同学们刚进入大学的时候。当时，面对环境的变化，同学们或多或少都会有些不适应或迷惘。当发现有同学整天郁郁寡欢，无心学习时，高宇航便会主动上前询问，如“最近遇到什么问题了吗？”“有什么烦心事吗？”等，了解原委后，他便会开始谈心工作，交流过后还会邀请对方在操场上一起运动。如果同学的心理问题较为严重，高宇航还会主动联系年级辅导员和心理咨询中心的老师，一起帮助同学解决问题。

在那段时间，让高宇航印象最深刻的是班上的一位同学。这位同学经常独来独往，也不主动和同学们交谈，平时总是郁郁寡欢，对什么都不感兴趣。发现这个情况后，高宇航便主动与那位同学交流。原来，这个同学是第一次离开家乡，而学校的饮食、气候和他家乡的饮食、气候差异很大，因此，他一时难以适应学校陌生的环境。了解原因后，高宇航便对这个同学展开了帮助，每天和他一起上下课，对他进行课后辅导，帮助他解决遇到的问题，给他分享自己喜欢的音乐，和他一起在操场上跑步、打球。在得知该同学喜欢足球后，高宇航就在课余时间了解了一些足球文化、足球明星和近期的国际比赛，并和他一起交流研究。在经过一段时间的交流相处后，这位同学逐渐摆脱了刚开学时的沉闷状态，变得开朗起来，每天都会保持乐观的心态，积极主动地学习、健康向上地生活。

RESHEN HUODONG 热身活动

活动一 画自画像

- 活动目的：

（1）通过画自画像展示出“内心的我”，进一步认识自己。

（2）通过交流增进同学之间的了解。

- 活动时间：约 20 分钟。
- 活动道具：水彩笔和 16 开大小的白纸。
- 活动流程：

（1）主持人给每个学生发一张 16 开大小的白纸，并把水彩笔放于场地中央，供学生自由取用。

（2）全班学生每 5 人一组，每个成员在 8～10 分钟内画出一幅自画像。

（3）同组成员讨论自画像的含义和绘制思路，并确定绘制方案。

（4）主持人在全班展示典型的自画像，并请画像作者介绍自画像所表现的“内心的我”。

- 注意事项：

（1）主持人可以提示大家：自画像可以是具象的肖像画，也可以是抽象的比喻画；可以是单色的，也可以是彩色的。

（2）有的学生会因为自己的绘画技能差而感到为难，对此，主持人要提醒各组成员：本活动不是绘画比赛，只要画的内容、形式等能形象地反映自己对自我的认识即可。

（3）主持人寻找典型自画像时，可以关注自画像的大小、色彩、内容等，也可以关注学生画自画像时的神情。

活动二 肢体语言“拷贝”

- 活动目的：

（1）通过活动，学会仔细观察、准确理解和清晰表达。

（2）体验彼此信任、融洽沟通、团体合作带来的成功与快乐。

- 活动时间：约 20 分钟。
- 活动流程：

（1）全班学生分为若干组，每组 10 人以上。

（2）每组成员排纵队站好，主持人将写有一个名词的纸条让各组的第一个成员看一眼，然后请他通过肢体语言向其身后的一名成员表达自己所看到的内容，同组成员依次“拷贝”传递；最后一名成员到主持人处，写出自己所得到的信息。

（3）全班学生相互交流，分享感受。

■ 注意事项：

（1）各组成员应避免相互之间的影响；不同小组的“拷贝”内容不可相同。

（2）在游戏的过程中不要发出声音，否则游戏就没有意义了。

（3）肢体语言信息只可在两个人之间传递，不允许集体参谋、交流；已传递完信息的成员和还未传递信息的成员都必须背对着两个正在传递信息的成员。

TOUNAO FENGBAO 头脑风暴

我眼中的心理咨询

很多人都知道心理咨询，但不同的人对心理咨询存在不同的认识，部分如下：

（1）接受心理咨询是为了更充分地享受生活。

（2）心理咨询师都是新时代的、有着失真的热情的、只会说“你足够好，足够聪明……”的那类人。

（3）心理咨询是一门科学。

（4）当你有好朋友可以倾诉时，心理咨询是多余的。

（5）接受心理咨询的人是软弱的。

（6）咨询师只有经历过同样的事情才能帮助到你。

（7）心理咨询与心理治疗是有区别的。

（8）咨询师选择这个行业是为了解决他们自己的问题。

思考　你如何看待上述观点，对于心理咨询你还有什么认识？

心理探索

XINLI TANSUO

心理探索一 心理咨询的概念

关于心理咨询的概念，中外不同学者有不同的看法，不同的文献上有不同的表述。

什么是心理咨询?

美国心理学家罗杰斯将心理咨询解释为：通过与个体持续的、直接的接触，向其提供心理帮助并力图促使其行为、态度发生变化的过程。美国心理学家威乐森等将心理咨询解释为：A、B 两个人在面对面的情况下，受过心理咨询专门训练的 A，向在心理适应方面出现问题的 B 提供援助的过程。这里的 A 就是咨询师，B 就是求助者。

中国现代心理学家陈仲庚认为，心理咨询就是帮助人们去探索和研究问题，使他们能决定自己应该做些什么。我国当代心理学家张人骏等对心理咨询下的定义是："心理咨询是通过语言、文字等媒介，给咨询对象以帮助、启发和教育的过程。通过心理咨询，可以使咨询对象的认识、情感和态度有所变化，解决其在学习、工作、生活、疾病和康复等方面出现的心理问题，从而更好地适应环境，保持身心健康。"

《心理学大词典》（朱智贤主编，1989 年版）将心理咨询定义为："对心理失常的人，通过心理商谈的程序和方法，使其对自己与环境有一个正确的认识，以改变其态度与行为，并对社会生活有良好的适应。心理失常，有轻度的，也有重度的，有属于机能性的，也有属于机体性的。心理咨询以轻度的、属于机能性的心理失常为工作范围。心理咨询的目的，就是要纠正心理上的不平衡，使个人对自己与环境重新有一个清楚的认识，改变态度和行为，以达到对社会生活有良好的适应。"

《心理学百科全书》（李维主编，1995 年版）对心理咨询的定义做了如下说明："咨询者就访谈对象提出的心理障碍或要求加以矫正的行为问题，运用相应的心理学原理及其技术，借助一定的技术，与访谈者一起进行分析、研究和讨论，揭示引起心理障碍的原因，找出行为问题的症结，探索解决的可能条件和途径，共同协商出摆脱困境的对策，最后使来访者增强信心，克服障碍，维护心理健康。"

上述心理咨询的概念，颇有"同一事实，不同表述"的感觉。综合上述观点，本书认为，心理咨询是指在建立良好咨询关系的基础上，由经过专业训练的心理咨询师运用咨询心理学的有关理论和技术，向有心理问题的求助者提供帮助，以消除或解决求助者的心理问题，促进求助者心理良好适应和协调发展的过程。其中，需要解决问题并前来寻求帮助的人称为求助者（也称"来访者"），提供帮助的咨询专家称为咨询者。

在心理咨询过程中，求助者就自身存在的心理不适或心理障碍，向咨询者进行述说、询问，与咨询者共同讨论并找出引起心理问题的原因，分析问题的症结，进而寻求摆脱困境、解决问题的对策，以便恢复健康心理状态，提高对环境的适应能力，增进身心健康。

心理探索二　心理咨询的种类

按照不同的标准，心理咨询可划分为不同的种类。

一　发展性咨询和障碍性咨询

依据咨询的性质和内容，心理咨询可分为发展性咨询和障碍性咨询。

（一）发展性咨询

发展性咨询针对的是心理健康的人。在这种心理咨询中，心理咨询师针对求助者在生活道路上遇到的矛盾和困难（如恋爱情感问题、择业受挫等）而产生的心理不适，及其个人心理发展的需求等为其提供帮助和指导。发展性咨询的目的是促进求助者的心理协调和发展，完善其人格，提高心理素质，比如，帮助学生解决学习、工作、生活、人际交往等方面遇到的困难、挫折与矛盾；帮助他们增强自我认识能力和社会适应能力，使其充分发挥潜能，达到人格全面发展。

（二）障碍性咨询

障碍性咨询针对的是有心理疾病和心理障碍的人。这类咨询对象患有某种心理疾病，例如严重的神经衰弱、焦虑症、抑郁症、强迫症、恐惧症，等等。心理咨询师为其提供心理援助、支持、干预、治疗，以消除咨询对象的心理障碍，促使其心理朝着健康方向发展。障碍性咨询的目的是帮助求助者缓解症状，克服心理障碍，使其恢复心理健康状态。需要注意的是，如果求助者患有严重的心理疾病，则必须接受系统的心理治疗，并配合药物治疗，心理咨询只能作为辅助手段。

二　个别咨询和团体咨询

按咨询对象人数的不同，心理咨询可以划分为个别咨询和团体咨询。

（一）个别咨询

个别咨询是指由一位心理咨询师为一位求助者提供一对一咨询服务的咨询类型。个别咨询既可采用面谈的方式，也可以通过电话、信函、互联网等媒介进行。由于这种咨询没有他人在旁，所以求助者一般顾虑较少，可以毫无保留地暴露自己的心理问题，自由地表达自己的真实想法。个别咨询是心理咨询中最常用的类型。

（二）团体咨询

团体咨询是相对于个别咨询而言的，是指心理咨询师将具有同类心理问题的求助者组成小组或较大的团体后，对其进行集体指导。团体咨询的人数没有固定的标准，但人数太多不利于咨询的开展。当咨询人数超过 20 人时，一般可分小组进行。在团体咨询中，求助者可以通过相互观察、学习、交流和鼓励，进行自我探索，在团体互动中形成新的行为模式，从而促进自身心理的健康发展。

心理探索三 心理咨询的作用

（一）认识问题根源

心理咨询师能够帮助求助者认识到，大部分心理困扰都源自个体尚未解决的内部冲突，而非源自外界，外部环境只不过是一个舞台，内部冲突才是舞台上的主角。通过心理咨询，求助者能够逐渐认识到，只有消除自己的内部冲突，才能从根本上解决自己的心理问题。

（二）纠正错误观念

求助者通常确信自己十分清楚自己需要什么和正在做什么，而实际上并非如此。他们通常以各种非理性观念来看待事物。通过心理咨询，心理咨询师可以引导求助者审视自己的非理性观念，逐步改变其不合理的思维方式和情感表达方式，使其用理性观念和合理的思维方式来看待事物，学会与外界和谐相处。

（三）深化自我认识

在心理咨询中，心理咨询师可引导求助者进行自我探索，促使他们认识自己的需要、价值观、态度、动机、优缺点等。这有利于帮助求助者客观地认识自我，从而更加理性地看待自己与周围事物之间的关系。

（四）学会面对现实

一些求助者习惯于回味过去或计划未来，通过逃避现实来缓解自己的焦虑情绪；还有一些求助者总是希望客观事物完全按照自己的主观愿望发展。这都是不能客观面对现实的表现。通过心理咨询，心理咨询师能帮助求助者树立面对现实的信心和勇气，引导他们正确面对现实。

（五）建立新的人际关系

心理咨询师系统掌握了丰富心理学理论、方法与技巧，能够针对求助者的心理问题采用合适的方式积极回应求助者，促使求助者做出积极反应，从而帮助求助者建立新的合理的行为模式。这种新的行为模式能让求助者正确地表达自己的情感，和谐地与外界相处，从而帮助求助者在人际交往活动中建立全新的人际关系。

拓展阅读

心理咨询是如何起作用的？

一些求助者在经历了几次心理咨询之后会问心理咨询师："我知道自己的问题所在了，那我接下来该怎么做呢？"还有一些求助者会对心理咨询师说："你说的这些道理我都知道，可是我做不到。"也就是说，仅在认知层面给求助者讲道理，是不能解决其心理问题的。那么，心理咨询到底是怎么起作用的呢？心理咨询是在情感层面起作用的，即心理咨询师通过密切交流和关系梳理，撬动求助者的情感世界，进而为求助者修复已经形成的不良关系模式。

在心理咨询过程中，求助者和心理咨询师定期见面，并定期地交流内心深处的想法。慢慢地，双方的咨访关系会越来越贴近于求助者生活中的亲密关系。这种咨访关系建立后，求助者会将已经形成的不良关系模式运用于自己与心理咨询师的相处过程，进而对心理咨询师产生各种各样的情绪反应。例如，因心理咨询师不积极作答而感到愤怒；因把心理咨询师当作权威父辈而又爱又怕；等等。心理咨询师正是通过调整当下的咨访关系来修复求助者已形成的不良关系模式的。

例如，如果一个求助者在没有关爱的家庭中长大，与父母之间没有太多的情感牵绊，那么这个求助者在成年以后与他人交往时就很难获得亲近感。这个求助者在与心理咨询师相处的过程中，会将双方关系发展成这种模式——这个求助者觉得心理咨询师的态度非常冷漠，不怎么关心他，随着这种感觉日积月累，他会对心理咨询师产生不满。

当这个求助者把自己的不满表达出来时，心理咨询师会接纳他的不满情绪。这对于求助者来说是一种全新的情感体验——求助者会感受到自己被理解、被关注，会发现情绪可以表达出来，而且有人愿意接纳自己的负面情绪。这种体验能让求助者感到放松、平静，并获得满足感。

这样，心理咨询师对求助者不良关系模式的修复就在当下真实的咨访关系中发生了。这种修复不仅发生在认知层面，而且切实地发生在情感层面。情感层面的修复就有可能刷新求助者对世界的认知——曾经认为这个世界上的人都如同父母一样冷漠，可是心理咨询师的温暖与包容给了求助者全新的认识。

简而言之，在心理咨询过程中，全新的体验能真正改变求助者内心深处的感受，进而改变其行为模式。而这些全新体验，求助者往往很难从实际生活中获得。因为求助者认为他人情感冷漠的时候，通常会选择逃避或者独自生闷气，而不想跟对方继续沟通下去。在这种情况下，求助者的情绪就无处安置，而相应的不良关系模式就会在求助者的生活中不断重复和循环。

心理训练

XINLI XUNLIAN

以下是关于环境适应能力的测试题，共60问。请在你认为“是”的题目后面填“A”，在认为“不是”的后面填B。

1．世界上怪人多的是，我一概不予理睬。（　）
2．在别人交谈时总忍不住想插话。（　）
3．总是主动向人问好。（　）
4．遭人指责时，第一感受是“讨厌”。（　）
5．难以确切地表达自己的意思，容易遭人误解。（　）
6．能够理解他人不可思议的举动。（　）
7．不愿与同自己不合的人交往。（　）
8．在家里说话时常常得不到父母的重视。（　）
9．好奇心强，兴趣广泛。（　）
10．一遇到困难便一筹莫展。（　）
11．在与同性交往时能应对自如，而与异性交往时则对异性的想法茫然无知。（　）
12．走投无路时感到绝望。（　）
13．看到有不良嗜好的人时就想远离。（　）
14．不知道别人在想什么。（　）
15．在听别人说话时，常会受到启发，并不由得点头称是。（　）
16．听天由命胜于一切。（　）
17．认为有了好条件便能学习好。（　）
18．即使因某种因素只剩下孤身一人，也会充满信心地生活下去。（　）
19．自认命运多舛，反抗是无用的。（　）
20．不论跟谁交谈都不起作用时，干脆沉默不语。（　）
21．善解应用题，长于智力游戏。（　）
22．听别人自我吹嘘时会觉得很无聊。（　）
23．别人动气时，自己也会恼火。（　）
24．决定要干一件事时，不获成功，决不罢休。（　）
25．认为父母为子女操劳是天经地义的事，不必感恩。（　）
26．对于失败难以忘怀。（　）
27．十分清楚父母对自己寄予的期望是什么。（　）
28．因为有自信，所以常听不进别人的建议。（　）
29．对牛弹琴，不如不费口舌。（　）

30．总是很留意别人的服装、发型。（ ）
31．有时觉得活着没有意思。（ ）
32．生气时便会揭人之短。（ ）
33．对自己周围环境的变化很敏感。（ ）
34．总觉得时间不够用。（ ）
35．不管别人说什么，依然我行我素。（ ）
36．在看电影或电视剧时，常会感动得流下泪来。（ ）
37．渴望躲到荒无人烟的地方去。（ ）
38．心安理得地让父母和老师为自己代办一切。（ ）
39．本想说什么时，因考虑到他人的情绪而欲言又止。（ ）
40．十分羡慕那些貌似幸福的人。（ ）
41．每天都似乎在他人的操纵下生活。（ ）
42．再忙也不会乱了阵脚。（ ）
43．自己的人生属于自己，不容他人指手画脚。（ ）
44．对家里人的想法漠不关心。（ ）
45．人的言行都是有目的的，不能简单地只做表面的理解。（ ）
46．不同年代的人想法也不一样，因而寻求共同语言只能是徒劳。（ ）
47．如不严格区分“好”与“坏”，便会一事无成。（ ）
48．同一个人，在不同立场所讲的话也就不同。（ ）
49．盲目行动，不计后果。（ ）
50．即使想学习，也集中不了注意力。（ ）
51．对与自己关系亲密的人的兴趣和爱好十分熟悉。（ ）
52．常把不能充分发挥自己才能的原因归咎于环境。（ ）
53．常常会有愉快的感受。（ ）
54．独自决定自己毕业后的去向问题。（ ）
55．和朋友相处时，似乎总有一种吃亏的感觉。（ ）
56．虽很有才能，却得不到承认。（ ）
57．必要时，可以结交新朋友。（ ）
58．常常会因与他人话不投机而出现冷场现象。（ ）
59．想干的事不能干，是因为父母不理解自己。（ ）
60．人在幸福的时候对谁都充满好意。（ ）

评分方法

在第 3、6、9、12、15、18、21、24、27、30、33、36、39、42、45、48、51、54、60 题后填写“A”的得 1 分，在其余各题后填写“B”的得 1 分。最高得分为 60 分。

分数解释

（1）60～50 分，个人环境适应能力较强，能在不同的环境中学习、工作、生活得比较自如。

（2）49～30 分，个人环境适应能力一般，应努力锻炼，提高自己的适应能力。

（3）29～20 分，个人环境适应能力较差，应考虑改善日常生活态度。

（4）20 分（不包括 20 分）以下，个人环境适应能力很差，应重视自己良好个性的培养，努力提高人际交往能力。

项目三 全新开始 学会适应

——大学生的环境适应与心理健康

【项目导入】

大学新生如何快速适应新生活

案例一

广州某大学开学不久，一名新生就来到心理咨询室倾诉心中的苦恼：“刚上大学，面对陌生的环境，我各方面都不适应。上课时难以专心听讲，课后无法安心学习，我的成绩因此一落千丈。离开了父母和昔日的朋友，我常常感到孤独、迷惘、痛苦，甚至产生了恐惧心理。我十分想家，想念自己的高中同学，怀念以前熟悉的生活。”

案例二

小马是一名大一新生。他是独生子女，上大学前，在生活上十分依赖父母。进入大学后，小马处处都无法适应：他不知道什么事情该做、该怎样做，常常丢三落四；生活没有规律，影响了身体健康和正常的学习；习惯了家里优越的生活环境，认为学校条件差，不习惯过集体生活，也不能很好地处理与寝室同学的关系；没有住校经历，不会料理简单的日常生活事务，如清洗衣物、整理床铺等。他十分迷茫，不知道该怎么办，觉得自己特别没用，经常感到失望、焦虑。

这两名新生的问题都属于环境适应问题。经过高中三年的努力拼搏和高考的激烈竞争，学子们告别中学时代，步入憧憬已久的高等学府，成为一名大学生。进入大学后，他们可能会遇到生活、学习、恋爱、人际交往和职业规划等一系列的适应问题，进而产生一些心理问题。大学生无法调整自己的心理状态时，如果能及时向学校的心理老师寻求帮助，就能很快调整过来，进而快速适应大学生活。

RESHEN HUODONG 热身活动

找“领袖”

■ 活动目的：

（1）让学生体验不同定位的角色。

（2）让学生学会换位思考，能够站在别人的立场看待并解决问题。

■ 活动时间：约 20 分钟。

■ 活动流程：

（1）主持人先选出两位同学作为“侦探”，并请他们远离活动现场，不让他们看到和听到主持人对其他同学的活动安排。

（2）接着主持人指定两位同学分别作为“领袖”和“镜子”。“领袖”的任务是连续地发出动作，如作刷牙状、洗脸状、挠耳状等；“镜子”的任务是反射“领袖”的动作给其他同学，即“领袖”做什么动作，“镜子”要完全复制。

（3）剩余的同学与“领袖”一起排成方形队列站立在“镜子”的对面。“领袖”开始发出连续的动作，“镜子”复制“领袖”的动作，其他同学则复制“镜子”的动作，所有同学看起来要像是在模仿“镜子”做动作。

（4）在大家做动作的过程中，主持人可以让两位“侦探”回到活动现场，并告诉他们在方队中有一个“领袖”，他是动作的发出者。然后，给两位“侦探”一分钟或两分钟的时间，让他们找出谁是真正的“领袖”。

（5）活动结束后，让“侦探”“镜子”“领袖”和其他同学分别谈谈自己对这个游戏的感想。

■ 注意事项：

（1）“领袖”发出的动作要连贯，每个动作最好持续 6～10 秒，中间不能有停顿，动作变化的幅度不宜过大，否则很容易被“侦探”找出谁是“领袖”。

（2）“镜子”的反应速度要快，若“镜子”反应慢半拍，那么“领袖”在换动作时就很容易暴露。所以主持人在选“镜子”的时候，最好找反应灵敏、视力好、个子高的同学，为及时、准确复制“领袖”的动作奠定基础。

（3）所有模仿“镜子”的同学要认真复制“镜子”的动作，并做到步调一致。若有的同学动作快，有的动作慢，就会给“侦探”造成错觉，从而对活动造成一定的干扰，影响活动的顺利进行。

（4）若“侦探”很长时间猜不出正确答案，主持人可随时终止游戏。

TOUNAO FENGBAO 头脑风暴

我为什么总是留恋中学时代？

以下是大学新生王某与心理咨询师的对话。

“老师，我是一名入学不久的一年级新生。进入大学前，我曾幻想着大学生活是浪漫、幸福的，可是来到学校后却觉得人地两生。特别是到了周末、假日，每每看到当地同学陆续回家或与老同学相聚，我的思乡之情便油然而生。我是多么留恋过去的中学时代、过去的同学和朋友、过去熟悉的生活环境，甚至后悔不该报考外地的学校。我觉得大学不如过去的中学时代好，人长大了上了大学，而生活却变得乏味。老师，您说我这种心理是不是不正常呀？”

“你的这种心理在每年入学的新同学中很常见，这是大学新生经常会遇到的心理问题，心理学上称之为‘回归心理’。其具体表现是迷恋过去，有一种希望回到过去的心理。它主要是因为大学生对大学生活不适应、对新环境感到陌生造成的，你现在的心理正是这种‘回归心理’。‘回归心理’是一种正常的心理。相较于其他人，你们这些第一次离家的年轻人更容易产生这种心理。因为还没有与新同学建立起友好亲近的关系，对新环境中的一切都没有对自己家乡那般亲切、熟悉和热爱，如果遇到一些挫折或不愉快的事情，这种回归心理还会增强。这就是为什么大一新生与中学同学联系的频率普遍高于高年级大学生的原因。此外，离家较近些的大学新生，甚至还会利用周末、节假日的时间，买张火车票跑回家一趟，哪怕只能在家待上一两天，也会不计成本地来回跑。需要注意的是，存在‘回归心理’的大学生不用过分担心，因为这种心理并不会持续太久，它会随着对新环境的不断熟悉而逐渐得到缓解……”

思考 你是否有过回归心理？你是如何理解与看待这一心理的？如果产生了这种心理，你会如何应对？

心理探索

XINLI TANSUO

心理探索一 大学生面临的新变化

一 生活方式的变化

大学之前，大部分学生的日常生活依赖于父母的照料和安排，他们习惯了父母无微不至的关怀与呵护，因而相对缺乏独立的生活自理能力。进入大学后，大学生远离了父母，衣食起居、学习娱乐、理财规划、身体健康等方方面面的事情都需要自己去处理，他们需要逐步建立起一种与大学环境相适应的新的生活方式。

你想象中的大学和现实中的大学

此外，在中学阶段，大部分学生都有属于自己的天地，学习和生活不受他人的干扰，家庭的一切活动也都是以他们为中心。进入大学以后，大学生所要面对的是集体生活，寝室成为居住的单元。由于性格、喜好和作息时间等方面的不同，室友之间难免相互影响，使各自原有的生活习惯被打乱。因此，大学生不得不改变自己去适应新的集体生活。

二 学习方面的变化

（一）学习方式的变化

中学阶段的学习模式较为简单，学生只要按照老师安排的内容进行学习即可，对于不懂的问题可以与老师交流，及时解决。而在大学里，上课时间明显减少，老师不再规定要掌握的知识内容，也不会督促学生们的学习，大学生要全凭自己去规划学习目标、管理学习时间、安排学习内容、制订学习计划等。这就要求大学生具备很强的自制力和自学能力。

（二）学习内容的变化

中学学习的内容多以课本为主，大多是较为固定的基础知识，只要全部掌握就可以。而大学学习更偏重专业，需要大学生在大量观点及理论研究成果的基础上总结出所学内容的规律和特点。大学生不能只学习教材上的知识，还需要阅读大量相关的课外书籍、专业文献等，并需要学会总结归纳，能提出自己的见解，从而培养自己研究探索的能力。

三　人际关系的变化

与中学时期相比，大学生所处的人际环境发生了全方位的变化，人际交往的范围、性质和标准等都发生了改变。

（一）交往范围逐渐扩大

中学时期，学生的交往范围比较窄，多数都是学校、家庭两点一线，交往的对象主要是家长、老师和同学；进入大学后，学生的交往范围扩大，包含班级、院系、社团及社会等多个社交圈。

（二）人际关系更为复杂

中学时期，学生的人际关系较为单纯，主要有朋友关系、同学关系、师生关系等；进入大学后，学生的人际关系变得较为复杂，除原有的人际关系外，还有室友关系、同乡关系、恋爱关系等社会关系。

（三）交往标准更为多样

由于思想观念、个性特点、利益角色等方面的差异，大学生人际交往的标准也变得更为多样。他们需要根据不同的交往对象改变自己的交往态度和交往方式，以建立较为和谐的人际关系。

四　自身角色的变化

从社会心理学层面来说，角色是个体与其社会地位、身份相一致的行为方式和心理状态。进入大学以后，大学生的角色也随之发生了变化。

（一）从中心角色到普通角色的转变

对于一部分大学生来说，他们在中学阶段为学习上的佼佼者，深得师长的关注和同学的拥戴。但是跨入大学校门后，校园里人才济济、高手云集，大家的关注点已从单纯的学习成绩转向综合素质，很多大学生从前的优势不再明显，他们从“中心角色”转为“普通角色”。

（二）从家庭角色到社会角色的转变

在进入大学之前，大部分学生在家庭中占中心地位，而到了大学，他们就不能再以家庭角色去面对新的环境了。大学生需要开始独立生活，遇到事情要自己决定、自己处理，并且需要为自己的行为负责。大学生活是大学生从校园走向社会的过渡，也是从家庭角色到社会角色的过渡。因此，大学生在大学阶段需提高自身对社会的认识，加快向社会角色的转变。

五 发展目标的变化

中学阶段，多数学生的目标较为单一且明确，那就是通过努力学习考入高一级的学府继续深造。而进入大学阶段，大学生的发展目标更为自由化和多样化，大学生可以按照自己的意愿、兴趣及实际情况确立考研、出国、工作或创业等不同的发展目标，并依照自己的目标来规划大学生活。

不同的发展目标决定着大学阶段不同的生活方式。有明确目标的大学生，会有意识地在学习和生活中不断积累各方面的有利因素，为将来的发展打下坚实基础；而缺乏目标的大学生，往往会漫无目的地混日子，把时间消磨在毫无意义的事情上。

心理探索二 大学生存在的适应问题

一 适应的概念

“物竞天择，适者生存”是自然界所有生物的生存法则。对人类而言，适应环境已经成为一项重要的生存和发展能力。什么是适应？在生物学上，适应是指有机体为增加生存机会而做出的身体上和行为上的改变。在心理学上，适应则是指个体对环境变化做出的反应。一般认为，适应是指个体通过不断自我调整而使个人需要在环境中得到满足的过程，是一种自我与环境和谐统一的良好生存状态。

每个人都有自己的生存或生活环境，适应使人在与环境的关系中达到一种动态的平衡。个体只有在适应环境时，其生存需要、安全需要、归属与尊重需要才能得到满足，潜能才有可能得到最大的发挥，最终实现自我。

我们所处的自然环境和社会环境总是在不断地变化。适应是每个人都要面对的人生问题，能否适应环境的变化也是个体心理是否健康的重要标志之一。

二 大学生常见的适应问题

对于大学生来说，复杂多变的大学生活是他们未来发展的起点，同时也是对其适应能力的挑战。在面对新的转变时，一些大学生常常会因准备不足、经验不足或能力不足而出现各种适应问题。常见的大学生适应问题主要有以下几个方面。

（一）生活适应问题

生活适应问题在大学新生中较为常见。大多数大学新生离开熟悉的家乡到异地求学，生活环境和生活方式发生了巨大改变。上大学之前，许多大学生没有住过集体宿舍，日常起居由父母安排，他们习惯了父母的照顾，自身缺乏必要的生活技能，因此一时无法适应衣、食、住、行等全都要靠自己安排的生活。此外，由于室友作息时间、生活习惯、性格爱好等方面的不同，以及宿舍条件与家中环境的巨大反差，导致一些大学新生不适应集体生活，从而产生烦躁、痛苦、紧张、不安、焦虑等不良情绪，一些大学生甚至还会感到孤独无助。

（二）学习适应问题

由于大学在学习环境、课程设置、学习方式等方面与中学有很大差别，因此，大学新生常常会在学习上出现各种不适应的情况。一般而言，大学生学习不适应的情况主要表现为：对所学专业不感兴趣，缺乏学习动力，甚至产生厌学心理；不能合理安排学习时间，缺乏独立的学习能力；找不到适合自己的学习方法，学习效率低下；感觉上课乏味无趣，在课堂上注意力难以集中；等等。

另外，部分大学生热衷于考取各种技能证书，如计算机、外语等方面的等级证书，会计、教师等职业资格证书。这令他们经常处于紧张的备考状态中，久而久之精神上感到疲劳，以致学习效率降低，学习成绩下滑，进而加剧紧张、焦虑、恐惧等症状。

（三）人际关系适应问题

进入大学后，大学生所处的人际环境发生了巨大变化，人际交往范围由原来的相对狭窄变得宽广，人际关系也由原来的相对单纯变得复杂。面对不熟悉的老师及学习经历、生活习惯、性格、爱好、价值观等都存在一定差异的新同学，一些大学新生感到困惑，不知道该如何处理与他们的人际关系。

另外，一些大学生尽管有着强烈的交往愿望，但仍会出现因缺乏经验和技巧而不善交往，或者因自卑、性格内向而不敢交往等情况。

以上这些情况均容易使大学生的人际关系变得不和谐，进而使其产生孤独感、压抑感及焦虑心理，严重的还会产生人际交往心理障碍。

（四）情绪问题

大学生正处于情绪波动较大的时期，较容易出现抑郁和焦虑等情绪问题。面对全新的大学生活，很多大学生会产生巨大的心理变化，对如何在新的环境中独自生活和学习，如何更好地发展自己，如何应对复杂的人际关系，如何为将来的发展打下坚实的基础等一系列现实而深刻的问题，显得焦急和迷茫。在新鲜和陌生的环境中，他们不愿意将自己的矛盾与不安表现出来，于是长期压抑自己的情绪，从而导致焦虑和抑郁等情绪问题的产生。

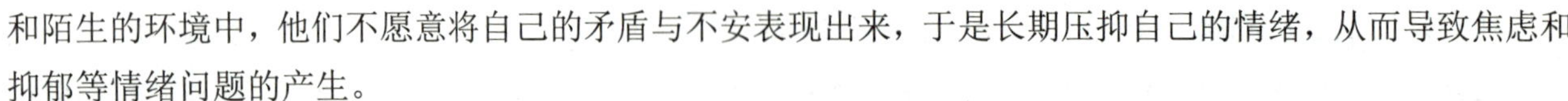

心理探索三 大学生适应能力的培养

一 提高生活自理能力

对于新生活适应不良的大学生来说，他们首先应该认识到自身在自理能力方面的不足是由过去的家庭环境和依赖心理造成的。因此，应摆正心态，从点滴的小事学起，要大胆实践，不怕失败，不断积累生活经验。同时，要改掉在娇生惯养的环境中养成的坏习惯，尝试独立处理生活中遇到的各类问题，对于自己难以独立解决的问题应主动向他人寻求帮助。还可以向优秀的学长学姐学习，借鉴他们的经验和方法，逐步提高生活自理能力。

学会自我管理，培养独立生活能力

二 培养良好的生活习惯

进入大学，脱离了父母管束的大学生会有一种“解放”的感觉。而在这种宽松的环境中，大学生更应该注意培养良好的生活习惯，这是维持身心健康的重要保证。

大学生要培养良好的生活习惯可以从以下几个方面做起：首先，制定合理的作息时间，保证生活和学习的规律性，不能随心所欲；其次，养成良好的饮食习惯，要按时、按顿吃饭，避免养成贪吃零食或暴饮暴食等不良饮食习惯；最后，注意劳逸结合，坚持参加适量的体育锻炼，保持充沛的精力。

三 摸索适合的学习方法

为了更快地适应大学的教学方式，大学生应尽快找到适合自己的学习方法。首先，大学生要正确认识大学课堂教学的特点，积极转变学习观念，改变过度依赖老师的习惯，学会自己确定学习目标、制订学习计划及检查学习效果，变被动学习为主动学习，变“要我学”为“我要学”，从而更好地适应大学的学习环境。

其次，大学生要从自身实际出发，逐步摸索出适合自己的学习方法。把掌握知识与积极思考、课内学习与课外学习、理论学习与社会实践结合起来。

最后，大学生还要学会科学地管理和支配时间，能够抓住学习重点，并善于利用图书馆、互联网等资源进行学习。

四 学会处理人际关系

和谐的人际关系对我们的生活、工作和学习都有很大的帮助。因此，大学生要学会与他人交往，正确处理人际关系。

首先，大学生要摆正心态，在与他人交往过程中不自卑、不自傲，充分尊重、信任、关爱和肯定他人，并能适时地给予他人帮助。

其次，大学生要掌握人际交往的技巧。学会倾听他人的讲话，并能适当地表达自己的见解，做到态度诚恳、措辞文雅；要善于换位思考，克服傲慢和嫉妒心理，切忌以自我为中心。

最后，大学生要正确看待来自不同地域和不同家庭的同学在思想观念、价值标准、生活习惯等方面的差异；当与同学产生矛盾和冲突时，要冷静处理，寻求“双赢”的解决方法。

五　有效地管理时间

相比中学阶段，大学的时间更为充裕，且多数时间需要大学生自己安排。科学合理地管理时间，既可以提高大学生的学习效率和生活质量，又可以使繁杂的事情变得井井有条，促使大学生变得自信从容。此外，有效的时间管理还具有心态调节作用，能够帮助大学生缓解由压力带来的焦虑和抑郁。因此，大学生要学会有效地管理时间。

个人时间管理

首先，大学生应制订整个大学阶段的总体规划。例如，规划专业学习、考取各类证书、参加各类培训、参与社会实践及考研复习等的时间，以使各个阶段的学习和生活更有针对性；其次，可运用时间管理的四象限法，如图 3-1 所示，分清重要和紧急的事情；最后，要善于抓住零散时间，如清晨起床或走路时听英语、背单词，晚上睡觉前回忆一天的学习内容，等等。抓住零散时间会让大学生有意想不到的收获。

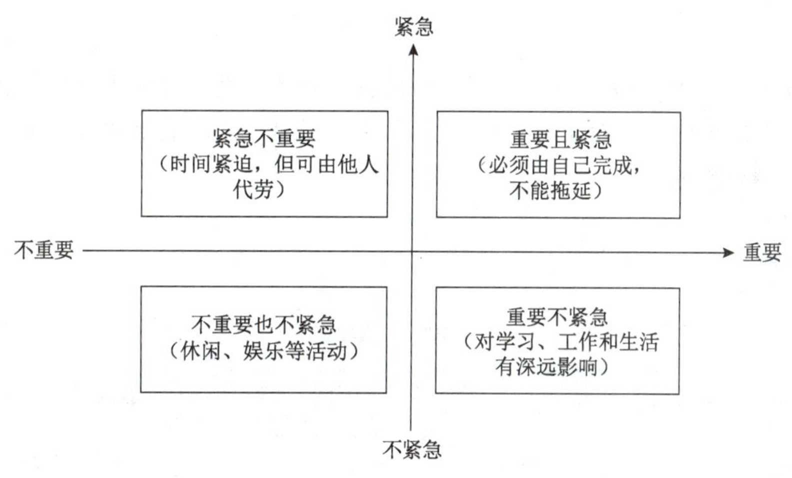

图 3-1　时间四象限示意图

六　设定明确的发展目标

在新生活、新环境中感到失落与迷茫的大学生，应积极地设定明确的发展目标。有了目标的指引，才会增加大学生努力前进的动力，尤其在遇到挫折或困难时，会使他们信念更为坚定，避免产生盲目、彷徨和不安的心理，并促使他们按部就班地完成各项任务。同时，设定明确的发展目标还可以使大学生在大学阶段有针对性地积累更多的经验，培养各方面的能力，以积极的态度面对生活。

大学生在设定发展目标时，应全面认识和了解自身的兴趣、特长和能力等，并综合考虑未来社会的发展趋势，以设定长短结合、科学合理的发展目标，使之真正成为大学阶段努力的方向和支点。

七 寻求社会支持

研究表明，在较高的社会支持水平条件下，个体能够更快地适应其所处的环境。社会支持对于大学生应对转折期的压力和挑战、尽快适应大学生活、维护身心健康都具有推动作用。

大学生可利用的社会支持系统主要有两个方面：一方面是家长、同学、老师，以及各类专业人士，如心理咨询师、发展指导老师等；另一方面是书籍、杂志、网络等传播媒介。大学生应充分利用社会支持系统，抓住学习和发展的机会，在遇到困惑与挫折时主动地敞开心扉、寻求帮助、获得支持，从而平稳、健康地度过大学时光。

心理训练

XINLI XUNLIAN

一 测试要求

大学生适应性量表（见表 3-1）是测量大学生适应性的有效工具。它包括学习适应性、人际适应性、角色适应性、职业选择适应性、生活自理适应性、环境的总体认同和身心症状表现等 7 个方面，请你根据自己的实际情况选择符合程度。

二 测试内容

表 3-1 大学生适应性量表

序号	问题	非常符合	符合	不能确定	不符合	非常不符合
学习适应性						
1	我对大学的学习感到无所适从					
2	我无法适应大学教师的授课方式					
3	在考试前，我常不知该如何着手复习					
4	我现在还没找到自己较为满意的学习方法					
5	我一直都没有明确的学习计划					
6	我感到无法缓解自己的学习压力					
7	我对自己在班上的学业成绩排名感到失望					
8	与我的努力相比，我的学习成绩不算好					
人际适应性						
1	我感到周围的人难以相处					
2	我能很快化解与他人的矛盾冲突					
3	我不知道以何种方式与大学老师相处					

续表

序号	问题	非常符合	符合	不能确定	不符合	非常不符合
4	我很难加入别人的讨论中去					
5	大伙儿讲话时，我时常躲在后面					
6	我在大学里如愿地结交了一些朋友					
7	我觉得我已融入了大学的环境					
8	我感到自己在学校里成了一个被遗忘的人					
9	我能与他人愉快地进行合作					
10	在学校和同学在一起时，我感到不自在					
11	对于我在大学里的社交，我感到相当满意					
角色适应性						
1	我和异性同学相处得不好					
2	我参与了很多大学里的社会活动					
3	我不关心学习以外的东西					
4	我只在乎自己的学业成绩					
5	除了学习，我很少参加别的活动					
6	若有机会，我能胜任某种学生干部的工作					
7	我很重视发展自己的业余爱好					
8	我认为在大学里应该多参加一些学习以外的活动					
9	我害怕与异性同学交往					
职业选择适应性						
1	我觉得自己还没有做好进入社会的准备					
2	我从没有考虑过以后的就业问题					
3	我有明确的就业意向					
4	我不知道自己适合从事哪方面的工作					
5	我难以决定自己该到哪里工作					
6	我有意识地训练自己的职业技能					
7	我参加过与专业有关的社会实践活动					
8	我有意识地通过各种渠道收集就业信息					
9	我不知道哪些专业知识是以后工作所需要的					
生活自理适应性						
1	我能独立地处理日常事务					
2	父母不在身边，我也能够照顾好自己					
3	我常打电话向家人诉苦或求助					
4	我不敢单独上街买东西					
5	我很少自己动手洗衣服					
6	在大学什么都要靠自己，我感到很不适应					

续表

序号	问题	非常符合	符合	不能确定	不符合	非常不符合
环境的总体认同						
1	周末我常常觉得没事可做					
2	我对自己上了这所大学感到高兴					
3	我很喜欢校园里的自然环境					
4	我对大学里的课外活动感到满意					
5	学校里的娱乐设施不能满足我的需要					
6	我认为学校的风气很糟					
7	我觉得学校的硬件设施很差					
身心症状表现						
1	我经常感到身体乏力，不舒服					
2	我时常无理由地郁郁寡欢					
3	我很容易生气					
4	我总是没精打采					
5	我容易觉得累					
6	我的胃口还好					
7	我的体重增加（或减少）了很多					
8	我很容易失眠					
9	我常感到头痛					
10	我有时想找心理医生寻求帮助					

三 评分标准

大学生适应性量表包括正向记分和反向记分，各项适应分类所属题目（见表 3-2）依据正反评分标准（见表 3-3）记录得分，然后分别将每个适应方面的得分相加，得出你在该方面的适应水平。得分越高，说明你在该方面的适应性越强。

大学生根据各个方面的得分，可以大致了解自己的适应状况和适应水平，从而能有针对性地调节自己的适应能力，或请相关老师给予专业指导。

表 3-2　各项适应分类所属题目

序号	分类	正向记分题目	反向记分题目
1	学习适应性		1、2、3、4、5、6、7、8
2	人际适应性	2、6、7、9、11	1、3、4、5、8、10
3	角色适应性	2、6、7、8	1、3、4、5、9
4	职业选择适应性	3、6、7、8	1、2、4、5、9
5	生活自理适应性	1、2	3、4、5、6
6	环境的总体认同	2、3、4	1、5、6、7
7	身心症状表现	6	1、2、3、4、5、7、8、9、10

表 3-3　正反评分标准

序号	选择程度	正向记分	反向记分
1	非常不符合	1	5
2	不符合	2	4
3	不能确定	3	3
4	符合	4	2
5	非常符合	5	1

项目四 认识自我 发展自我

——大学生自我意识的发展

【项目导入】

苦恼中的小梅

小梅是一名大一学生，这段时间她经常做噩梦。每次梦醒后，她连续几天都会情绪低落，导致无法好好学习。

后来，小梅向心理咨询师寻求了帮助，她告诉心理咨询师："我的家庭条件不太好，为了供我读书，家里已经负债累累了，我总是对此感到愧疚。上大学以后，我的学习成绩不算很好，也没有什么特长。一想到毕业后可能找不到工作，我就很焦虑。另外，我没有什么优点，也不讨人喜欢，我感觉有很多同学都瞧不起我，所以我害怕与人交往，也没什么朋友。总之，我的大学生活非常灰暗，我感受不到任何快乐。其实，我想过很多次退学，但鼓不起勇气。"

结合小梅的表述，心理咨询师分析发现：小梅的情况是典型的自我意识混乱。她没有形成正确的自我概念和适宜的自我评价，从而导致心理失衡，出现了一系列心理问题。

《老子》有云："知人者智，自知者明。"其中，"自知者明"的意思就是能够清醒地认识自己和评价自己，才是最聪明、最难能可贵的。

RESHEN HUODONG 热身活动

活动一 自画像

- 活动目的：通过为自己画像并倾听他人对自己的评价，更加真实地认识自己。
- 活动流程：

（1）每位学生为自己画一幅带有文字的自画像（注意要突出自己的特点，可以是外貌方面，也可以是性格方面，等等），并提交给教师。

（2）教师将所有的画打乱放置。每位学生随机抽出一张，根据画的内容猜测是谁的自画像，并说明理由。

（3）由画主解说为什么这样画。

活动二　20 个“我是谁”

- 活动目的：通过活动，强化自我认知。
- 活动流程：

（1）请以“我……”“我是……”“我喜欢……”“我要……”“我曾……”“我不……”“我可以……”“我想……”等句型写下 20 个描述自己的句子。尽量选择一些能反映个人风格的语句，避免出现类似“我是一个男生”这样的句子；不用考虑语法是否正确，不用考虑遣词造句是否完美，不用考虑重要性和逻辑性，想到什么就写什么。

（2）将写下的 20 个句子做如下归类：

① 身体状况（你的生理特征，如身高、体形、健康状况等）。

② 情绪状况（你常持有的情绪和情感，如乐观开朗、烦恼沮丧等）。

③ 才智状况（你的智力、能力情况，如聪明、灵活、迟钝、能干等）。

④ 社会关系状况（你与他人的关系，以及对他人常持有的态度和原则，如乐于助人的、爱交朋友的、坦诚的、虚假的等）。

- 活动说明：对写下的句子进行分类，是为了了解自己对自身各方面的关注和了解程度。某一类句子多，说明你对自己这方面关注和了解得多；某一类句子少或没有，说明你对自己这方面关注和了解得少，甚至根本就没关注、不了解。

TOUNAO FENGBAO 头脑风暴

“最好”是“好”的敌人

在生活中，部分大学生总是以完美来要求自己做到极致，最后却什么也没做好。例如，写不出一个完美的开头，一篇文章就无法继续写下去；说不了一口流利的英语，就再也不继续练习口语；考试考不到一个完美的成绩，就对这个学科失去了学习的动力。

其实，追求完美原本是一件好事，但过于追求完美则会消磨掉人的热情和耐心，让人被完美主义的包袱所累，导致所做的事情毫无进展。

思考　我们该如何放弃完美主义？我们又该如何接受自己的不足呢？

心理探索

心理探索一　自我意识概述

当你向一位陌生的朋友描述自己时，你最先想到的自己的特征是什么呢？是你的性别？是你的社会角色（如学生、职员、画家）？是你的性格特征（如外向、内向）？还是你的爱好、优缺点等？

别人眼中的“我”和我眼中的“我”

当然，在不同的年龄阶段，你对自己会有不同的描述。例如，小时候你可能会说“我是一个乖宝宝”，中学的时候你可能会说“我敏感而忧郁，但是我作文写得很好”，大学的时候你可能会说“我很开朗，变得外向多了，喜欢和不同的人打交道”。

或者，你可能更倾向于用概括性的语言对自己做一个总体评价。例如，“我是一个追求优雅和成功的女性”“我没有什么优点，但是我平凡而又快乐”“我是一个自信、活泼、开朗、充满战斗激情的理想主义者”。

其实，当你用这些特征来描述自己的时候，你就是在进行自我认识和自我定义。人们从两三岁自我意识开始发展以来，就在不停地认识自己，并且在自我定义的过程中不断塑造着自己。良好、客观的自我意识可以让人们正确地认识自己，促进自己的成长发展；而歪曲、主观的自我意识则会让人们在错误的道路上跌跌撞撞，甚至在成长的过程中给自己制造很多阻碍。

一　什么是自我意识？

自我意识是指个体对自己的身心状态及自己同周围环境关系的认知、体验和评价。

美国心理学家威廉·詹姆斯于1890年把自我（self）划分为“主体我（I）”与“客体我（me）”。“主体我”是对自己的活动进行观察的观察者，而“客体我”则是在这个观察过程中被观察的对象。

什么是自我意识？

美国心理学家乔治·赫伯特·米德第一次从传播学的角度论述了自我意识中“主我”与“客我”的关系。与詹姆斯不同的是，他的“主我”指的是有机体对他人的态度所做出的反应，“客我”则是个体获得的一组有组织的他人的态度。换句话说，“主我”是现实生活中的自我，“客我”则是他人评价中的自我。

再看看下面这两个故事带给你怎样的感悟？

【故事1】心理学家在一所著名的大学中选了一些运动员做实验。他们要这群运动员做一些别人无法做到的运动，还告诉他们，由于他们是国内最好的运动员，因此他们能够做得到。

这群运动员分两组，第一组到了体育馆后，虽然尽力去做，但还是做不到。

第二组到体育馆后，研究人员告诉他们第一组失败了。

“但你们这一组不同。”研究人员说，“把这个药丸吃下去，这是一种新药，会使你们达到超人的水准。”

结果第二组运动员很容易就完成了那些困难的练习。

“那是什么药丸？”参加者问道。

“不过是普通的维生素而已。”

大部分人遭到失败的原因，正是因为他们错误地判断了自己的能力，低估了自己原本拥有的力量。

【故事 2】小刘就读的学校是一所名牌大学。择业时，小刘自我感觉良好，期望值很高，偏执地追求名企，非名企不进。他甚至认为自己到某个单位求职是给单位“赏脸”，所以面试时总是夸夸其谈，常常挑剔攀比，提出过分的要求。这无疑给招聘单位留下了浮躁、不踏实的印象，所以，最终没有一个单位愿意要他。

择业失败后，小刘不从主观上寻找原因，认为自己都是对的，全是招聘单位的错，并抱有“此处不留爷，自有留爷处”的想法。看到别人签约成功时，他又总是牢骚满腹，怨天尤人，认为社会不公。

从上面两个故事可以看出，有的人会低估自己的价值，而有的人又会高估自己的价值。造成这种现象的原因是什么呢？这是因为人的自我意识并非一成不变的，而且现实中的自己、理想中的自己及他人眼中的自己有着或多或少的区别。这又是怎么回事呢？著名的约哈瑞窗口理论（见图 4-1）就说明了这个问题。

	别人知道	别人不知道
自己知道	公开的自我	秘密的自我
自己不知道	盲目的自我	未知的自我

图 4-1　约哈瑞窗口理论模型

约哈瑞窗口理论是由美国心理学家约瑟夫·勒夫特和哈林顿·英格拉姆提出的。他们认为，每个人的内心都由 4 个领域构成：

（1）公开的自我。这部分自己知道，别人也知道。比如，我和其他人都认为我是个开朗的人。

（2）盲目的自我。这部分别人知道，但自己不知道。比如，我并不觉得自己是个小气的人，但在与别人交往的过程中，别人都觉得我是个小气的人。

（3）秘密的自我。这部分自己知道，但别人不知道。比如，我暗恋一个人，但因为有所顾虑，我并没有对外公开，只有我自己知道。

（4）未知的自我。这部分别人不知道，自己也不知道，需要一些契机才能被激发出来。比如，我不知道自己是否恐高，别人也不知道。

每个人的自我意识都由这 4 部分构成，但每个人这 4 部分的比例是不同的。而且，随着人的成长和生活经历的增加，这 4 个部分在不断发生着变化，人的行为也随之改变。例如，当一个人自我的公开领域扩大，其生活会变得更真实，无论在与人交往还是独处时，都会感到轻松愉快；当一个人自我的盲目领域变小，个体对自我的认知会更加清晰，在生活中更容易扬长避短，从而更好地发挥自己的潜能。

只有当一个人能够全面地从自己和他人的角度客观地认识自己时，才能真正地了解自己，才能对自己有清晰的自我意识。

二 自我意识的结构

（一）自我认知、自我体验和自我控制

自我意识的结构从知、情、意三方面分析，是由自我认知、自我体验和自我控制三个子系统构成的。

1．自我认知

自我认知是主观自我对客观自我的认识与评价，包括自我感觉、自我观察、自我分析、自我评价，以及在此基础上形成的自我观念，主要涉及“我是谁？”“我是一个怎么样的人？”等问题。其中，自我观念和自我评价是核心部分，集中反映了个体自我认知乃至自我意识的发展水平，也是自我体验和自我控制的前提。

2．自我体验

自我体验是伴随自我认知而产生的内心体验，是自我意识在情感上的表现，反映了个体对自己所持的态度，如自尊、自信、自卑等，主要涉及“我是否相信自己？”“我是否尊重自己？”等问题。自我认知决定自我体验，同时自我体验又会强化自我认知并影响自我控制。

3．自我控制

自我控制是指个体有意识地调整自己的行为活动或对待他人和自己的态度，是自我意识在行为上的表现，主要涉及“我应该做什么？”“我怎样才能成为那样的人？”等问题。自我控制是个体自我教育、自我发展的重要机制，是自我意识能动性的表现。

（二）生理自我、心理自我和社会自我

从内容上看，自我意识可分为生理自我、心理自我和社会自我。

1．生理自我

生理自我是个体对自己的身体的意识，包括个体对自己的身材、容貌和性别等的认识，以及对生理病痛、温饱饥饿等的感受和体验。它使个体把客观事物与自己区分开来，是自我意识的最初形态。例如，女生会比较关注自己是不是漂亮迷人，是不是身材苗条，很多女生都觉得自己比较胖，尽管在别人眼中已经很苗条了，但依然会想方设法去减肥；男生则比较关注自己的体形、身高等，所以很多男生会经常去健身，以保持良好的体形。

2．心理自我

心理自我是指个体对自己的心理活动、个性特征、心理品质的认识，包括对自己的需要、动机、兴趣、爱好、人生观、价值观、情绪、性格、气质、能力等的认识、体验和评价。例如，有的人觉得自己是个天才，无论做什么事都能成功；而有的人觉得自己是个蠢材，无论自己多么努力，都无法达到和别人一样的高度。

3．社会自我

社会自我是个体对自己在社会关系、人际关系中角色的认识，包括个体对自己在客观环境及各种社会关系中的角色、地位、权利、义务、责任等的认识。随着自我意识的发展，个体的社会角色渐渐浮出水面并占据重要位置，与此相应的责任感、义务感、角色感都在不断增长。顾炎武说："天下兴亡，匹夫有责。"范仲淹说："先天下之忧而忧，后天下之乐而乐。"这些都是社会自我良好的体现。

社会自我主要受他人看法的影响，个体生命中的重要人物（如父母、老师和好友）的态度会极大地影响个体社会自我的形成。例如，岳母在岳飞后背刺下"精忠报国"，就体现了母亲对孩子的社会自我形成的影响。现实中的青年男女常用"我已经长大了"来表达自己的社会自我，期望社会给予自己积极的肯定与认可。

（三）现实自我、投射自我和理想自我

从个体的自我观念来看，自我意识又可分为现实自我、投射自我和理想自我。

1．现实自我

现实自我是个体从自己的角度和标准出发，对自己实际状况（包括自己的生理特点、人格特点、行为特点等）的认识。

2．投射自我

投射自我又称镜中自我，是个体认为的自己在他人心目中的形象，以及他人对自己形象的看法。如果现实自我与投射自我大体一致，那么个体就会有良好的自我认同感；反之，个体很可能会出现自我认同混乱，进而导致人格障碍。

3．理想自我

理想自我是个体想要实现的一种比较完善的自我境界或形象。理想自我对个体的认识、情绪和行为有很大的影响。如果理想自我与现实自我的差距过大，以至于根本无法达到，那么个体就会产生挫败感，并逐渐累积成自卑感。

例如，你认为自己有很多无法轻而易举解决的问题，这是你的现实自我；你觉得你的朋友认为你有很强的解决问题的能力，这是你的投射自我；而你希望自己能成为一个解决问题的高手，这是你的理想自我。

心理探索二　培养健康的自我意识

一　健康的自我意识的标志

具有健康的自我意识的人应该具备以下条件：

（1）能比较客观、正确地认识自己、评价自己。

（2）自我认知、自我体验和自我控制协调一致，能较好地进行自我整合。

（3）既能保持自身独立，又能很好地与外界协调。

（4）能认清现实自我与理想自我的差距，并积极寻求自我发展。

二 健康的自我意识的培养与完善

（一）正确认识自我

如何加强自我意识的培养？

健康的自我意识是以正确认识自己为基础的。古诗有云“不识庐山真面目，只缘身在此山中”，又有俗语说“当局者迷，旁观者清”，这都说明正确地认识自己是一件很难的事。大学生要正确认识自己，不能单凭个人的主观印象，而是要通过各种各样的社会实践活动、团体活动等，在同他人的相互联系中，客观地认识自己。

1．自我认识的内容

大学生要正确认识自己，既要正确认识生理自我，也要正确认识心理自我和社会自我；既要认识到自己的优势，也要认识到自己的劣势。

2．自我认识的途径

（1）通过与他人的比较及他人的评价认识自己。“以铜为镜，可以正衣冠；以史为镜，可以知兴替；以人为镜，可以明得失。”人是通过认识他人的言行特征来评价他人的，同时在这一过程中也应学会通过与他人比较和倾听他人评价来认识自己。

他人是一面“镜子”，这个“镜子”是个体获得自我观念、了解自我评价的一个媒介。大学生要学会用多面“镜子”，即学会观察和分析大多数人对自己的评价，尤其是父母、老师和同学的评价，客观地认识自己、评价自己。需要注意的是，对他人评价要有一个正确的态度，既不能因过高的评价而骄傲自满，也不能因过低的评价而失去信心。

（2）通过内省认识自己。“吾日三省吾身。”他人对自己的评价并非都是符合实际的，因而要正确地认识自己，还需要经常地反省自己。大学生必须学会自省，学会与自我进行内心对话，并对自己的内心世界加以分析，以便能够正确识别自己的心理活动，有的放矢地进行自我调节。

（3）通过活动成果认识自己。通过自己的活动成果来评价自己的能力和品质往往是较为客观的。例如，大学生通过分析自己的学习成绩，可以了解自己的理解能力、记忆力、思维能力的强弱及主观努力的程度等；通过对各门学科成绩的对比，可以了解自己的兴趣、能力倾向等。因此，大学生要积极参与社会交往和社会实践活动，在活动中发现自己的能力与才华，从不同领域、不同层次、不同角度寻找认识自己的机会，从而更为全面地评价自己。

（二）积极悦纳自我

自我悦纳是指对真实的自己持肯定、认可的态度，是自我意识健康发展的关键所在。一个人只有欣然地接受自我，才能有信心去面对现实自我，才能做到自尊、自爱，注重自我修养。大学生要积极悦纳自我，可以从以下几个方面着手。

1．合理运用社会比较策略

只有正确地与他人比较，才能正确地评价自己，才能避免在比较中产生无谓的烦恼和痛苦，从而悦纳自己。比较什么，怎么比，对个人的自我评价和自我体验非常重要：① 不要单纯比较行为结果，而应将行为的前提条件和结果一并比较；② 不要拿不可变因素相比，而要比较可变因素，并且用比较的结果激励自己，促进自我发展；③ 不要同与自己相差太远的人比较，以免产生不必要的自卑。

2．创造获得成功体验的机会

成功的体验可以使人消除自卑、树立自信，使人奋发向上。每个大学生都有不同的优缺点。例如，有的大学生虽然记忆力很好，但语言表达能力一般；有的大学生虽然长得矮，但短跑成绩很好。大学生活丰富多彩，大学生可以有意识地选择参加一些适合自己的、感兴趣的、能够体现个人专长的活动，从而以自己的优势来证明自己的能力，享受成功的体验。

3．及时调整自己的期望值

自我期望是指个人在进行某项工作之前估计自己所能达到的成就。自我期望值与实际成就之间差距的大与小会使人产生“成功”和“失败”两种情绪体验。大学生既不应过分追求完美，使理想脱离现实，也不应期望太低，使理想无法起到激励作用，而是要学会调整期望值，树立合适的理想和目标（包括长期目标和短期目标）。只有把自我期望和自己的实际情况紧密结合起来，才能使期望值符合现状、适合自己的发展，才能使自己通过努力实现理想，从而认可自己。

4．理智、乐观地对待自己

理智、冷静地对待自己，要求大学生要用全面、发展的眼光来分析自己，平静而理智地看待自己的长处和短处，辩证地看待生活中的矛盾，冷静地对待自己的得与失，既不以虚幻的自我补偿内心的空虚，也不以消极回避的态度漠视自己的现实，更不以无休止的怨恨、自责，甚至厌恶，来否定自己。

积极、乐观地对待自己，要求大学生去培养开朗的性格和乐观的生活态度，在困难面前不低头，对未来充满美好的憧憬，知晓道路是曲折的，相信前途是光明的。例如，当被老师批评时，告诉自己“这是因为老师关心我，希望我能够更快地成长”。

（三）有效控制自己

自我控制是个体主动定向改造自我的过程，也是个体对自己态度的具体化过程，同时还是个体健全自我意识和完善自我的根本途径。大学生要想有效控制自我，应做到以下几点。

1．培养良好的意志力

苏轼曾说：“古之立大事者，不惟有超世之才，亦必有坚忍不拔之志。”当一个人拥有良好的意志力时，无论面对诱惑还是面对挫折，都能不忘自己的初心。相反，一个缺乏意志力的人，往往难以承受挫折或抵制诱惑。

有一些大学生为自己树立了一定的目标和理想，但在努力的过程中却没有足够的意志力，经受不住周围的诱惑，或是克服不了自己的惰性，导致无法实现目标和理想。例如，经常有大学生会说“我想早起，可就是没有毅力”“我想学习，可就是学不进去”这样的话。大学生应注意培养自己良好的意志力，使自己能自觉主动地认清目标，为实现目标而努力排除干扰、克服困难。

孙占元：意志顽强　血战上甘岭

孙占元，1925年出生于河南省林县（今林州市），1946年参加中国人民解放军，1948年加入中国共产党，1951年参加中国人民志愿军赴朝作战，历任班长、排长。他作战勇敢，机智顽强，先后5次立功。

1952年10月14日，在朝鲜上甘岭战役中，敌军约6个营的兵力攻占了志愿军防守的597.9和537.7高地。孙占元率领突击排对597.9高地2号阵地实施反击，接近2号阵地时，他的双腿被敌炮弹炸断。战士们劝他撤离阵地，他却坚定地说：“我是排长，任务没有完成，坚决不下火线！”他忍着伤痛，以顽强的意志来回爬行指挥，用机枪掩护战友易才学爆破，摧毁3个火力点。突击排攻上2号阵地，继续向纵深发展时，敌人突然从阵地侧后反扑过来，数名战友牺牲。他利用已攻占的碉堡，架起缴获的两挺机枪轮番射击，接连打退敌人两次冲击，毙伤敌80余人。后来，敌人再次发起攻击，在战友相继伤亡、弹药告罄的情况下，他忍着巨大的伤痛，艰难爬行，从敌人尸体上解下手雷继续战斗。当敌军拥上阵地时，他毫不犹豫地拉响了最后一颗手雷，与敌人同归于尽，牺牲时年仅27岁。

孙占元牺牲后，中国人民志愿军领导机关为他追记特等功，追授他“一级英雄”称号。朝鲜民主主义人民共和国最高人民会议常任委员会追授他“朝鲜民主主义人民共和国英雄”称号和金星奖章、一级国旗勋章。

2. 培养坚定的自信心

美国思想家拉尔夫·瓦尔多·爱默生曾说：“自信是成功的第一秘诀。”自信是自我意识的一个重要组成部分，属于自我意识的情感形式，是个体对自己认可、肯定、接受和支持的积极感受，是个体对自身力量有充分估计的一种自我体验。

自信的人相信自己的能力和价值，相信自己追求的目标是正确的，也相信自己有能力去实现目标，因此遇事有主动精神。大学生要培养自己的自信心，可从以下几点做起：① 大胆、积极地表现自己的长处，从小事和容易成功的事做起，通过小的成功来增强自信；② 树立恰当的目标，由近及远，由低到高，逐步加以实现；③ 坚持每天记下一件成功的、可以增强自信心的事；④ 学会积极争取他人的帮助，以增强成功的概率；⑤ 淡化失败的体验，从积极方面去总结失败、吸取教训，将失败变为成功之母；⑥ 相信自己有能力干好每一件事，不断告诉自己“我能行！”“我能做到！”。

（四）不断完善自己

认识自己、接纳自己，都是为了进一步完善自己。大学生在完善自己时，需达到以下4个目标：

（1）“游刃有余的我”，即不给自己提出脱离实际的过高要求，而是给自己设计可以达到但又不能轻易达到的目标。

（2）“独一无二的我”，即不人云亦云，不在刻意模仿中迷失自我，而是在接受自我的过程中扬长避短，展示出自己的特色。

（3）“极具内涵的我”，即立足现实，选择适合自己的正确人生道路，充分实现自己的人生价值。

（4）“社会欢迎的我”，即立身行事要有正确的价值取向，能够得到社会认可。

大学生要把自我完善的意识贯彻到每一个具体的行动中去，从点滴小事开始，从现在做起，将个人理想和社会现实结合起来，时刻认识到自身肩负的历史重任，充分发挥自我教育、自我创造的能动性，使自己的能力、品性得到最大限度的展示，不断提高自己的自信心与自制力，坚持不懈地在克服困难和实现理想的过程中完善自己。

心理训练

XINLI XUNLIAN

心理训练一 你的自我意识如何？

每个人对自己的认识都很难保持在一个比较准确的点上，总是高估或低估自己。这个测试可以帮助你认识到自己对自己的判断误差。

请认真阅读下面的每一道题目，并根据自身情况填写“是”或“否”。

（1）你每天照镜子达 3 次以上。 （ ）

（2）你基本不在乎别人对你的看法。 （ ）

（3）有时，你觉得自己也不了解自己。 （ ）

（4）你很留意自己的心情变化。 （ ）

（5）你常把自己与他人进行比较。 （ ）

（6）你常常在晚上反思自己一天的行动。 （ ）

（7）做错一件事情后，你常弄不明白当时自己为什么要那样做。 （ ）

（8）你比较注重自己的外表。 （ ）

（9）你做事情的随意性很大。 （ ）

（10）在做出一个决定时，你通常清楚这样做的理由。 （ ）

（11）你努力揣摩别人的想法，并努力按别人的意愿去做。 （ ）

（12）你总是穿着得体。 （ ）

（13）你不清楚自己是脾气好还是脾气坏。 （ ）

（14）你弄不清自己的能力是比其他人弱还是强。 （ ）

（15）你不太清楚自己将成为怎样的一个人。（　　）
（16）你总担心自己不能给其他人留下好印象。（　　）
（17）你对自己的举止有自知之明。（　　）
（18）在遭遇挫折后，你总是会对自己的行为进行反思。（　　）
（19）你常常因控制不住自己而发火。（　　）
（20）有时，你自己也不知道自己为什么沮丧。（　　）
（21）考试前，你通常无法预测自己能否过关。（　　）
（22）很多事情你应承下来后才发现自己无法顺利完成。（　　）
（23）当遇到不快时，你总是设法将自己从低沉的情绪中摆脱出来。（　　）
（24）每次考试结束后，你并不清楚自己能得多少分。（　　）
（25）你总是觉得自己的动机很明确。（　　）
（26）你相信自己总能给别人留下一个好印象。（　　）
（27）你常常感到莫名的烦躁。（　　）
（28）你不知道自己与谁能谈得来。（　　）
（29）你很清楚自己的长处与短处。（　　）
（30）一般而言，你很清楚自己所追求的是什么。（　　）

评分方法

第（4）（5）（6）（8）（10）（12）（17）（18）（23）（25）（26）（29）（30）题，回答“是”记0分，回答“否”记1分。其余各题，回答“是”记1分，回答“否”记0分。

分数解释

总分越低，说明你对自己的认识越客观。

9分以下：说明你对自己认识客观，能跳出自身局限去认识事物，这往往可以让你远离错误，但有时你可能会低估自己的魅力。

10～19分：说明你总是依靠经验来认识自己，所以朋友的鼓励和提醒对你而言相当重要。

20分以上：说明你的自我认识还没有开发出来，有时候你会意识到自己具有某种缺陷，但是无法得知是什么原因造成的。

心理训练二　我的长处和短处

活动目的：

（1）界定自己的长处和短处。

（2）学会接纳自己和欣赏自己，肯定自己是一个独特的人。

活动流程：

（1）请认真填写表4-1中“我的长处”和“我的短处”这两部分的内容，填写时间为5分钟。

表 4-1　我是一个独特的我

我的长处	我的短处
当我再一次看清楚自己的长处和短处后，我感到	

（2）请对照自己所填写的“我的长处”，认真思考一下你所填的“我的长处”是否太少。如果是这样，那么，请问一下自己：我是否是一个自我意识比较差的人？我是否是一个对自己的长处视而不见甚至否定的人？

如果你对上述问题的回答是肯定的，那么，接下来你所要做的就是设法发掘自己的长处，努力对自己做出肯定的评价。

（3）将表格中所写的“我的短处”按“无法改变的”和“可以改变的”进行分类，并对可以改变的方面制订具体的改进计划和改进方法。

（4）在表格中“当我再一次看清楚自己的长处和短处后，我感到”一栏里，写下自己的感悟。

项目五 优化性格 完美人生

——大学生的气质应用及性格优化

【项目导入】

屠呦呦：一生倾情青蒿素

对许多人来说，“屠呦呦”这个名字并不陌生。作为中国著名的药学家、首位获得诺贝尔生理医学奖的华人科学家，她 60 多年致力于中医研究实践，带领团队攻坚克难，研究发现了青蒿素，解决了长期困扰人们的抗疟治疗失效难题。

受父亲影响，年幼的屠呦呦喜欢在书房翻看医书，对中草药有着浓厚的兴趣。16 岁不幸患上肺结核休学两年的经历，让屠呦呦心中治病救人的梦想更加清晰。几年后，她如愿考入北京大学医学院（原名“北京医学院”）药学系，毕业后到中国中医研究院（后改名“中国中医科学院”）中药研究所工作。

1967 年，中国启动旨在研究防治疟疾新药的“523”国家项目。屠呦呦临危受命，担任中药抗疟组组长。当时，科研设备陈旧、科研水平不高，不少人认为这个任务难以完成。屠呦呦铿锵有力地说，“没有行不行，只有肯不肯坚持”。她广泛收集历代医籍，查阅群众献方，请教老中医专家。她的坚持带动着大家，厚厚的医书被课题组的成员翻得书角卷起。确定研究方案后，课题组夜以继日地开展研究，终于在 1971 年第 191 次低沸点实验中发现了抗疟效果 100%的青蒿提取物，并在次年提炼出抗疟有效成分青蒿素。

那时，中国的科研环境十分艰苦，实验室设备简陋，任务时间又很紧迫。为加快提纯速度，课题组“土法上马”，用七个大水缸取代实验室常规提取容器来提取青蒿乙醚中性提取物。没有防护装备的科研人员因接触大量对身体有害的有机溶剂，出现了各种程度的病状，屠呦呦也患上了中毒性肝炎。

青蒿乙醚中性提取物有了，进行临床试验时却又出现了问题，在个别动物的病理切片中，发现了疑似毒副作用。为了确保青蒿素用于临床的安全性，屠呦呦和几名科研人员提交了志愿试药报告，最终证明药品无明显毒副作用。

1973 年，青蒿素片剂在海南开始进行临床验证，效果却不理想。屠呦呦发现片剂很硬，怀疑崩解度出了问题，于是决定用青蒿素单体原粉直接装胶囊。服用胶囊后，病人血内疟原虫转阴，证实了青蒿素的疗效。1999 年，世界卫生组织将青蒿素列入“基本药品”名单在世界范围推广。

凭借青蒿素研究的突出贡献，屠呦呦获得了多个奖项。面对接踵而来的荣誉，屠呦呦十分平静，她更关心的是青蒿素耐药性问题，她总说自己的工作还没有做完。

扛得住 190 次失败，做得了试药“小白鼠”；采访能躲就躲，只对青蒿素特别执着……屠呦呦不仅具有不怕失败、脚踏实地的科研精神，还具有执着追求、淡泊名利的人格魅力。

RESHEN HUODONG 热身活动

活动一 性格魅力测试站

假设你参加了一个聚会，在里面结识了很多性格迥异的人，包括真诚的、善解人意的、乐于助人的、体贴的、热情的、善良的、活泼开朗的、风趣幽默的、聪明能干的、自信的、心胸宽阔的、严肃认真的、脾气古怪的、自私自利的、自负傲慢的、虚伪的、恶毒的、脾气暴躁的、孤僻的、冷漠的、固执的、心胸狭隘的，等等。

■ 活动流程：

（1）各个学生在心底对自己做一个评判（不需要说出来）：你认为自己具有以上哪些性格特征？

（2）分小组进行讨论：你最不愿意和哪三种人做朋友？最愿意和哪三种人做朋友？并简要地说明理由。组内成员在讨论时要仔细倾听组内其他成员对自己性格的评价，从而了解自己的性格在人际交往中的受欢迎程度。

（3）小组成员分别为各种性格打分。对于喜欢的性格，可根据喜欢程度的高低，分别记+3，+2，+1 分；反之，对于讨厌的性格，可根据讨厌程度的高低，分别记-3，-2，-1 分。最后由组长将组内成员的打分结果进行整理，得出各种性格的人际魅力指数。

活动二 理解性格

若你是一个篮球队的队长，你必须选择一名队员当选“年度篮球先生”。此时，有两个候选人 A 和 B。你会选择谁？

A 是一个明星队员，虽然他还是一个低年级学生，但是他为球队赢得了许多荣誉，还在近期的一场重要比赛中力挽狂澜，使得全队获得了年度金奖。他不但是天生的活动健将，而且还非常努力地训练。如果是他当选“年度篮球先生”，相信所有队员都会毫无异议。

B 虽然不是最佳的球手，但是他为练球付出了超出常人的努力。在平时训练时总是拿出 150%的努力。每一场比赛他都热情高涨，并且很好地鼓动其他队员共同努力。而且 B 是高年级的，由于家境问题，他高中毕业后可能就不会再上学了。所以，这可能是他唯一一次获得这个荣誉的机会，奖金还可能使他有机会继续读书。

TOUNAO FENGBAO 头脑风暴

良好人格品质的作用

有几位心理学家从1921年开始对1 528名智力超常的儿童进行了为期50年的大规模追踪研究，结果发现，这些智商在140分以上的天才儿童，长大后并非都是成功人士。心理学家们对其中的800人进行了考察，其中卓有成就者仅占八分之一。随后，为进一步分析这些人成功与失败的原因，心理学家们把他们分成了两组，即高成就组与低成就组，比较他们之间的差异。结果发现，两组人的差异主要在他们的人格品质上。成就高的一组人在谨慎性、进取心、坚韧性等人格特征上明显高于成就低的一组人。心理学家们认为，这充分说明良好的人格品质是一个人取得成功的必要条件。

思考　你如何看待人格品质对个人成就的影响？

XINLI TANSUO 心理探索

心理探索一　气质的概念

在日常生活中，气质主要指人的姿态、长相、穿着、性格、行为等元素的结合所给人的一种感觉。而心理学中所讲的气质则是指个人与生俱来的心理活动的动力特征，是人格结构中比较稳定的、与遗传因素联系密切的成分。在人的认知、情感和意志活动中，气质主要指心理活动的速度、稳定性、强度、指向性等方面的特点，类似于我们日常生活中所说的脾气、禀性或性情。

个体一出生，就具有由神经系统所决定的某种气质。而在后天环境的影响下，个体在生长发育的过程中，气质也会发生改变。因此，气质既具有先天性、稳定性，但也具有一定的可塑性。

气质使人的日常活动带有一定的倾向性，从而极具个人特色。例如，我们通常会用“急性子”“有耐心”“敏感”“迟钝”“冲动”“文静”等词语来形容一个人的气质。

心理探索二　气质的类型

一　古希腊体液说

古希腊医生希波克拉底很早就观察到人有不同的气质，他认为人体内有 4 种体液：血液、黏液、黄胆汁和黑胆汁。希波克拉底根据人体内的这 4 种体液的不同比例，将人的气质划分为 4 种不同的类型：血液占优势者为多血质，黏液占优势者为黏液质，黄胆汁占优势者为胆汁质，黑胆汁占优势者为抑郁质。

这种学说缺乏生理支持，但气质的这 4 类名称被沿用下来。

二　巴普洛夫的高级神经活动类型学说

俄罗斯心理学家巴甫洛夫认为有 4 种典型的高级神经活动类型，即活泼型、兴奋型、安静型和抑制型，分别与希波克拉底的 4 种气质类型相对应，如表 5-1 所示。

表 5-1　气质类型和高级神经活动类型

气质类型	高级神经活动类型
多血质	活泼型
胆汁质	兴奋型
黏液质	安静型
抑郁质	抑制型

三　流行的气质类型分类方法

流行的气质类型分类方法是把人的气质分为多血质、胆汁质、黏液质和抑郁质。

四种气质类型

- 多血质：其关键词是活泼、快乐、好动。多血质的人情绪易外露，也易变化，敏感、思维灵活、反应迅速、善于交际、适应性强，但注意力容易转移，兴趣容易变换，做事常受情绪波动的影响，缺乏持久性。
- 胆汁质：其关键词是兴奋、急躁、易怒。胆汁质的人以精力旺盛、表里如一、刚强、易感情用事为特征，他们直率、热情，但情绪容易产生波动，情感容易外露，脾气暴躁。
- 黏液质：其关键词是沉稳、情绪淡漠、不好动。黏液质的人情绪比较平稳，喜沉思，但灵活性不足；沉着冷静，但缺乏生气。
- 抑郁质：其关键词是忧郁、不快活、易哀愁。抑郁质的人细心、谨慎、情绪体验深刻，能觉察到他人觉察不到的事物，但性格孤僻、多忧多思、行动迟缓、顾虑重重，在面临危险情境时常感到恐惧。

有关研究表明，在现实生活中只具有某一气质类型特征的人是少数，大多数人会既具有某一种气质类型的特征，同时又兼具另一种气质类型的某些特征。（本项目的心理训练提供了气质类型测试，同学们可通过测试来正确认识自己的气质类型。）

通过阅读下面的小故事，大家可体会不同气质的特点。

心理学家达维多娃曾做过一个实验：让4个气质不同的人一起去看戏，并故意安排他们迟到，以观察他们的反应。4人抵达戏院时，戏已经开演。按照戏院规定，演出开始后，观众不能擅自入场。检票员建议大家暂时在大厅休息等候，待中场休息时再进去。

胆汁质的人性急，当时就和检票员吵了起来，并不顾阻拦，强行闯了进去；多血质的人机灵，趁着检票员不注意，悄悄溜到了楼上的演播厅；黏液质的人沉稳，做事有耐心，见检票员不让他们入场，便坐下耐心等待，直到中场休息时才进去；抑郁质的人得知不能入场后十分沮丧，再也提不起看戏的兴致，转身回家去了。

心理探索三　气质的应用

气质本身并没有善恶、好坏之分，每种气质都有其积极的一面，也有消极的一面。每一种职业领域都可以找出各种不同气质类型的代表，同一气质的人在不同的职业领域也都能做出突出的贡献。但是，气质往往能为胜任某项工作提供有利或不利条件，正确识别自己的气质特征对选择合适的职业大有益处。

（一）胆汁质气质与职业选择

胆汁质的主要特征是直率、热情、精力旺盛、脾气急躁、易冲动、反应迅速、心境变化剧烈。偏向这种气质的人主动性强，具有竞争意识，在择业时可选择竞争激烈、冒险性和风险性较高的职业或社会服务型职业，如运动员、探险者、售货员等。

（二）多血质气质与职业选择

多血质的主要特征是活泼、好动、敏感、反应快、善于交际，兴趣与情绪易转换。偏向这种气质的人善于推销自己，适应性强，很受用人单位的欢迎，在择业时可选择交际方面的职业，如记者、律师、公关人员、秘书、艺术工作者等。

（三）黏液质气质与职业选择

黏液质的主要特征是安静、稳定、反应迟缓、沉默寡言、情绪不易外露，善于忍耐。偏向这种气质的人为人沉着冷静，具有执着追求、坚持不懈的韧性，在择业时可选择医务、图书管理、情报翻译等方面的工作。

（四）抑郁质气质与职业选择

抑郁质的主要特征是情绪体验深刻、孤僻、敏感、细致、行动迟缓、感受性强。偏向这种气质的人思虑周密，行事有步骤、有计划，在择业时可选择理论研究方面的工作。

以上只是从单一气质的角度讨论各种气质与职业选择的关系。实际生活中，每个人都不止表现为一种气质。因此，每一个求职者都应从自己的实际气质特征出发，认真考察职业要求与自身气质特征的对应关系，选择那些能使自己气质的积极方面得到发挥的职业。

心理探索四 性格的形成

一 性格的概念

与气质一样，性格也是构成人格的一个重要部分。但与气质不同的是，性格是人格中涉及社会评价的那一部分，更多地受环境的影响。另外，性格受人的价值观、人生观、世界观的影响，有好坏之分，能最直接地反映出一个人的道德风貌，如有的人大公无私，有的人自私自利。

性格主要体现在个人对自己、他人、事物的态度和所采取的言行上，是指人对客观现实所持的稳定的态度，以及与之相适应的习惯化的行为方式。一个人在生活中接触到形形色色的人、事、物时，会根据自己的认识对他（它）们产生一种稳定的、评价性的心理倾向，如肯定或否定、赞成或反对、满意或不满意等，这就是态度。态度会支配人的行为，有什么样的态度就会表现出什么样的行为方式，如追求或放弃、接纳或拒绝、保持或改变等。时间久了，逐渐稳定下来的态度和形成习惯的行为方式就构成了一个人独具特色的性格特征。

二 性格的类型

心理学家们曾经以各自的标准和原则对性格进行了分类，下面是几种代表性的观点：

（一）从心理机能上划分，性格可分为理智型、情绪型和意志型

英国心理学家培因依据理智、情绪和意志三种心理机能在性格中何者占据优势地位，把性格分为理智型、情绪型和意志型。

（1）理智型：依据理性的思考行事，以理智来支配自己的行动。

（2）情绪型：不善于思考，凭感情办事。

（3）意志型：目标明确，行为主动。

（二）从心理活动倾向性上划分，性格可分为内倾型和外倾型

瑞士心理学家荣格根据人与环境互动模式的不同，将性格分为内倾型和外倾型两大类。

（1）内倾型：以内在的自我感受为核心。这种性格的人倾向于将内在的感觉和观念投射到外部环境中去，接受不了心中所想与现实之间的落差。

（2）外倾型：以外在的客观事物为核心。这种性格的人容易与外部环境和谐相处，但很容易忽略内在的自我。

（三）从社会生活方式上划分，性格可分为经济型、理论型、审美型、宗教型、权力型和社会型

德国心理学家斯普兰格根据人们对生活方式的看法，将性格分为 6 种，如表 5-2 所示。

表 5-2　性格类型及其表现

性格类型	表现
经济型	以经济的观点看待事物，从实际效果来判断事物的价值，以获得财产、追求利润为生活目的
理论型	冷静而又客观地观察事物，根据自己的知识体系来判断事物的价值，但遇到实际问题时常无法处理，以追求真理为生活目的
审美型	不太关心实际生活，注重从美的角度来判断事物的价值
宗教型	相信宗教，有感于圣人相救之恩，坚信永存的绝对生命
权力型	重视权力，并努力去获得权力，总想指挥别人或命令别人
社会型	重视爱，以爱他人为其最高价值，有志于增进他人或社会的福利

三　性格的特征

性格特征主要由 4 个部分组成，即态度特征、意志特征、情绪特征和理智特征。

（一）态度特征

性格的态度特征是指人在处理各种社会关系时表现出来的特征，包括：① 对社会、集体和他人的态度；② 对工作和学习的态度；③ 对自己的态度。

（二）意志特征

性格的意志特征是指人在自觉调节自己的行为方式、水平等方面表现出来的特征，包括：① 对行为目的的明确程度；② 对行为的自觉控制水平；③ 在长期工作中表现出来的特征；④ 在紧急或困难的情况下表现出来的特征。

（三）情绪特征

性格的情绪特征是指人在情绪波动时，在强度、稳定性、持续性和心境等方面表现出来的特征。

（四）理智特征

性格的理智特征是指人在认知事物时，在感知、记忆、想象和思维等方面表现出来的特征。

心理探索五　性格的优化

每个人都想把自己的人生谱写得更辉煌、更灿烂，而若要取得进一步的发展，就必须优化自己的性格。性格成功学家杨斌说：“生活的矛盾、冲突大部分都源自我们的性格。性格决定命运。”性格是决定一个人成功与否的关键因素。成也性格，败也性格。好性格能成就人的一生，而坏性格可毁掉人的一生。

优化性格，首先要认识和了解自己的性格，把握自己性格的优势和劣势；然后发扬自己性格中的优势，改善自己性格中的劣势。

一　认识和了解自己的性格

（一）用“比较法”认识自己

用“比较法”认识自己，即通过比较自己与他人在处事方法、对人对事的态度、情感表达方式等方面的异同来认识自己。比较时，对象的选择至关重要，人们应根据自己的实际情况，尽量选择条件相当的人做比较，以正确、客观地认识自己。

（二）用“自省法”认识自己

自省是人的一种自我反思。人们往往通过各种事件获取有关性格优劣的信息，然后利用这些信息来进行自我评判、自我检查，从而发现自己性格的优势与劣势。

（三）用“评价法”认识自己

在认识自己的时候，应该重视他人对自己的评价。他人的评价比起主观自省具有更大的客观性。如果他人的评价与自我评价相差不大，则说明自我认识较好；如果两者相差过大，则可再深入剖析，调整自我认识。需要注意的是，应理性看待他人对自己的评价，既不能偏听偏信，也不能一概排斥，而应理性分析，以免走入误区。

二　优化性格的目的与方法

优化性格的主要目的就是要实现从不良性格向优良性格的转变。实现这一目的的方法有以下几种。

（一）性格的优化与自我修养

性格与个人修养密切相关。这可以从杰出人物优良性格的形成过程中得到证明。

无产阶级革命领袖对于自身修养和自我改造就非常重视。刘少奇同志曾专门写过《论共产党员的修养》一书，对共产党员自身修养的重要性，以及自我修养的途径和方法做了系统的阐述和探讨。周恩来同志为自己规定过《我的修养要则》，身体力行，堪称自我修养的典范。彭德怀同志也常常用反省的办法检查自己。陈毅、吴玉章等同志则常常书写“座右铭”以自勉。

有些青年往往只看到伟大人物的气魄多么宏大、举手投足多么具有伟人气质，而不注意他们在日常自我修养中做出的巨大努力。他们的自我修养精神同他们的伟人性格一样，都值得我们学习和仿效。

不朽的功勋　有趣的灵魂

“杂交水稻之父”“当代神农氏”“米神”……袁隆平建立了不朽的功勋，有着诸多的美誉。然而这样一位传奇性的人物，在生活中却十分低调。袁隆平曾调侃地说：“人怕出名猪怕壮，做名人一点都不好玩。”

别的科学家都是西装革履，而黝黑瘦小的袁隆平却总是穿着半旧的格子衬衫，更像一个农民。他坦诚地说，自己的确像农民，但这是一种赞扬，因为农民有两个基本优点：朴实和勤劳。

他穿 15 元一件的衬衫，平常理发都在路边的小店，乘飞机也只坐普通舱，十几年都住在简朴的大院子里，一直奋斗在科研第一线，每天和稻谷打交道。

袁隆平兴趣爱好广泛，多才多艺。他喜欢拉小提琴、下象棋、和家里人共同表演小节目。他一直认为自己身强体壮，有空就会去打排球、游泳。他也会在街头跟人下棋、聊天，高兴起来，他会习惯性地抓脑袋，快乐得像个孩子。

游泳一直是袁隆平生活中不可或缺的一项运动。小时候，他就常常溜到长江里去游泳，游累了，就躺在沙滩上晒太阳，或者和小伙伴们在草丛中捉迷藏、逮蚂蚱。高中时，袁隆平还曾夺得过湖北省体育运动会男子自由泳第二名。游泳不仅锻炼了他的身体，还造就了他自信、乐观、开朗的性格，塑造了他百折不挠、勇于拼搏的个性。他笑着告诉记者："同学们给我总结了两条，爱好是'自由'，特长是'散漫'，加起来就是'自由散漫'。我还就喜欢自由自在、无拘无束。"

在田间地头工作了几十年的袁隆平，对大自然有发自内心的喜爱。90 岁时，有一天他和朋友乘游览车经过一条小河，看到水面上游来一群白色的鸭子。他马上被吸引住了，目不转睛地盯着水面。"鸭子好漂亮呀！"他自言自语："这么点的小鸭子能长这么大了。"突然，他张嘴学鸭叫，连续蹦出一串音符："嘎嘎嘎嘎……"

淡泊名利的人生态度、追求自由的真我性情、质朴可爱的烂漫气质，无一不闪烁着袁隆平独特的人格魅力。

（二）性格转化的渐变和缓冲

心理学研究发现，性格是一种比较稳定的特质，这个特点决定了性格的转化只能是一个缓慢的过程。

有的人在意识到自己性格的问题后，便想立刻转变，这是不现实的。一个心胸狭窄、容易发怒的人，想马上变得豁达宽宏、雍容大度，肯定是办不到的；一个虚荣心很强的人，要马上就能做到闻过则喜，这也是很难办到的。在性格改变上"急刹车""陡转弯"，不但难以奏效，而且很可能使人失去信心。

因此，性格的转化应有个缓冲的过程。一辆高速前进的车子，如果要倒车，就得先把车停稳，然后往回倒，这个停车的过程就是缓冲的过程。有了这个缓冲过程，才能抵消车子前冲的惯性，顺利地把车子倒回去。性格也是一样，若要改变性格的发展方向，就必须先把它的"惯性"停下来，然后再慢慢改变它的发展方向。例如，急躁易怒、爱发脾气的人，性格转化的第一步应当是先设法克制火气，即在将要发火时使自己冷静下来。等能自如地克制住火气后，再给自己提进一步的要求。如此循序渐进，一步一步提高要求，才能顺利地实现性格的转化。

（三）从改变坏习惯到改变性格

有人曾把习惯比作人的"第二天性"。实际上，人们性格中很大一部分所表现的正是一个人习惯化了的行为方式。俗话说，"积习难移""习惯成自然"。在对人行为的支配中，习惯的力量比任何理论原则、行为准则的力量都更强大。理论原则和行为准则在成为人的习惯之前，一般人很难始终如一地去信守它们；只有当它们变成了人的习惯之后，才能在人的行为中巩固下来。

因此，性格培养的关键在于努力培养自己良好的生活习惯。例如，想要培养严谨和有条理的性格，就应当在每一件小事上培养自己严谨和有条理的习惯：在东西放置上有一定的秩序，不能放得乱糟糟的；办事情时先做哪件，后做哪件，都有明确的规划，不随心所欲；时间安排方面，什么时间干什么，有一定的规律……如果时时处处都能注意做到严谨和有条理，那么这种习惯形成之日，就是严谨和办事有条理的性格形成之时。

（四）从控制情绪到转化性格

情绪是性格的特征指标之一，人们的不同性格常常通过不同的情绪反映出来。性格豁达的人，在情绪上表现为喜悠悠、乐陶陶、无忧无虑；性格抑郁、心胸狭隘的人，在情绪上常常表现为唉声叹气、愁眉苦脸，似乎有着无穷的忧虑和无尽的烦恼。尤其是在重要的事情面前，人们不同的情绪反应更能表现出人们不同的性格。同样是在行动中遇到阻力和困难，有的人会生出愁闷和忧虑；有的人则被激起更高昂的斗志和干劲；同样面对残暴的敌人，有的人表现出害怕、畏惧的情绪，有的人则表现出愤怒、仇恨和誓死拼斗的情绪。

情绪是可控的，也是可培养的。虽然当激烈情绪爆发时，人们会暂时地出现“意识狭窄”的现象，即注意力的中心被集中于引向激起情绪的事物上，人的理智分析能力受到抑制，容易为情绪所支配。但是，即使在这种时候，人也并不是完全失去了理智，而是保留着部分理智。因此，人们可通过有意识地压制情绪来控制自己，也可以通过有意识地培养某种情绪，逐步地改变某种与之相应的性格。

例如，性格抑郁的人可以在感到烦闷、哀愁时，有意识地做能够使自己开心的事情，从而培养愉快的情绪。愉快的情绪持续时间愈长，愈有可能形成比较稳定的愉快心境。长期受到愉快心境的感染，原来比较抑郁的性格就会逐步转化，变得开朗和活泼起来。同样，性格比较暴躁的人，也可以通过努力培养平静、从容的情绪，使自己保持心平气和的心境，从而促使暴躁性格向沉稳性格转化。

XINLI XUNLIAN 心理训练

气质类型测试

请认真阅读下列各题，对于每一题，你认为非常符合自己情况的，在题后面写上“+2”，比较符合的写上“+1”，拿不准的写上“0”，比较不符合的写上“-1”，完全不符合的写上“-2”。

1. 做事力求稳妥，不做无把握的事。
2. 遇到可气的事就怒不可遏，只有把心里话全说出来才痛快。
3. 只愿一个人做事，不愿与很多人一起。
4. 能很快适应新环境。
5. 厌恶那些强烈的刺激，如尖叫、噪声、危险的镜头等。
6. 和人争吵时，总是先发制人，喜欢挑衅。
7. 喜欢安静的环境。
8. 喜欢和人交往。
9. 羡慕那种能克制自己感情的人。
10. 生活有规律，很少违反作息制度。
11. 在多数情况下情绪是乐观的。
12. 碰到陌生人觉得很拘束。
13. 遇到令人气愤的事，能很好地自我克制。

14. 做事总是有旺盛的精力。
15. 遇到问题常常举棋不定，优柔寡断。
16. 在人群中从不觉得过分拘束。
17. 情绪高昂时，觉得干什么都有趣。
18. 当注意力集中于一件事时，别的事很难使我分心。
19. 理解问题总比别人快。
20. 碰到危险情境，常有一种极度恐怖感。
21. 对学习、工作、事业怀有很高的热情。
22. 能够长时间做枯燥、单调的工作。
23. 感兴趣的事情，干起来劲头十足，否则就不想干。
24. 一点小事就能引起情绪波动。
25. 讨厌做那种需要耐心、细致的工作。
26. 与人交往不卑不亢。
27. 喜欢参加气氛比较热烈的活动。
28. 爱看感情细腻、描写人物内心活动的文学作品。
29. 工作、学习时间长了，常感到厌倦。
30. 喜欢实操，不喜欢纯理论。
31. 善于交谈，交谈时从容不迫。
32. 别人说我总是闷闷不乐。
33. 疲倦时只要短暂的休息就能精神抖擞，重新投入工作。
34. 理解问题常比别人慢些。
35. 许多事藏在心里，不愿说出来。
36. 认准一个目标就希望尽快实现，不达目的誓不罢休。
37. 和别人学习、工作同样一段时间后，常比别人更疲倦。
38. 做事有些莽撞，常常不考虑后果。
39. 在老师讲授新知识、新技术时，总希望他讲慢些，多重复几遍。
40. 能够很快忘记那些不愉快的事情。
41. 做作业或完成一件工作总比别人花的时间多。
42. 喜欢活动量大的剧烈体育活动，或参加各种文娱活动。
43. 不能很快地把注意力从一件事转移到另一件事上去。
44. 接受一个任务后，希望把它迅速完成。
45. 认为墨守成规比冒风险强些。
46. 能够同时注意几件事物。
47. 当我烦闷的时候，别人很难使我高兴起来。
48. 爱看情节起伏跌宕、激动人心的小说。
49. 对工作持认真严谨的态度。
50. 和周围人的关系总是相处不好。
51. 喜欢复习学过的知识，重复做已经掌握的工作。

52．喜欢做变化大、花样多的工作。
53．小时候会背的诗歌，我似乎比别人记得更清楚。
54．别人说我“出语伤人”，可我并不觉得这样。
55．在体育活动中，常因反应慢而落后。
56．反应敏捷，头脑机智。
57．喜欢有条理、不麻烦的工作。
58．兴奋的事常使我失眠。
59．老师讲新概念，常常听不懂，但是弄懂以后就很难忘记。
60．假如工作枯燥无味，马上就会情绪低落。

胆汁质，包括 2、6、9、14、17、21、27、31、36、38、42、48、50、54、58 各题。
多血质，包括 4、8、11、16、19、23、25、29、34、40、44、46、52、56、60 各题。
黏液质，包括 1、7、10、13、18、22、26、30、33、39、43、45、49、55、57 各题。
抑郁质，包括 3、5、12、15、20、24、28、32、35、37、41、47、51、53、59 各题。

分别把属于每一种类型的题的分数相加，得出的和即为该类型的得分。最后的评分标准是：如果某种气质得分明显高出其他三种（均高出 4 分以上），则可定为该种气质；如果有两种气质的得分接近（差异低于 3 分）而又明显高于其他两种（高出 4 分以上），则可定为两种气质的混合型；如果有三种气质的得分均明显高于第四种，则为三种气质的混合型。

由此可知，气质类型组合共有 14 种，分别是：① 胆汁质；② 多血质；③ 黏液质；④ 抑郁质；⑤ 胆汁—多血质；⑥ 胆汁—黏液质；⑦ 胆汁—抑郁质；⑧ 多血—黏液质；⑨ 多血—抑郁质；⑩ 黏液—抑郁质；⑪ 胆汁—多血—黏液质；⑫ 胆汁—多血—抑郁质；⑬ 胆汁—黏液—抑郁质；⑭ 多血－黏液—抑郁质。

项目六 驾驭情绪 理性生活

——大学生的情绪管理

【项目导入】

容貌焦虑是否绑架了这届年轻人？

容貌焦虑，是指在放大外貌作用的环境下，很多人由于对于自己的外貌不够自信甚至严重自卑而产生的一种焦虑情绪。

“早餐吃紫薯、南瓜、鸡肉肠，午餐吃一小碗荞麦面条、几朵西蓝花、半截黄瓜，晚餐吃半截玉米、一个鸡蛋、一个橙子……”身高170厘米，体重55千克的大学生奕琨计划在假期减脂，这是她的一日三餐。而这“小心翼翼”的食谱背后藏着的是困扰她10年之久的容貌焦虑。

和奕琨一样被容貌焦虑困扰的大学生不在少数。2021年，中国高校传媒联盟面向全国2 063名大学生就容貌焦虑话题展开问卷调查，结果显示，59.03%的大学生存在一定程度的容貌焦虑。其中，男生（9.09%）中严重容貌焦虑的比例比女生（3.94%）更高，而女生（59.67%）中度容貌焦虑的比例高于男生（37.14%）。

值得欣慰的是，虽然容貌焦虑给不少大学生带来困扰，但大多数人可以理性看待。91.70%的受访者表示不会因为容貌焦虑而采取可能威胁自身健康的行为，如过度减肥、整容等。

心病还要心药医。破解“容貌焦虑”，最关键的是要调整被误导的思维认知，不局限美的定义，同时保持开朗乐观、充满自信的阳光心态，学会调适自己的情绪。

RESHEN HUODONG 热身活动

活动一 情绪“温度计”

情绪“温度计”的刻度从0到10，分别代表不快乐到快乐的程度，请同学们以不同的刻度来表示自己本周的情绪“温度”。

■ 活动流程：

（1）将同学们按照情绪“温度”的数值分成高、中、低三组。

（2）请各小组成员分享选择此情绪“温度”的原因，并谈一谈影响情绪“温度”的最大因素。

（3）各小组推选一位小组成员作为本组的代表，由各组代表分享小组中令其印象最深刻、最有感触之处。

活动二　情绪表演

■ 活动流程：

（1）将惊奇、愤怒、高兴、害怕、悲伤、厌恶 6 种情绪分别写在 6 张卡片上。

（2）将这些情绪卡片分别呈现给 6 位同学，并不让其他同学看到。

（3）这 6 位同学按照自己的情绪卡片分别进行情绪表演。

（4）每一次表演完，请大家猜测表演的是什么情绪，给予适当的评价，并谈谈自己的感受。

（5）思考本周自己经常出现的情绪。

TOUNAO FENGBAO 头脑风暴

■ 活动：情绪词汇大比拼。

■ 目的：了解情绪的基本类型。

■ 操作：请同学们参照范例（见表 6-1），归纳出几种基本的情绪类型，并尽可能多地写出表现每种基本情绪类型的词汇，比一比看谁归纳的情绪类型最全，写出的情绪词汇最多。

表 6-1　情绪词汇大比拼

喜	开心　甜蜜　愉快　满足　快乐　狂喜　欣喜 痛快　称心　舒心　自在　激动　动心　扬眉吐气……
怒	生气　气恼　不满　气愤　激愤　盛怒　震怒　愤恨 七窍生烟　愤愤不平　恼羞成怒　勃然大怒　耿耿于怀……
哀	伤心　悲哀　痛苦　哀伤　忧郁　伤感　辛酸　凄惨　悲痛　痛心 内疚　羞愧　惭愧　难过　凄凉　肝肠寸断　黯然神伤……
惧	紧张　不安　着急　慌乱　害怕　惊愕　心悸　震惊　后怕　退避 不寒而栗　大惊失色　敬而远之　胆战心惊……

心理探索

心理探索一 情绪影响身心健康

情绪就像影子一样，每天与我们相伴相随。每个人在生活中都能体会到不同的情绪，如快乐、喜悦、悲伤、忧愁、愤怒等，我们就是在这样多彩的情绪世界里体验着人生百态。正因为有了喜怒爱憎恶等不同的情绪，生活才会如此丰富多彩。同时，情绪也是个体心理状态的晴雨表，是个体幸福感的刻度尺。

一 什么是情绪

情绪的定义和分类

情绪是个体对客观事物是否符合自己的需要而产生的态度体验。一般情况下，当客观事物满足个体需要时，个体会产生积极的情绪体验；而当客观事物不能满足个体需要时，个体则会产生消极的情绪体验。喜、怒、哀、乐、悲、恐、惊，是我们生活中最常见的基本情绪。此外，人们的情绪往往会通过外在的行为表现出来。例如，喜，我们会手舞足蹈；怒，我们会咬牙切齿；悲，我们会泪流满面；等等。

除了情绪的概念外，在心理学上还经常使用情感这一概念。情感与情绪一样，也是个体对客观事物所持的态度体验。两者有着紧密的联系：情绪是情感的表现形式，情感是情绪的本质内容。同时，两者之间也有所区别：情绪带有极大的情境性，而情感则带有很大的稳定性；情绪具有冲动性，而情感则具有持久性；情绪更倾向于个体基本需求欲望上的态度体验，而情感则更倾向于社会需求欲望上的态度体验。

二 情绪的分类

根据情绪发生的强度、持续时间和紧张度，可以将其分为心境、激情和应激 3 种。

（一）心境

心境是一种深入的、持久的、微弱的情绪状态，具有渲染性和弥散性，如闷闷不乐、耿耿于怀、人逢喜事精神爽等。心境的体验较为平和，外部表现不明显，不易被外人发现，有时甚至当事人也不甚明了。

（二）激情

激情与心境相反，是一种强烈的、短暂的、迅速爆发的情绪状态，如狂喜、暴怒、绝望等。它通常由个体生活中的重大事件、激烈冲突、过度抑制或兴奋等所引起，一般都伴随着明显的外部表现。处于激情状态的人可能对未来充满信心，愿意接受各种挑战，能够不断超越自我；也可能失去理智，自我控制力降低，如激情犯罪。

（三）应激

应激是指在意料之外的、紧急危险的情境下所产生的情绪状态。应激反应通常有消极和积极两种。其中，消极的应激反应表现为活动抑制或完全紊乱，甚至发生感知记忆的错误，表现出不适应，如目瞪口呆、手忙脚乱、陷入窘境等；积极的应激反应表现为调动各种力量，积极应对紧急情况，如急中生智、行动敏捷、摆脱困境等。

三　情绪与身心健康

情绪对身心健康的作用表现在正反两个方面：不良情绪压抑过久，或是某种情绪表现过激都会影响人的身心健康；而合理控制情绪的变化，巧妙地运用情绪来调节人体的生理指标，又会增进人的身心健康。因此，情绪能致病亦能治病。

在我国古代，人们就很注重情绪对身心健康的作用。例如，《黄帝内经》中指出："心者，五脏六腑之主也……故悲哀忧愁则心动，心动则五脏六腑皆摇。"这里所讲的"心"不是指心脏，而是指大脑的神经活动及心理活动。任何情志的失调都可伤心，伤心则会引起其他脏腑功能失调。现代科学也进一步证明，情绪可以通过大脑而影响心理活动和全身的生理活动。当我们产生某种情绪变化时，体内的生理指标就会发生一系列的变化，如心跳速率、呼吸节奏、血压升降、血管容积，以及体内激素的水平等都会受到影响。

另外，如果我们受到强烈的外部刺激或长期处于消极的情绪刺激状态下，就会产生过激或消极的情绪体验，这种不良的情绪体验受到压抑便会导致心理失衡，从而引起正常生理功能的减弱或紊乱，进而产生身体器官组织病变或身体功能障碍。反过来，身体的不适和病痛又会引起不良的情绪变化和积压，引起生理指标进一步变化。如此恶性循环变化，最终会导致疾病的产生或加重疾病。

积极的情绪能维护人体生理机能的正常运转，使其免疫系统处于平衡状态，从而增强对疾病的抵抗力，令人精力充沛。生理学家巴甫洛夫说，忧愁、顾虑和悲观可以使人得病；积极、愉快、坚强的意志和乐观的情绪，可以战胜疾病，更可以使人强壮和长寿。国内外许多研究表明：长寿老人最大的特点之一就是具有乐观的情绪。例如，湖北省曾对本省 88 名百岁老人做过调查，发现这些老人中积极开朗型有 45 名，占 51.2%；安静温和型有 39 名，占 44.3%；孤僻忧郁型有 4 名，占 4.5%，而这 4 位老人虽然孤僻、忧郁、内向，但是自控能力强。

心理探索二　大学生的情绪特点与常见负面情绪

一　大学生的情绪特点

大学生的年龄一般为 18～23 岁，正处于心理及思想剧烈变化发展的时期，他们非常关注自我、注重个性表达、情绪体验丰富、情绪波动起伏、心理尚不成熟、性格不稳定，其情绪主要具有以下几个特点。

（一）情绪的丰富性

随着生理和自我意识的不断成熟和发展，大学生对自尊、交往、爱与被爱及自我发展的需要愈加强烈。他们通过各种活动了解社会，同时对自己的能力特长、性格特征、身份地位、道德水平等有了更深刻的认识和评价。此外，专业兴趣、恋爱、人际交往、就业等问题不可避免地摆在了大学生的面前。面对这些需要和问题，大学生相应地产生了丰富多样的情绪体验。

（二）情绪的矛盾性

大学生情绪的矛盾性主要体现在以下两个方面。

一是情感独立与情感依赖的矛盾引起的情绪困扰。随着大学生离开家庭进入大学及其自我意识的发展，大学生的成人感迅速提升。他们开始获得一种独立于父母之外的自主感，自信心和自尊心也大大增强。所以，大学生在情绪上有着强烈的独立意识，渴望独立生活，希望家庭、学校和社会承认并相信他们有独立生活的能力。但是，由于受社会经验、认识习惯和经济条件的限制，他们还无法完全依靠自己的力量来处理学习与生活中一系列复杂的问题，对家庭、学校和社会有明显的情绪依赖性。这种依赖性与迅速发展的独立性并存的特点，常使大学生产生强烈的负面情绪。

二是理想与现实的矛盾引起的情绪困扰。青年期是人生最富有理想的时期，正处于青年期的大学生一般都有自己的理想。但是，由于缺乏一定的社会经验，一些大学生只是在口头上谈一谈理想，并不确定理想的实现途径，且没有付诸行动。自我理想与实际行动的不同步，以及由此而形成的自我理想与现实的差距，会使一些大学生产生强烈的负面情绪。

另外，心理与生理之间的矛盾、个人需要和社会满足之间的矛盾等也会影响大学生的情绪。

（三）情绪的冲动性

有的心理学家把青年期形容为“疾风怒涛”时期。处于青年期的大学生，对外界事物比较敏感，且年轻气盛，在遇到外界的强刺激或突发事件时往往难以控制自己的情绪，容易感情用事，做事不计后果。

大学生情绪的冲动性一般表现如下：由于对外部环境或他人的不满，导致情绪失控，语言、行动极富攻击性；由于对某一事物期望较高，当理想化的未来憧憬与客观现实之间发生矛盾冲突时，往往容易产生焦急和浮躁情绪。大学生因冲动而爆发的情绪活动一旦失控，就可能带来较为严重的后果，如集体斗殴导致参与者身受重伤，因学习压力或爱情失利而自杀等恶性事件。

（四）情绪的不稳定性

由于大学生的心理发展尚未成熟，不能很好地控制自己的情绪，高兴时忘乎所以就看什么都顺眼，消沉时心灰意冷则看什么都不顺眼，情绪呈现不稳定的状态。此外，由于大学阶段大学生面临的事情较多，如学习、交友、就业、恋爱等，当他们不能很好地处理这些繁杂琐碎的事情时，就容易出现较大情绪的波动。

但是，随着认知水平的提高和知识经验的积累，大学生会对自己的情绪进行适当的调控，其情绪会逐渐趋于稳定。

（五）情绪的内隐性

随着大学生社会化程度的提高和自我控制能力的提升，其情绪表达不再像少年儿童那样直露和坦率，而是逐渐变得隐晦和含蓄。他们不会轻易向别人流露自己的真实情感，且在一定的情境下会隐藏和掩饰自己的情绪。大学生能够依据一定的时间、地点、场合、对象等因素，有选择、有分寸地表达自己的情绪和情感，如对某件事情或对某个人明明是厌烦的，但由于种种原因，可能会表现出较好的或不在意的态度。

二 大学生常见的负面情绪

所谓负面情绪，是指个体在主观预期有挫折、威胁或压力，而又感到缺乏有效的应对措施时，产生的以紧张为主并伴以忧虑、恐惧、不安等的情绪体验。现代社会竞争激烈，生活节奏加快，文化观念多元碰撞，加之大学生自身身心发展的矛盾及生活、学习的压力与挫折等，都可能使大学生产生种种负面情绪。如果负面情绪持续时间过长或者泛化，将会严重影响大学生的学习和生活。一般来说，大学生常见的负面情绪主要包括以下几种。

（一）焦虑

焦虑是指个体对即将发生的某种事件或情境感到担忧，但又无法采取有效的措施加以预防和解决时所产生的紧张、焦急等情绪体验，表现出不明原因的忧虑和不安。焦虑本身并不是病态的，而是一种正常的情绪反应，几乎每个人都曾有过焦虑体验。适度的焦虑是个体发挥潜能、解决问题的动力之一，但过度焦虑则会给个体的身体和心理带来不良影响。

焦虑情绪在大学生中普遍存在，常见的主要有考试焦虑、社交焦虑和就业焦虑。其中，考试焦虑是由考试压力引起的一种情绪体验，主要表现为大学生在迎考及考试期间出现过分担心、紧张、不安、恐惧等情绪，还可能伴有失眠、全身不适等症状。这种状态会影响大学生思维的广度、深度和灵活性，降低其注意力、记忆力，使其复习及考试达不到应有的效果，严重的甚至会导致其无法参加考试。

社交焦虑是大学生在与人交往时，产生的拘束、不自然、紧张的情绪体验，主要表现为在与人交往时感到紧张、不安、担心，甚至害怕，还可能伴随心跳加快、出汗、脸红、发抖、呼吸困难等生理表现。

就业焦虑是大学生在面对毕业求职问题时，对可能出现无法实现就业目标的情况所产生的焦躁不安的情绪体验。

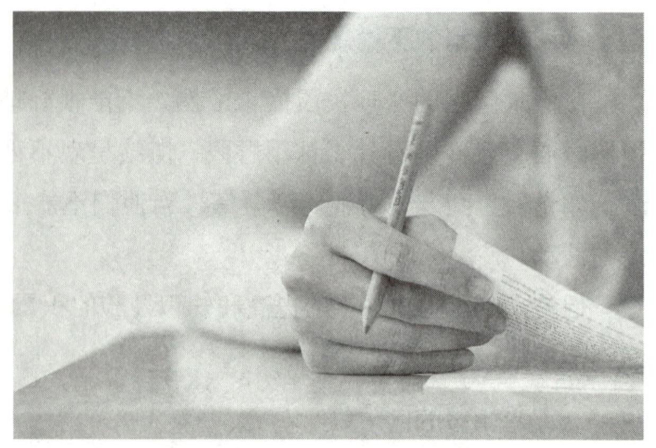

【案例】考试焦虑

李某，女，大一学生。她自述从高一就开始对考试有紧张感和焦虑感，每次考试即将来临时，便开始坐立不安。虽然每次考试前她都会很积极地复习功课，且每次考试也都能考得不错，但每到考试前仍然会感到紧张，一听到要考试了便惴惴不安。她总是担心自己在考试时会出问题，于是强迫自己抓紧时间看书、复习，课后也不敢长时间休息。此外，每到考试前的一天或几天，她还会突然拉肚子，浑身不舒服。现在快要到期末考试了，李某一想到这些就害怕，怕自己再出现这样的情况，影响了考试。

李某要想克服考试焦虑，首先必须形成恰当的自我期待，避免被“不允许失败”的思想占据头脑；其次，要改变对考试目的的认识，明白考试是检验所学知识的有利机会；然后，要不断给予自己积极的暗示，培养自信；最后，要科学用脑，时常进行放松训练，使身心得到休息。

（二）自卑

自卑是个体在自我认识过程中对自己的能力或品质评价过低，轻视或看不起自己，担心失去他人尊重的一种情绪体验。

人都是不完美的，因此所有人都会有自卑感，只是每个人的表现方式和程度不同罢了。过于自卑的人，常常只看到自己的短处、缺点和弱项，忽视自己的潜能，对自己评价过低，多表现为孤僻自闭、行为畏缩、瞻前顾后、多愁善感、自尊心过强、过度敏感等。

【案例】自卑心理

上高中时，由于性格腼腆，王文从不敢在公共场合发言，与他人交流时也无法恰当地表达自己的观点，尤其是与老师或陌生人谈话时，总感觉十分局促。他很羡慕那些在公共场合能够从容不迫、侃侃而谈的同学。他知道自己的性格会影响自己的生活，甚至是以后的成长。为此，他强烈地希望改变自己。

如何走出自卑？

进入大学后，王文暗下决心，务必要改变自己“交往低能”的现状。他认为“最怕什么，就去做什么”。于是，到校报到后不久，王文就开始不断挑战自己，参加各种校园活动和比赛，如“精彩大学特训营”“课前 5 分钟演讲”“辩论赛”等。经过一系列活动的锻炼，王文变得神采奕奕，自信非凡。他不再是那个不敢和他人交流的王文，而是面对他人的不屑、疑问和耻笑时仍会笑着做自己的王文。认识他的人都很惊讶，觉得现在的他有了脱胎换骨般的变化，多了一份自信和勇气，而且还有自己的想法。王文说：“在我改变自己的过程中，所遇到的都是友善的笑脸，困难比我想象的要小得多。走出自己心灵桎梏的一小步，就成功了一大步。”

（三）抑郁

克服焦虑和抑郁

抑郁是一种持续时间较长的低落消沉的情绪体验。抑郁状态中的大学生对学习和生活兴趣索然，遇事缺乏信心，不愿与人交流，思维僵化，反应迟缓，行为被动，自我封闭。有时突发冲动，行为极端，常感到精力不足，注意力不集中，缺少青年人应有的朝气与活力。同时伴有羞愧、自责、痛苦、悲伤、忧郁、沮丧、孤独、绝望等不良心境。

大学生产生抑郁情绪的原因主要有以下几个方面：性格方面，如内向孤僻、不爱交际、敏感等；学习方面，如压力过大、成绩不理想等；人际交往方面，如长期不受欢迎、人际关系紧张、得不到理解与尊重等。研究表明，长期处于抑郁状态下的个体，对活动的参与性和主动性会降低，严重者甚至会出现辍学、自杀等行为。

（四）恐惧

【案例】交往恐惧

张某，女，大三学生，其成绩一般，性格内向、胆小、孤僻。其父母从小就对她要求极严：不准和陌生孩子交往，不能在外面蹦蹦跳跳、打打闹闹。父亲动怒时特别可怕，所以除了学校和家，张某很少在外玩耍。

谈到不愉快的经历，有两件事让张某印象非常深刻：初中时，一向成绩很好的她，有一次因课堂提问没答好，被老师当众批评，她难过得直流眼泪。大一时，同寝室的李某家庭条件不是很好，张某就经常主动帮助她，但李某却认为张某这样做伤害了自己的自尊心。李某不但不感激张某，反而时常挑剔她、指责她、刁难她，故意当着她的面和其他同学说说笑笑，冷落她、孤立她。这使张某非常委屈、难过，认为自己是不受欢迎的人。

从此，张某便害怕与人接触了。她一与人讲话就脸红，眼神躲闪，不敢直视对方，只能低头盯住脚尖，像做了错事一样心怦怦跳，浑身都在发抖。她不愿与班上的同学接触，因为她觉得别人都讨厌自己。此外，她也害怕老师。上课时，只有老师背对同学们板书时她才不紧张。只要老师面对大家，她就不敢朝黑板方向看。而且常常因为紧张，对于老师所讲的内容，她听不进去，也记不住。

因此，从大一下学期起她就申请了走读，除了上课和考试，基本上与同学没有任何交往。她表示自己和不熟悉的人在一起生活会感觉不自在，自己难以适应大学生活。长期以来，恐惧情绪困扰和折磨着她，使她的生活和学习受到了很大的影响。

恐惧是指个体在面临某种危险情境，企图摆脱而又无能为力时所产生的一种情绪体验。例如，人们在遇到地震却无力应对时，往往会恐惧万分。而这里所讲的恐惧是病理性恐惧，即对常人一般不害怕的事物感到恐惧，或恐惧体验的强度和持续时间远远超出正常范围。它是指个体对某类特定的物体、情境产生持续紧张的、难以克服的恐惧情绪，并伴随着各种焦虑反应。

在大学生的各种负面情绪中，恐惧是最常出现的，如害怕考试不及格、害怕朋友背叛自己、害怕生病、害怕孤独、害怕别人对自己的印象不好、害怕找不到工作等。这些所有的“怕”，都会在一定程度上影响大学生的学习和生活。

（五）悲哀

悲哀是指个体因失去所热爱的对象或无法获得需要的东西或因期盼破灭等而产生的情绪体验，包括遗憾、失望、难过、悲伤和极度悲痛等不同程度的消极体验。悲哀虽然不能导致大学生心理失调，但体验过多或时间过久也会使大学生因承受过多负面情绪，而给其学习和生活带来负面影响。

（六）冷漠

冷漠是情感的萎缩，是一种对他人冷淡漠然的消极情绪体验。其主要表现为个体对外界刺激缺乏相应的情感反应，对他人怀有戒心甚至抱有敌对情绪，不与他人交流，对集体、他人漠不关心，对他人的不幸冷眼旁观、无动于衷、毫无同情心，感知迟钝，缺乏热情和激情等。冷漠通常是因个体遭受欺骗、背叛等心灵创伤，或因种种原因受人漠视、轻视甚至歧视所致。

【案例】冷漠情绪

一女大学生曾这样认为：自我一出生，父母就教我与人竞争。别人会弹琴，我也得会弹；别人会跳舞，我也得会跳；别人考试第二，我必须得第一。但我觉得这样比来比去很没有意义，父母真不该把我带到这个世界上来。平时，这个女生表情平淡呆板，行动懒散、毫无生气，对他人漠不关心，不合群。

该女生冷漠情绪的形成与其生活经历有关。由于一直处在竞争的心态下，她缺少与他人交流、合作的经验，觉得与周围的人都是竞争关系，进而用一种冷漠的态度来应对周围的一切。

帮助该女生克服冷漠情绪最根本的方法是改变其认知，让其发现生活的意义，发现自我的价值，改变长期以来形成的对人生消极的看法。同时，多鼓励其积极参加各种有意义的活动，主动融入集体生活，让其发现生活的意义。

（七）厌恶

厌恶是一种反感的情绪体验，通常表现为个体对现实、人生都感到不满或厌烦，不愿学习、不愿工作，对什么都毫无兴趣，并常伴有悲观厌世心理。厌恶通常是由某种挫折感引起的，如升学、应聘、晋级受阻或受挫等。如果大学生长期处于对某一对象的厌恶感中，就可能会把这种厌恶感“泛化”到更多的对象身上，从而严重影响其社会适应能力的发展，造成人际关系紧张。

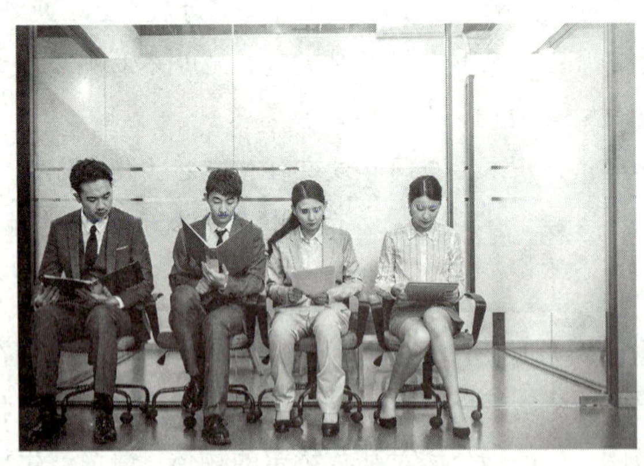

（八）愤怒

愤怒是指个体因愿望不能实现或为达到某种目的的行动受挫时，引起的一种不愉快的情绪体验，或者是个体对他人行为、他人遭遇、某种社会现象等极度反感的一种情绪体验。愤怒情绪通常表现为血液涌向四肢、躯干、脑部，心率加快，肾上腺激素分泌增加，同时可能伴随激烈的行动。处在这种情绪下的人，常容易产生难以自控的行为。

（九）内疚

内疚是指个体认为自己对实际的或者想象的罪行或过失负有责任，而产生的强烈的不安、羞愧、负罪等情绪体验。内疚者往往会产生良心和道德上的自我谴责，并试图做出努力来弥补自己的过错。同时，内疚也会使人产生羞耻感、自责心理、自卑心理、无地自容的心理等。过多的内疚感会令人长期生活在紧张和痛苦中，不利于身心健康。被这类情绪困扰的人，常常会沉湎于往事，为过去所做的事情而自怨自艾。

（十）嫉妒

嫉妒是指由于他人在某些方面胜过自己而引起的不快甚至是痛苦的情绪体验。嫉妒不仅会给人带来情绪痛苦和情感伤害，也会对身心造成损害，如内分泌紊乱、消化功能下降、失眠、情绪低沉等。

大学生的嫉妒情绪具体表现为：当看到他人学识能力、品行荣誉甚至穿着打扮等超过自己时，内心产生不平、痛苦、愤怒等情绪；当他人身陷不幸或处于困境时则幸灾乐祸，甚至落井下石。

三 大学生负面情绪产生的具体原因

负面情绪通常是由压力引起的。在大学生群体中，负面情绪主要是由就业压力、经济压力、学业压力、人际压力、感情问题等引起的。

（一）就业压力

对于大学生来说，就业是一个很现实的问题。当前，我国的大学毕业生人数逐年增加，就业竞争日趋激烈。同时，大学毕业生在找工作的过程中会遇到各种各样的困难，如所学专业就业机会较少，自己的就业选择与父母意见冲突，与用人单位沟通过程中发生不愉快等。这些都可能引发大学生的紧张、焦虑情绪，尤其是当周围的同学大都找到了工作，而自己的工作还没有着落时。此外，即使找到工作了，也可能因和自己的理想存在一定差距，而产生一种心理落差，从而引发情绪问题。

（二）经济压力

对于一些家庭条件不好的大学生来说，经济压力也会成为引发其负面情绪的一个原因。高昂的学费和生活费使得家庭贫困的大学生承受着沉重的心理负担，无论是在生活水平还是消费观念上他们与家庭富裕的大学生都存在着较大的落差。此外，经济因素还可能会制约贫困大学生的人际交往，长期的自卑和压抑容易演变为激烈的心理冲突，从而导致其负面情绪的产生，甚至极端行为的出现。

（三）学业压力

对于大学生来说，学业压力是不可避免的。很多人认为大学的课业负担比较轻，学业压力比较小，其实不然。一方面，在大学里大学生所面对的竞争对手是来自全国各地的优秀学生，这使大学生有着更大的竞争压力。若想取得好的成绩，必须付出更大的努力。另一方面，大学采用的是相对开放和快节奏的教学方式，很大程度上需要大学生发挥自己的主动性，进行自主学习。这与大学生以往接触的教学方式和采用的学习方式有很大的不同。很多大学生一时无法适应这种方式，以致考试成绩不理想，从而对学习产生抵触心理。

（四）人际压力

心理学研究指出，对于任何一个人来说，正常的人际交往和良好的人际关系都是维护其心理健康的重要条件。大学阶段是大学生走出家门开始独立交往的阶段，也是其人生中最渴望交往和交往最广泛的阶段。但在现实中，一些大学生由于没有掌握人际交往的技巧，导致在交往中屡屡受挫，最后不敢、不愿与人交往。还有些大学生由于外貌、家庭、性格等原因会有自卑感，在与别人交往中，总担心别人看不起自己，

从而害怕与人交往。此外，大学生在校期间要处理多种人际关系，如室友关系、同学关系、同乡关系、师生关系等，而复杂的人际关系容易导致大学生的人际交往出现问题。

（五）感情问题

大学生正处于青春期后期，生理发展基本完成，性意识增强，渴望与异性交往并收获爱情。但是，在恋爱过程中，一旦恋爱双方中的一方提出分手，大学生自尊心强、情感脆弱的特点很可能会使其心理上受到极大的伤害，产生自卑、抑郁等不良情绪，严重者还可能会出现心理问题。因此，大学生要谨慎对待感情问题。

心理探索三　调节情绪

在日常生活中，大学生常会受到情绪的影响。有时候，情绪能使他们充满激情，思维敏捷，干劲十足；有时候，情绪会令他们萎靡不振，思路阻塞，消极懈怠。大学生若能调节好自己的情绪，就能激发自身无穷的潜能。否则，就会被情绪所累，甚至出现心理问题。因此，学会调节自己的情绪，掌握调节情绪的方法，对大学生的顺利成才具有十分重要的意义。

一　健康情绪的标准

（一）一定的诱因引起相应的情绪

情绪的产生和发展都是由一定的诱因引起的。例如，可喜的事件引起欢乐的情绪；不幸的事件引起悲伤的情绪；困难的事件引起愤怒的情绪等。情绪不可能凭空产生，无缘无故的情绪反应、不明缘由的情绪表现都是不正常的。

此外，情绪反应的强度应与引发情绪的诱因的强度相符合，并且在不同的时间和场合要有恰如其分的情绪表达，情绪反应须与环境相适应。

（二）情绪的作用时间随客观情况的变化而变化

情绪的作用时间以客观情况的变化为转移。一般情况下，引起情绪的诱因消失之后，相应的情绪反应也应逐渐消失。例如，孩子不慎摔碎了一个碗，母亲可能当时不高兴，事情过后，也就不生气了。如果几天都生气，甚至长期生气，就是情绪不健康的表现。

（三）情绪稳定

健康的情绪应保持相对的稳定性。情绪稳定是指情绪状态比较平稳，情绪反应适度。情绪稳定的人，一般不会因外界刺激而产生过于强烈的情绪反应。那些变化莫测、波动大、起伏剧烈的情绪反应，都是情绪不健康的表现。

（四）心情愉快

心情愉快是情绪健康的一个重要标志。愉快表示一个人的身心处于积极的健康状态。如果一个人经常情绪低落，总是愁眉苦脸，心情苦闷，可能是心理不健康的表现。

（五）能合理调控情绪

善于调节与控制自己的情绪，是指既能克制又能合理宣泄自己的情绪。只懂得掩盖而过分压抑自己的情绪反应，不但不能有效地适应环境，还会不利于身心健康。懂得如何调控情绪，并能从别人调控情绪的方法中借鉴一些适合自己的情绪调控方法，是一个情绪健康者保持身心健康最应掌握的一项技能。

二 调节情绪的方法

不良情绪会影响人的身心健康，如果不及时调整则可能会出现严重的后果。要克服不良情绪，关键在于要学会合理地调节情绪。调节情绪的方法有很多，如运用错觉和幻觉影响情绪；利用语言和动作进行暗示；发挥积极的想象产生激情；依靠坚强的意志对情绪进行控制；利用心理宣泄、倾诉，使情绪发生转移；通过自我激励，使自己的情绪保持一定的兴奋状态等。下面具体介绍几种调节情绪的方法。

（一）合理宣泄

心理学认为，每个人都会遭受不同的挫折，都可能会产生忧郁、焦虑、苦闷、烦恼、不安、不满乃至愤怒等不良情绪。消极地压抑不良情绪，就会在心理上累积侵犯性能量，这种累积往往处于“潜意识层”，成为隐藏于内心深处的暗流，而不会自然消失。它可以通过对内（自己）侵犯，破坏人体机能的平衡协调运行，也可以通过对外（他人）侵犯，产生攻击行为，以减少一定的能量。过分压抑只会使情绪困扰加重，适度宣泄则可以把不良情绪释放出来，从而得以缓解。因此，遇有不良情绪时，最简单的办法就是通过宣泄来排解消极情绪，恢复正常的情绪状态。

有着丰富、复杂、强烈的情绪体验的大学生应学会合理宣泄情绪，使不良情绪得到排解。宣泄的方法有找人倾诉、畅快地哭一场、在旷野中大声喊叫、拳击沙袋、到活动场上奔跑一阵等。但是，在采取宣泄法调节自己的不良情绪时，必须增强自制力，不能随意发泄不满或者不愉快的情绪，而应选取正确的宣泄方式，选择适当的场合和对象，以免引起不良的后果。

（二）调整认知

情绪 ABC 理论

美国心理学家艾利斯认为，人的情绪困扰并不是诱发事件本身引起的，而是由对诱发事件的非理性的解释与评价引起的。正是由于我们常有的一些不合理的认知，才使我们产生情绪困扰。如果这些不合理的认知长时间存在，还会引起情绪障碍。艾利斯经过研究，总结出了不合理认知的三个特征：

（1）绝对化要求。绝对化要求是指个体以自己的意愿为出发点，对某一事物怀有其“必定会发生”或“不会发生”的信念。它通常与“必须”“应该”这类字眼连在一起。例如，“我必须获得成功”“别人必须很好地对待我”“生活应该是很容易的”等。

（2）过分概括化。这是一种以偏概全、以一概十的不合理思维方式的表现。过分概括化的内容通常是个体对其自身的不合理评价。以自己做的某一件事或某几件事的结果来评价自己整个人及评价自己作为人的价值，其结果常常会引发自责自罪、自卑自弃、焦虑、抑郁等负面情绪。例如，当面对失败或是极坏的结果时，往往会认为自己“一无是处”“一钱不值”，是“废物”等。

（3）糟糕至极。这是一种认为如果一件不好的事情发生了，将是非常可怕、非常糟糕的，甚至是一场灾难的想法。这将导致个体陷入极端不良的情绪体验中而难以自拔，如耻辱、自责自罪、焦虑、悲观、抑郁等。

能引起我们什么样的情绪，最关键的不是我们遇到了什么样的事情，而是我们会用怎样的态度去看待这件事。当你闷闷不乐或忧心忡忡的时候，你所要做的就是找出原因，分析是哪些问题导致自己的情绪变得消极，找出问题的症结所在，优先或集中解决这些问题，并调整好自己的认知方式，改变错误观念，树立正确的观点。

（三）正确地评价自我

正确地评价自我，是大学生保持心理健康的重要条件。然而现实中，很多大学生的自我评价往往缺乏客观性，出现高估自我或低估自我的倾向，其结果都易导致严重的心理压力，使自身受到消极情绪的困扰。因此，大学生应学会正确地评价自我，对自己进行客观、公正、全面的分析，不因自己的长处而骄傲自满，也不因自己的不足而妄自菲薄，可以通过与别人比较、与过去的自己比较来认清自己，以人之长补己之短，不断地修正、调整和提高自己。

（四）积极暗示法

积极暗示法即运用内部语言或书面语言对自身进行暗示。例如，可以默想或用笔在纸上写出“冷静”“三思而后行”“制怒”“镇定”等词语来平息怒气；也可以反复默念一些简短、有力、肯定的语句，如“我的能力很强”“我一定会考好”“我一定会胜利”等来稳定情绪，缓解紧张；还可以用“胜败乃兵家常事”“塞翁失马，焉知非福”“坏事变好事”等来自我安慰，消除焦虑、抑郁和失望。实践证明，这种暗示对个体的不良情绪和行为有奇妙的影响与调控作用，既可帮助自己放松过分紧张的情绪，又可用来激励自己。

拓展阅读

乐观向上　革命向前

科学的理论、正确的领导、过硬的队伍、人民的支持，是乐观的底气所在，是红军得以征服一切困难而不被任何困难所征服的秘诀。

1935 年 1 月 1 日，主力红军在贵州的猴场镇迎来了长征后的第一个阳历新年。

元旦前一天的猴场镇，气氛既紧张又欢喜。紧张的是，敌军尾随其后，突破乌江战斗在即，战前动员紧锣密鼓。欢喜的是，恰逢天降瑞雪，红军各单位组织了简单而不失隆重的晚会与聚餐，四盆八碗，香气满院，战士与穷苦群众一道分享食物、唱歌跳舞，一片喜气洋洋的景象。猴场镇的傅氏居所曾是红军干部团休养连的临时住地。新年那天，不少同志白天在这里与群众谈心，晚上围着篝火举行晚会。

在战斗间隙，在条件艰苦的小镇，究竟是什么支撑着这支饱受劫难的队伍激情不减、笑对未来？是乐观精神。

乐观常与欢声笑语相伴。在冀中抗日根据地最大的文艺团体“火线剧社”的带领下，红四师在广西行军时边走边唱，步伐和着节拍，“组成了一个大的军乐队”；湘江战役中参与掩护中央纵队渡江的红十三师，连夜奔袭 45 千米来到湘江，终于渡江成功，战士们用兴国山歌庆祝；娄山关战斗前，青年团员用“湘江走过了，乌江飞过了，一个娄山关，飞不过吗”的短句为战士鼓劲，“飞过去哟！闯过去哟！”的呼号一连接着一连。长征不光有悲情和壮烈，也有乐观与开心。歌声、笑声、加油声，点燃了驱散饥寒、驱散恐惧、驱散黑暗的火炬，为艰苦卓绝的跋涉增添了一抹别样的色彩。

越是艰苦，越能彰显出乐观的可贵。茫茫雪山，异常艰险，红军指战员深一脚浅一脚爬到山顶，除畅叙“盛夏赏雪”之诗情外，有人把撒了糖精的雪当作“冰激凌”，大家你一缸、我一碗地吃了起来。“这比上海冠生园的冰激凌还好！”埃德加·斯诺把红军的“革命乐观情绪”比作烈焰，这团烈焰在敌军面前、大自然面前、死亡面前，都不曾熄灭。靠着乐观精神，红军抱团取暖、共克时艰，成为“红军不怕远征难，万水千山只等闲”的最佳注脚。

长征期间出版的《红星报》曾登载文章《在行军中克服部队的疲劳》，从补给、娱乐等方面出谋划策，但克服疲劳的关键在于人心。有人问董必武：“为什么长征那么困难，你们总是那么乐观？”董老说：“因为我们有伟大的前途！”过草地时，17 岁的郑金煜在牺牲前说：“我知道党的路线一定会胜利！革命一定会胜利！”一老一少，道出了乐观精神的真谛：信念。艰苦只在脚下，乐观指向未来。哪怕终点还在远方，哪怕草地无边无垠，哪怕革命频遭重创，必胜的信念始终不渝。

红军乐观，但并不盲目。《长征组歌》的歌词中，“野菜充饥志越坚”，靠的是“野菜调查小组”的过硬技能；“官兵一致同甘苦”，靠的是“弟兄们，跟我上”而不是“弟兄们，给我上”；“兄弟民族夹道迎”，靠的是民族平等的正确政策……科学的理论、正确的领导、过硬的队伍、人民的支持，是乐观的底气所在，是红军得以征服一切困难而不被任何困难所征服的秘诀。

1960 年，谢觉哉在给儿子的信中写道：“人们常说二万五千里长征是苦事，我是参加长征的，现在记忆中感到的倒不是苦而是甜。和苦斗争，本身就是件甜事。”长征之所以不苦，是因为同志们在苦难中仍然保持乐观，更是因为先辈坚信，他们经受的苦难必能化作今日你我的幸福生活。

（五）自我放松法

自我放松法，又称“松弛反应训练”或“自我调整疗法”。它是一种通过自主调节身体、主动放松来增强自我调控能力的有效方法。只要有一个相对安静的环境，按要求完成一系列动作，通过反复练习，就能有效缓解紧张、焦虑等情绪。

自我放松法中较常用的是渐进性放松法，其原理是让人通过有节奏地控制自己的肌肉收缩、放松，并反复交替，使其体验到从紧张到松弛的过程，从而达到全身心放松的目的。其具体操作方法如下：首先，让自己的身心处于一种舒适的状态；其次，从头到脚一点一点通过放松暗示来舒缓身心；最后，有意识地放慢呼吸，专注呼吸，做均匀的深呼吸，到慢慢忘记呼吸而进入一种无我状态，从而使自己平静下来。

另外，我们还可以通过想象达到放松的目的。首先静卧，然后进行自我意念想象，脑海里浮现一幅图画：湖面平静，清澈安宁，一只美丽的白天鹅浮过湖面；或洁白的雪花轻轻地从天上飘落；或金光灿灿的太阳跳出地平线，大海上浪花激荡；或孩子们在草地上嬉戏；或清澈的蓝天，团团白云飘浮；等等。在这些诗情画意中，自然会感到心旷神怡，格外地轻松、愉快。

综上所述，运用自我放松法放松需要 5 个条件：① 安静的环境；② 专注；③ 顺其自然的态度，不在意自己在做什么；④ 身体舒适舒展，肌肉张力减到最小；⑤ 逐渐放慢的深度呼吸。

对于自我放松法，最好在平时就多加运用，而不是临时抱佛脚。如果平时能熟练掌握，经常使用，到考试时或其他紧张焦虑的场合也能运用自如。

（六）注意力转移法

当情绪激动时，为了使它不至于爆发和难以控制，可以有意识地转移注意力，把注意力从引起不良情绪反应的刺激情境转移到其他事物或能使自己感兴趣的事物上去。例如，外出散步，看看电影、电视剧，听听音乐，读书，打球，下棋，找朋友聊天等。在活动中寻找到新的快乐可以排解不良情绪，促进积极情绪的产生。

（七）音乐调节法

音乐具有显著的情绪调节功能。音乐的节奏、旋律、音色、速度、力度等都可以影响人的情绪变化，因此，可用不同的乐曲去诱发倾听者产生相应的情绪。节奏明快、铿锵有力的音乐能振奋人的情绪；旋律优美、悠扬婉转的乐曲能使人情绪安定，感到轻松和愉快。

（八）向心理老师咨询

在上述方法都失效的情况下，不要灰心，可以去找心理医生进行专业咨询、倾诉，在心理医生的指导和帮助下克服不良情绪。

调节情绪的方法多种多样，可视每个人的情况灵活选用适合自己的方法。为了身心的健康要适时地、不断地对情绪进行自我调节。重要的是要坚信不良情绪是可以克服的，情绪是可以调控的。

XINLI XUNLIAN 心理训练

放松训练

放松训练简单易学，既可以调节情绪，又能消除心理紧张和心理压力，减轻烦恼。坚持训练一段时间以后，就会感觉到它能有效地使身心得到松弛和舒畅。同时，熟练掌握这种训练方法之后，可以随时随地练习，坐着练或站着练，甚至在课间也能抽出片刻时间做一做，这样就能够缓解不良情绪，摆脱消极情绪的干扰。

1．放松训练的一般注意事项

（1）做好放松训练前的准备工作。最好能寻找一处安静的场所（以单人房间为宜），配置一把舒适的椅子（以单人沙发为宜）。若不具备这些物质条件，也可以利用自己的卧室和床铺。做放松训练时要穿着舒适、宽松的衣服和不佩戴妨碍训练的饰物等，以减少外界刺激。

（2）形成一种舒适的姿势。使身体形成一种舒适姿势的基本要求是减少肌肉的支撑力。轻松地坐在一张单人沙发里，双臂和手平放在沙发扶手之上，双腿自然前伸，头与上身轻轻靠在沙发后背上。

（3）整个放松过程中切忌吸烟、吃零食等多余动作。

（4）合理安排时间。最好是每天早、晚各 1 次，每次 15～30 分钟。

（5）务必做到持之以恒、坚持训练。

2．身体肌肉放松

身体肌肉放松遵循由下至上的原则，从脚趾肌肉放松开始到颈部肌肉放松结束。

（1）脚趾肌肉放松：将双脚脚趾缓慢向上用力弯曲，同时两踝与腿部不要移动，保持 10 秒后逐渐放松。放松时注意体验与肌肉紧张时不同的感觉，即微微发热、麻木松软的感觉。放松 20 秒后做相反方向的动作，将双脚脚趾缓慢向下用力弯曲，保持 10 秒后放松。

（2）小腿肌肉放松：将双脚向后上方膝盖方向用力弯曲，以使小腿肌肉紧张，保持 10 秒后放松。放松 20 秒后做相反方向的动作。

（3）大腿肌肉放松：绷紧双腿，使双脚后跟离开地面，保持 10 秒后放松。放松 20 秒后，双腿伸直并紧双膝，保持 10 秒后放松。注意体验微微发热的感觉。

（4）臀部肌肉放松：双腿伸直平放于地。用力向下压下腿和脚后跟，使臀部肌肉紧张，保持 10 秒后放松。放松 20 秒后，臀部用力夹紧，保持 10 秒后放松。

（5）腹部肌肉放松：高抬双腿以使腹部肌肉收紧，同时胸部压低，保持 10 秒后放松。体验由紧张到放松过程中腹部的变化感觉。

（6）胸部肌肉放松：双肩向前并拢，使胸部四周肌肉紧张，体验紧张的感觉，保持 10 秒后放松。体验胸部舒适，轻松的感觉。

（7）背部肌肉放松：向后用力弯曲背部，努力使胸部和腹部突出，形成拱状，保持 10 秒后放松。放松 20 秒后，往背后扩双肩，使双肩尽量合拢以收紧上背肌肉群，保持 10 秒后放松。

（8）肩部肌肉放松：将双臂外伸悬浮于沙发两侧扶手上方，尽力使双肩向耳朵方向上提，保持 10 秒后放松。注意体验发热和释重的放松感觉。

（9）臂部肌肉放松：首先，双手平放于沙发扶手上，掌心向上，紧握拳头，使双手和双前臂肌肉紧张，保持 10 秒后放松。接下来，将双前臂用力向后臂处弯曲，使双臂的二头肌收紧，保持 10 秒后放松。最后，双臂向外伸直，用力收紧，以紧张上臂三头肌，持续 10 秒后放松。每次放松时，均应注意体验肌肉松弛后的感觉。

（10）颈部肌肉放松：将头用力下弯，使下巴抵住胸部，保持 10 秒后放松。注意体验放松时的感觉。

3．头部肌肉放松

（1）紧皱额头，像生气时的动作似的，保持姿势 10 秒后放松。

（2）闭上双眼，做眼球转动动作。先使两只眼球尽量向左边转动，保持 10 秒后还原放松。然后，使两只眼球尽量向右边转动，保持 10 秒后还原放松。接着，使眼球按顺时针方向转动 1 周，然后放松。最后，使眼球接逆时针方向转动 1 周后放松。

（3）皱起鼻子和脸颊部肌肉，保持 10 秒后放松。

（4）紧闭双唇，使唇部肌肉紧张，保持 10 秒后放松。

（5）收紧下颌部肌肉，保持 10 秒后放松。

（6）用舌头顶住上腭，使舌头前部紧张，保持 10 秒后放松。

（7）做吞咽动作以紧张舌头背部和喉部，但注意不要完全完成吞咽动作，保持 10 秒后放松。

头部肌肉放松后，整个放松训练结束。

需要注意的是，放松前的紧张动作是为了更好地体验放松的感觉。当放松的感觉记忆深刻后或训练时间较短时，可去掉紧张部分而只做放松部分。

项目七 人际沟通 从心开始

——大学生的人际交往

【项目导入】

人际交往需要良好心态

小兰是某学校的大二学生，学习成绩十分优秀。近期，学校在评选“学年度优秀学生”和“优秀学生干部”，对此，小兰信心满满。大一期间，小兰的表现相当不错，不仅学习成绩在班上名列前茅，而且担任了班级的学习委员。根据学校的评优标准进行筛选后，全班只有 5 名同学有资格参加评优，且每个班级有 4 个入选名额，这就意味着她所在的班级只有 1 名同学会落选，所以她认为这次评优自己稳操胜券。

万万没想到，小兰竟然落选了。在班级投票中，小兰获得的票数是最少的，这让她难以接受，认为同学们有意戏耍她。落选后的小兰愤愤不平，对班上的同学充满了敌意，经常没缘由地冲着他人发脾气，情绪极度不稳定。见小兰如此不好相处，班里的同学开始对她“敬”而远之。之后，小兰与大家的关系越来越差。

后来，小兰走进了心理咨询室。心理老师从她的口述中得知，作为学习委员，她平时布置学习任务时喜欢用命令的口气，和其他同学说话时也经常趾高气扬，很少有笑容。久而久之，她与同学们的关系变得不那么融洽了。另外，她总是嫌弃同寝室的其他人不上进，导致同寝室的同学也不喜欢她。经过心理老师的辅导，她意识到了自己在人际交往方面的不足，主动地调整了心态，开始变得谦虚、温和，并学着帮助他人。她的人际关系也逐渐得到了改善。

在大学校园里，人际关系良好的学生能够与同学在生活上相互照顾，在学习上相互帮助，在社会实践活动中相互支持。一个人如果不善交际，又不愿做出改变，缩在自己的舒适圈里，在自己与社会、他人之间筑起一道心理屏障，个人的发展，甚至自己的人生都会因此而受到影响。因此，大学生要努力把握人际交往的特点、人际交往的基本原则，不断提高自己的人际交往能力，促使自己健康成长。

RESHEN HUODONG 热身活动

活动一　宴会

- 活动目的：

（1）体验尊贵与卑微的感受。

（2）学习在人际交往中看重自己，尊重他人。

- 活动时间：20 分钟。
- 活动道具：录音机、扑克牌。
- 活动流程：

（1）“宴会”开始时，播放轻音乐，并给每个参与者发放一张扑克牌，作为入场的凭证。扑克牌的大小（K、Q、J……）代表自己职位的高低与身份的尊卑。

（2）参与者拿到扑克牌后，将其放置于胸前显眼处，并根据自己的地位与身份，以语言、非语言的方式向周围的人表示问候。

（3）音乐停止的时候，请参与者依照地位高低排成一行，报出胸前扑克牌的数字大小。

（4）自由讨论：处于尊贵或卑微的地位时，身心有何感受？联系生活中的人际交往，你会想起什么？

活动二　取绰号

- 活动目的：体验同理心。
- 活动时间：30 分钟。
- 活动流程：

（1）全班同学分为若干小组，每组 8～10 人。

（2）小组成员围成一个圆圈，每人帮自己右边的同学取一个绰号，越毒辣越好，取好之后必须说“我帮××同学取绰号××”。待全部进行完毕之后，则需要将加诸别人身上的绰号全部收回自己用。

（3）共同讨论：① 帮别人取绰号时的心情。

② 绰号收回，放在自己身上时的感觉。

TOUNAO FENGBAO 头脑风暴

情境一

同桌的林上亿又把我的钢笔拿去用了，也不说一声，每次都这样！

同学 A:“林上亿，你很过分呀！每次用别人东西都不先说一声，一点都不尊重别人，你真是讨厌！”

同学 B:“林上亿，你每次都不说一声就把我的钢笔拿去用，我觉得有点不受尊重，希望你下次要用的时候能先跟我说一声。”

情境二

最近张友友老是喜欢开我玩笑，说我唱歌很难听，虽然他是我的好朋友，但我并不喜欢常常被笑，真不知道该如何跟他说。

同学 A:“张友友，你不觉得你开这种玩笑很无聊吗？要笑不会笑你自己啊！你自己也没好到哪里去！”

同学 B:“张友友，当我听到你一直拿我唱歌的事来开玩笑时，我心里觉得很不舒服，在大家面前也很尴尬，希望你尽量不要再拿这件事来开玩笑了！”

思考 上述两个情境中，谁的话更容易被人接受，为什么？在日常生活中，我们与他人交往时应注意哪些事情？

XINLI TANSUO 心理探索

心理探索一 人际关系概述

一 人际关系的定义

人的一生就是从“生物人”“自然人”逐渐转化为“社会人”的过程，即社会化的过程，它也是一个人不断地与他人相互沟通、相互作用、相互影响的过程。在这一过程中，与他人之间形成的稳定的心理联系，即人际关系。也就是说，人际关系就是人们在各种现实的环境中，通过人与人之间的交往互动建立起来的稳定的心理的联系。

二　人际关系的相关理论

（一）人际关系三维理论

人际关系三维理论是由社会心理学家舒茨提出的。舒茨认为，每一个个体在人际互动中都存在三种需求，即包容需求、支配需求和情感需求。同时，对于这三种基本的人际需求，人们有主动表现和被动表现两种满足方式。

学生人际关系测试

基于个体的三种人际需求和两种满足方式，舒茨把人际关系取向分为 6 种形式，即主动包容式、被动包容式、主动支配式、被动支配式、主动情感式、被动情感式。

（1）主动包容式。主动包容式人际关系取向的主要特征是交往一方主动与他人交往，并积极参与社会活动。例如，刘备为了请诸葛亮出山而三顾茅庐。

（2）被动包容式。被动包容式人际关系取向的主要特征是交往一方期待他人接纳自己，而自己往往表现为退缩。持这种人际关系取向的人常陷入矛盾的怪圈中，一方面希望别人接纳自己；另一方面由于害怕不被别人接纳，而在人际交往活动中表现出退缩、不合群等特点。

（3）主动支配式。主动支配式人际关系取向的主要特征是交往一方常常运用权力控制他人。例如，教师指导学生和家长训斥子女时所建立的人际关系。

（4）被动支配式。被动支配式人际关系取向的主要特征是交往一方期待他人引导，愿意追随他人。持这种人际关系取向的人大多表现出追随他人与受人支配的倾向，甚至表现出抗拒权威与忽视纪律的倾向。例如，部分青少年学生就倾向于追随他们的“头儿”而失去主见。

（5）主动情感式。主动情感式人际关系取向的主要特征是交往一方表现出对他人的喜爱、友善、同情、亲密。例如，恋人之间、母子之间在表达相互爱恋、彼此关心、彼此尊重的过程中所形成的人际关系。

（6）被动情感式。被动情感式人际关系取向的主要特征是交往一方对另一方显得冷淡，负面情绪较重，但内心期待另一方对自己亲密。例如，父母管教子女太严时，子女常常会产生这样的情感。一方面，由于严厉的管教，子女极力回避与父母的沟通；另一方面，子女又渴望得到父母的肯定和理解。

（二）交换理论

交换理论认为，人际关系实际上是报酬和代价的互换。报酬是交往双方所重视的结果，常见的报酬有好的感觉、声誉、经济收益和感情需求的满足。代价是交往双方不想蒙受的损失，包括时间、精力和焦虑。人们期待高报酬低代价的互动，但最令人满意的代价与报酬率因人而异，同一个人也因时而异。当人们有许多高报酬率的关系时，他们将设定较高的满意度水平，因此可能对低报酬的关系不满意。代价与报酬率决定了关系或互动的吸引力，但它并未指出关系或互动会维持多久。虽然人们在代价高于报酬时会终止关系或互动，但是环境有时候会令人继续处于不满意的关系中。

心理探索二　大学生人际交往中的心理障碍及调适

大学生常见的人际关系有同学关系、师生关系，其中同学关系是最常见的，同时也是最容易让他们产生困扰的。一方面，由于年龄、兴趣、奋斗目标等方面的接近性，同学之间最容易产生亲密关系；另一方面，由于个体成长环境、价值观念、地域文化等方面存在差异，再加上互动频繁，同学之间也最容易产生矛盾。

一 恐惧心理及其调适

（一）对恐惧心理的认识

社交恐惧症

社交恐惧是指大学生在人际交往中受挫之后，试图避免再次遭受交往挫折而产生的一种防护性心理。其主要表现包括：在社交场合中感到害羞、局促不安、尴尬，怕进教室、会议室，怕在人前抛头露面。

一位大学生在咨询时说，一次她独自一个人去一家商场买衣服，由于走得匆忙，身上穿了件不合身的旧衣服。那家商场的售货员以貌取人，误认为她买不起，在旁边奚落她。当时周围有很多人都在看着她，她感到非常尴尬，面红耳赤地走出了商场。自那以后，她就十分害怕与人交流，不敢一个人去买衣服或办其他事情。案例中的大学生的表现就是典型的社交恐惧。

（二）对恐惧心理的调适

1．寻找恐惧产生的真正原因

只要找到恐惧产生的真正原因，就可以大大减轻恐惧症状。有位学生在咨询中说道："最近一个多月以来，我常感觉很紧张、恐惧，因为近来原本和我关系还不错的一名女同学在和我讲话时老是斜瞄着我，让我很难受。"这种情况主要是由于不正确的认知引起的。她认为，那位女同学斜瞄着她就是看不起她、不尊重她。要排解这种紧张、恐惧的心理，首先要从改变错误的认知做起，而错误认知的改变有赖于对那位女同学讲话时的情境及其表现进行跟踪观察。

2．改变个性中的不良气质因素

每一种气质类型都有其优势，这里所说的改善不良气质因素，是指改善气质中消极的、不利于良好的人际交往的一面。例如，抑郁气质类型的人在交往中比较敏感，情感体验深刻，一些在他人看来很正常的行为容易被其解读为是故意针对自己的。这种体验会让其感到不愉快，进而使自己更加紧张不安，造成恶性循环，最终陷入恐惧的心理及情绪困扰之中。在开始交往时，不妨尽量将一些语言从积极的角度进行解读，这样可以避免一些不必要的人际关系紧张。气质虽然受先天因素影响较大，具有很高的稳定性，但并非完全不可改变，可以通过后天努力来扬长避短。

3．克服完美主义倾向

有社交恐惧的人对自己常常抱有过高的期望，存在完美主义倾向。其实，每个人都有缺点、都会犯错，如果总想给别人留下一个完美的印象，而现实又常常不能遂人愿，就不免会产生紧张恐惧的心理。俗话说“金无足赤，人无完人”，不管是对他人还是对自己都无须求全责备。

4．对自己进行系统脱敏

社交恐惧者在人际交往中会有退缩表现，其退缩的心理和行为会削弱人际交往的动机和能力。采用系统脱敏疗法可以帮助社交恐惧者逐渐消除社交恐惧心理及其不良症状。具体做法如下：社交恐惧者迫使自己参加交往活动，在活动训练中不断脱敏。刚开始可能感觉很难堪，但时间长了就会自如地与人交往。采用这种方法，第一要学会放松，第二要不断地给自己勇气。因为改变是痛苦的，意味着要打破旧习惯、建立新习惯。

二 自卑心理及其调适

（一）对自卑心理的认识

自卑来源于对自己的不正确认识和估计。自卑的人往往过分地注意自己的短处而对自己的长处缺乏足够的认知，进而产生自惭形秽之感。存在自卑心理的大学生常常有如下表现：缺乏自信、做事畏首畏尾、羞怯、胆小、怕被人嘲笑或拒绝。

自卑心理产生的一个重要原因就是个体心理上的消极对比。我们每一个人都不可避免地有着不同程度的主客观方面的缺陷。从客观方面来说，有的人可能经济拮据、父母离异，有的人可能存在口吃、肥胖、个子矮小等生理缺陷或不足。从主观方面来说，有的人可能能力不强，有的人可能气质不佳。面对这些主客观缺陷，不同个体有不同的态度。有的泰然处之，化自卑为力量，不断提升自己；有的妄自菲薄、自卑退缩，不仅影响学习和工作的效率，还使内心笼罩着一层自卑的阴影。

（二）对自卑心理的调适

1．学会客观认识自己

“人无完人”，每个人都既有优点，也有缺点。但是，若让具有自卑心理的大学生阐述自己的优点，他们往往说不出来。而当其他同学说出其优点时，他们又难以相信。因此，自卑者要走出自卑的心理阴影，必须转变看待自己的视角，善于发现自己的长处、肯定自己的成绩，全面而客观地认识自己的长处和短处。既要看到尚待完善的方面和努力的方向，又要看到已经取得的成绩和拥有的优势。只有这样，才可能消除自卑，增强自信。

2．制订合适的理想目标

现实与理想的差距往往让人自卑、失落、自我否定。摆脱自卑心理的一种重要方法，就是制订合理的理想目标，即在对自身现实条件和发展潜力进行认真细致的分析与预测的基础上，本着通过努力能够实现的原则科学地确立未来的理想与目标。一个人不能没有理想，但理想的建立一定要从自身的实际出发。只有这样，才能在实践中不断取得成功，从而增强自信心。

3．改变不合理观念

一个小女孩从小就喜欢看童话故事，并在心中建立了一个比较理想的自我形象：像公主一样高贵而美丽。但是，当她有一天照镜子时忽然发现镜子中的女孩普普通通，有着干枯的头发和小小的眼睛，她在将镜中的自我形象与理想中的自我形象进行对比的过程中就不免产生了自卑心理。

上述例子中，小女孩总把自己与心目中高贵而美丽的公主相比，是一种不合理的比较。这种不合理的比较让她陷入极度的自卑，要改变由于这种不合理比较而产生的消极情绪，她可以变更比较的对象或比较的内容。尽管小女孩的容貌不能和公主的美貌相比，但她的智慧和博学可能是公主所没有的。因此，当某方面不如别人时，可以试着找出比别人强的另一方面，这是一种走出自卑、增强自信的好方法。

4．进行积极的自我暗示

大学生要多分析自己的有利条件，总结成功的经验，体验成功的快乐，增强信心，不断提醒和激励自己，使自己在心理上确信能够获得成功。例如，那些自认不够美丽的人，可采取以下方法克服自卑心理，提升信心：每天早上都对着镜子大声地说“我很漂亮”。刚开始可能会觉得很尴尬，但是一旦形成了习惯，就会发现自己好像真的变漂亮了。这主要是由于积极的心理暗示让个体改变了看待自己的视角。

5．观察自信的人并向其向学习

因自卑而妨碍交往的大学生，还应当在交往中多观察、学习自信的人的行为方式及表现。经常留意自信的人的言语和表情之后，可以选择一位作为自己的模仿对象。当自己自卑的时候，就回想或者想象自信的人应该会有怎样的表现。同时，加强自信心训练。例如，在与人交往中想回避时，放下回避的想法，径直向交往对象走去；讲话时敢于直视对方的眼睛且声音洪亮、不吞吞吐吐；等等。

三 自负心理及其调适

（一）对自负心理的认识

自负的人在人际交往中往往过度地以自我为中心，傲气轻狂，轻视和看不起周围的人。自负心理对一个人的危害是非常大的，其产生的原因主要有以下两个方面。

1．错误的自我认知

如果说自卑者是将自己的缺点无限地放大，那么自负者就是将自己的优点尽量夸大。自负者通常只看到自己的优点，对自己没有全面的认识，也就是我们常说的缺乏自知之明。

2．强烈的自尊心理

自负者一般都有强烈的自尊心，为了保护自尊心，在交往挫折面前，他们常常会产生两种既相反又相通的自我保护心理。一种是自卑心理，即通过自我隔绝，避免自尊心进一步受损；另一种就是自负心理，即通过自我放大，获得心理补偿。

（二）对自负心理的调适

1．正确地认识自己，进行批评和自我批评

大学生既要认识到自身的长处与优势，也要清醒地意识到自己有哪些缺点和不足，以及这些缺点和不足将会给自己的发展带来哪些阻力。另外，也要诚恳地接受别人的批评。俗话说“不识庐山真面目，只缘身在此山中”，一个人对于自身的认识总是有不全面的地方，通过别人的批评，可以认识到自身更多的不足，并以此为契机进行改进。与此同时，加强自我批评、勤于自我反思，也是调适自负心理必不可少的环节。

2．尊重他人，换位思考

自负者大多有强烈的自尊心，但要想获得别人的尊重，首先应该尊重他人。而自负者往往以自我为中心，凡事都喜欢从自己的角度思考，在自负者的词典里“我以为”“我认为”这类词汇是比较多的。因此，自负者在交往活动中要多进行换位思考，善于从别人的角度考虑问题。

四　嫉妒心理及其调适

（一）对嫉妒心理的认识

嫉妒是指因别人的成功而产生一种心怀憎恨的羡慕之情。嫉妒一般发生在社会地位相同或相近、生活或工作关系密切的人际圈子里。当生活在这个人际圈子的人彼此相差不大时，大家相安无事；一旦圈子里某个人的境遇有了改善或地位有所提升时，平静的生活圈子里就会泛起嫉妒的涟漪。由于大学生们通常都有相同的地位、相仿的经历，因此大学生中普遍存在嫉妒心理。例如，有的人嫉妒别人成绩好，有的人嫉妒别人人际关系好，等等。嫉妒心理在每个人的身上都有不同程度的表现，但如果嫉妒心理严重化或发展到极端，甚至做出损人利己的行为，那就是心理不健康的表现。

（二）对嫉妒心理的调适

1．化嫉妒心为竞争力

嫉妒心理源于别人在某个方面强于自己而产生的内心不平衡。要打破这种内心的不平衡，理性的做法是化嫉妒心为进取心和前进的动力。当别人比你强，你感到心理不平衡、内心深处不想别人比你强时，就将你的嫉妒心理化作动力，依靠自己的聪明才智，通过“堂堂正正做人，扎扎实实做事”来超越对方。这既无损于他人又有益于自己，是一种奋发努力、缩小差距、力求改善现状、开创未来新局面的奋斗精神。

2．尊重别人，加强自身修养

嫉妒心强的人往往都存在一些个性缺陷，如目光短浅、气量狭小、以自我为中心、情绪不定、易受到外界影响等。所以，易生嫉妒心理的人有必要加强自我修养，重塑自我个性，要把眼界放宽一些，正确看待别人做出的成绩。

3．充实自己的生活

哲学家培根曾说：“嫉妒是一种四处游荡的情欲，能享有它的只能是闲人，每一个埋头于自己事业的人，是没有工夫去嫉妒别人的。”如果我们能够看到自己的长处和优势，增强自信，便不会嫉妒他人。例如，同桌口才好，非常惹人喜爱，在这方面你自愧不如，但是你不妨多想想自己待人友善，也赢得了很多同学的喜爱，这样心理就会平衡。清楚自己的长处之后，再结合自身的兴趣，不断充实和完善自我，使优势得以充分发挥，就能够实现理想，成就事业，享有美好人生。

五 猜疑心理及其调适

（一）对猜疑心理的认识

猜疑是由于错误的认知造成的。爱猜疑的人往往把在人际交往中出现的问题归咎于他人，常常从负面消极的视角认知人际交往，以猜测为基础，对人际交往多抱有怀疑的态度。

猜疑产生的原因主要包括：① 作茧自缚的封闭思路。猜疑总是从某一个假想目标开始，最后又回到假想目标，就像画一个圆圈一样越画越粗，越画越大。② 缺乏信任感。古人说："长相知，才能不相疑。"反之，不相知，必定长相疑。不过，他信的缺乏，往往又与自信的不足相联系。疑神疑鬼的人，看似怀疑别人，其实也是怀疑自己。有的人在某些方面自认为不如别人，就总以为别人在议论自己，看不起自己，算计自己。一个人自信越足，越容易信任别人；反之，就越容易产生猜疑心理。③ 自我防卫。有些大学生以前由于轻信别人，在交往中受过骗、上过当，蒙受了精神损失和感情挫折，结果万念俱灰，走向另一极端：他们不再信任任何人，老是猜疑他人的行为与动机。

（二）对猜疑心理的调适

在人际交往中，猜疑者往往一味地以自己的方式对待别人，这样会伤害他人感情，破坏人际关系，导致人际交往无法正常进行，同时也会使自己处于不良的心态之中。猜疑心理可以从以下几个方面进行调适。

1．改变认知思维方式

一方面，遇事不要主观臆断，先入为主，而应告诫自己先观察，是否事实真的如此，最后再得出结论。另一方面，要善于用事实检验论断，对照事实反思自己的认知思维过程，并予以矫正。

2．调控不良情绪

猜疑者往往感情用事，一旦怀疑别人，冲动的情绪就会使他只能看到单方面的信息，强化错误推测，从而做出一些不利于人际关系的事情。所以，在情绪激动时，不妨转移一下注意力，做一些其他事情，待冷静下来后再进行分析与决断。

3．培养自信心

自信心源自对自己实力的认可，是立身之本和必胜的法宝。自信心有助于让自己看到希望并转移对别人的胡乱猜疑。

4．学会识别人

有猜疑心的人常常不信任别人，这种不信任一方面是由于客观上的不了解，另一方面是由于主观上的不愿意了解。所以，要改变猜疑心理，就要主动与周围的同学、教师和亲朋好友接触，在交往中学会观察、了解、识别他人，结合间接了解到的信息，对他人做出较为全面客观的评价。长期坚持就会发现我们身边的许多人都是正直、善良的人，从而学会以善的眼光去发现别人善的方面，而不是处处怀疑他人。

六 闭锁心理及其调适

（一）对闭锁心理的认识

闭锁心理是指青少年进入青春期后自觉或不自觉地封闭自己的心理活动，不轻易外露自己的内心世界和情感，甚至把自己与别人隔绝起来的心理现象。有闭锁心理的人不愿意向他人敞开心扉，没有与他人交往的内在愿望，也不相信有人能了解自己，很难与周围的人沟通或往来，从而表现出人际交往障碍。

大学生产生闭锁心理的原因是多方面的，既有性格方面的原因，也有挫折经历、环境的影响，以及家庭与学校教育方式等方面的影响。成长于和谐融洽的家庭，经常得到父母的关心，接受民主型教育的大学生，产生闭锁心理的概率较小；相反，与父母关系紧张，或父母只关心学业而忽略其他方面的发展，或家长管束太严，或父母放任溺爱的大学生，闭锁心理较为明显。

与老师关系融洽，与同学亲密无间，好朋友较多的大学生，很少表现出闭锁心理；相反，与老师关系紧张、情绪对立，缺少朋友的大学生，闭锁心理表现较为明显。性格外向、活泼好动、兴趣广泛、生活圈子较大的大学生，闭锁心理表现不明显；相反，性格内向、生活圈狭窄、生活单调的大学生，闭锁心理较为明显。

（二）对闭锁心理的调适

闭锁心理作为大学生心理发展过程中存在的一种心理现象，对大学生实现社会化有着消极的影响。因此，克服闭锁心理，对于大学生适应社会有着重要的意义。其调适可以从以下几个方面入手。

1．优化自身性格

存在闭锁心理的人往往有这样一些性格特点，一般表现为内向、固执、我行我素、喜欢独处等。有闭锁心理的人一方面可以通过自信心训练来改善这些性格特点；另一方面，可以投身到交往实践活动中，去体验交往的乐趣，锻炼交往的能力，时间长了，闭锁心理自然会有所改善。

2．摆正自己的位置

健康的交往是建立在双方平等的基础之上的，尊重别人的同时保持自尊，就能走出自卑或清高的误区，摆脱孤僻和闭锁心理。在人际交往中，大学生既要正确地认识到自己的优点，也要认识到自己的缺点，摆正自己的位置。

3．综合矫治，因人而异

培养对生活和人生的热爱是改变闭锁心理的主要方法。要有意识地去挖掘生活中美好的事物，发现那些感人的真情，还要尽量以热情的方式待人，逐渐敞开自己的心扉。正确认识自我是矫正闭锁心理的突破口。有着闭锁心理的人大多对于自我有不正确的认识，有些人自命不凡，将孤僻视为个性，需要通过自我反省来正确认识自己。此外，有闭锁心理的人还应多参加集体活动，感受人情温暖，产生与他人成为朋友的愿望，从而逐步建立起健康和谐的人际关系。

拓展阅读

做一个对生活充满热爱的人

无论年纪多大，生活都不曾褪色

平时，我们常常能看到对生活充满热爱的老人，他们精神矍铄，嗓音洪亮，笑容开朗。这些老人都在传递一种积极的人生观：只要还活着，就要相信，生活还有诗和远方。

四川一位69岁的陈先生坚持赶在了法定最大年龄70岁之前拿下了驾照，被称为“最老新司机”。他说：“我知道考驾照的年龄上限是70岁，再不去做，这辈子就没机会了。”热爱生活的人，通常也会比较健康。有研究发现，感觉自己拥有一颗“年轻的心”的人更有可能长命百岁。

无论身处何地，生活都可以有姿有色

热爱生活这件事，与年龄无关，身份、环境更不是阻碍。我们身边总有那么一些人，他们即使身处泥泞之中，也依然不忘仰望星空。

被网友亲切地称为“抹灰哥”的建筑工人石某能写一手好字。这个小伙子的业余爱好是写字画画。他表示，自初中起就喜欢上了书法，在他外出打工的这十多年里，他一直都没有放弃这个爱好。他说，结束每天的工作后，随意挥毫泼墨，是他最喜欢的放松方式。生活可能艰辛，但热爱生活的人会在寻常的日子中找到属于自己的乐趣。

对生活充满热爱，生活终会回馈你精彩

近年来，网络上流传着一些“丧词”，从表情包“葛优躺”到网络热词“佛系”“躺平”等，都表现出当下一些年轻人对生活消极的状态。我们也常常听到，身边的人抱怨生活无聊、乏味。其实，生活在哪里都是一样的，有的人之所以与别人不一样，是因为他们选择了热爱生活。热爱生活，就是热爱生命，生活有多美好，取决于你对它有多热爱。

一个热爱生活的人，生活也将回馈其精彩。相关专家表示，对生活充满热爱，会让人幸福指数升高，心情愉悦。热爱生活的人，会积极主动地做事情，并享受过程本身，而积极行动之后的结果一般也不会太差。有研究证明，人们在做感兴趣的事时，能够分泌多巴胺，激活大脑的奖赏机制，给人带来刺激或快感，从而形成正向反馈。

资料来源：健康时报网（有改动）

心理探索三 寝室人际关系

寝室人际关系是大学生人际关系中最普遍、最直接、最重要的一种人际关系。

一 大学寝室人际关系的主要矛盾

寝室人际关系的矛盾主要表现在以下几个方面。

寝室矛盾之一：谁动了我的“奶酪”？有的同学随意吃、拿其他室友的东西。

寝室矛盾之二：都是电话惹的祸。半夜十二点了，还有同学在被窝里甜甜蜜蜜地煲“电话粥”，而寝室里的其他同学却辗转无法入眠。

寝室矛盾之三："凭啥让我多干活？"寝室的公共卫生，有的同学从来都不做。

寝室矛盾之四："我就这样。"有的同学没有良好的卫生习惯，不洗脚、不洗衣服，寝室里气味难闻，而且往往因此影响了整个寝室的卫生成绩，让其他同学非常气愤。

二 建立良好寝室关系的对策

有一位同学因被室友孤立而感到很苦恼，在咨询时说道："也不知怎么的，可能是我不太注意说话方式，近来大家都用讥讽的口吻跟我说话，我若无意间说了哪位同学，大家就一起帮着她来挤兑我。我感到很苦闷，觉得回寝室也没什么意思，怕说错话引起更大的麻烦。所以每天很早就起床，背着书包到教室看书，晚上很晚才回去。有时即使看不进去书，也不愿意回寝室，就绕着操场逛，一圈一圈又一圈，等快熄灯了才回去。"而那些在对立面的同学也感到难过："我们寝室的一位同学很过分。虽然她现在已经被孤立了，但我现在也感到很压抑，因为寝室气氛不好，形成对立的局面。其实，我觉得那位同学也不是一无是处，也很想和她说说话，但大家都不理睬她，我若主动与她交好，势必会变得跟她一样，不被大家理睬。"

还有一部分同学，即使没有遇到上述情况，也觉得在寝室不是很开心："我们寝室关系还可以，没有争吵，但大家都很客气，没有什么话好说，觉得挺闷的。"

由于彼此之间的生活习惯不同，生活在同一寝室的同学难免会产生矛盾。要处理好这些问题，建立良好的寝室关系，需做到以下几点。

（一）与室友统一作息

一个寝室一般有2～6个甚至更多的人在一起生活，宜有统一的作息时间。只有大家协调一致，共同遵守统一的作息，才能减少争执，消除摩擦，维持正常的生活秩序。如果你是"夜猫子"，晚上睡得很迟，待寝室成员都睡了，才洗漱睡觉，这样就容易惊醒其他人，影响别人休息。久而久之，你就会引起室友们的厌烦。

因此，寝室的全体成员应当尽量统一起居时间，减小作息差异。倘若实在有事，早起或者晚睡的成员也应尽量降低声响和灯光对室友们的影响。

（二）不搞"小团体"

在寝室，应当以平等的态度对待每一个人，不要厚此薄彼，和一部分人打得火热，而对另一部分人疏远不理。有些人喜欢与寝室之中的某一个人十分亲近，平时老是与同一个人说悄悄话，无论干什么事、进进出出都和某一个人在一起。这样就容易引起寝室其他成员的不悦，认为你是不屑与之交往。我们不反对建立有深度的友谊，但决不能以牺牲友谊的宽度和广度为代价。所以在寝室里，我们对每个人都要尊重、平等相待，尽量不搞"小团体"，不孤立他人。

（三）不触犯室友的隐私

首先，每个人都有自己的秘密，也都有好奇心。对于室友的隐私，我们不要想方设法去窥视。对方把一个领域划为隐私，那么这个领域对其来说就有特殊的意义，任何试图刺探这个领域的话题都是不受欢迎的。大学生要学会尊重他人，不要去触碰他人的"禁区"。其次，未经室友同意，不可擅自乱翻其衣物、用品，切莫以为是熟人就忽视了这一问题。最后，同住一个寝室，有时难免不经意间知道室友的某些隐私，对此我们要守口如瓶。告诉他人不仅是对室友的不尊重，也是不道德的。

（四）别人有困难要帮，自己有事也要求助

良好的人际关系是以互相帮助为前提的。当室友遇到困难时，我们应当主动伸出援助之手，这自不必说。那么，当我们有事时，是否能向室友求助呢？答案是肯定的。因为有时求助反而能表明你对别人的信任，能够融洽关系，加深感情。如果你有事需请人帮忙，却舍近（在身边的室友）而求远（他人），室友得知后会觉得你不信任他。你不愿向别人求助，别人以后有事又怎么好意思请你帮忙？其实，求助室友，只要讲究分寸，不使其为难，都是可以的。

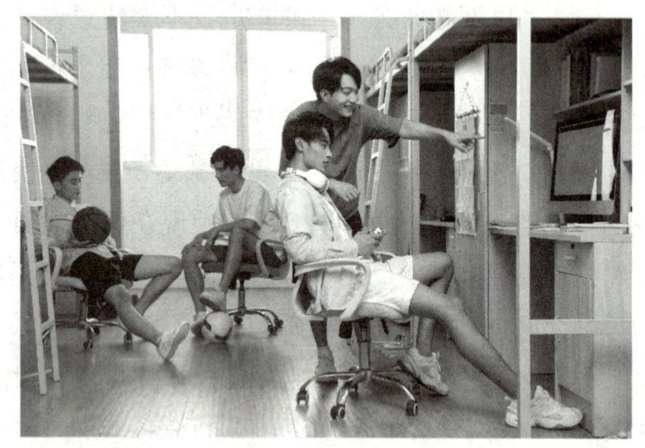

（五）不拒绝零食和宴请

室友买点水果、瓜子之类的零食到寝室分给你时，不要一味拒绝。室友因过生日或其他事请你吃饭，也应欣然前往。你接受别人的邀请，从某种意义上说，也是给别人面子。倘若不论零食或宴请，你都一概拒绝，时日一久，别人难免会认为你清高傲慢，就对你“敬而远之”了。

（六）不逞一时言语之快

“卧谈会”是寝室的重要活动。室友们互说见闻，发表意见，本来是件很愉快的事，但也往往会因小事而发生争执，“卧谈会”就变成了“口舌大战”。

有些人喜欢说别人笑话，占别人便宜，哪怕玩笑，也绝不肯吃一点亏；有些人喜欢争辩，试图通过说服对方显示自己的能耐，让室友“尊重”自己；有些人害怕被人看不起，就故意在“卧谈会”中唱反调，甚至揭人之短，对他人进行人身攻击。

这种喜欢逞一时言语之快、在嘴巴上占便宜的人会让人感觉太好胜，难以合作。你不尊重别人，别人也不会尊重你。夸夸其谈，想处处表现得比别人聪明的人，最后也只会引起别人反感。

（七）完成该做的杂务

完成该做的杂务不仅指做好自己的事，也包括搞好集体的事。有些人在家懒惰成性，所有的事都指望家人打理，住集体寝室难免恶习毕露：开水从来不打，每天喝别人的；衣物不注重整理，乱扔一气；寝室的公共卫生更是不闻不问，扫地、擦门窗等事都指望室友来完成。这样自私、懒惰和邋遢的人，没有哪一个集体会欢迎。

因此，你必须尽力搞好属于自己的那份杂务，不要指望别人来“帮助”你，凡事要养成亲力亲为的好习惯。集体的事要靠集体来完成，任何一个人都不能撒手不管或敷衍了事。

以上所述，虽都是日常生活中的小事，但倘若我们能够注意，对我们处理好寝室关系能够起到事半功倍的作用。反之，小小“蚁穴”也能够将我们良好寝室关系的“千里之堤”给毁了。

管鲍之交

管仲和鲍叔牙都是春秋时期的齐国人，两人少年时就是好朋友。

鲍叔牙很赏识管仲的才学，也很了解他的为人。两人曾经一同做买卖，在分利时，管仲总要多得一些钱。鲍叔牙知道管仲家里贫困，从来不因他多得了钱而说他贪心。管仲曾替鲍叔牙办过几件事，可是事情没办好，反而弄得更糟糕。鲍叔牙并不认为是管仲无能，因为鲍叔牙知道事情总有不顺利的时候。管仲曾三次当官，但三次都被罢了官。鲍叔牙并不认为他没有才干，因为鲍叔牙知道他是没遇到赏识他的人，没有得到发挥才干的机会。管仲曾经三次参加作战，每次都逃跑了。鲍叔牙也不认为是他胆小怕死，因为鲍叔牙知道他的家里有老人要奉养。鲍叔牙对管仲了解得如此深透，所以管仲曾感慨地说："生我的是父母，知我的是鲍叔牙啊。"

后来，管仲做了齐襄公的弟弟公子纠的老师，鲍叔牙做了齐襄公另一个弟弟公子小白的老师。齐襄公荒淫无道，把自己的兄弟都赶出了齐国。

不久，齐国发生内乱，齐襄公被杀。公子纠和公子小白得知消息后，都急忙赶回齐国，想抢先得到君位。管仲一面派人护送公子纠回国，一面亲自带人去拦截公子小白。他们在半路上遇到了公子小白的车队，管仲劝公子小白和鲍叔牙原路返回，他俩不肯，管仲就取出箭向公子小白射去，公子小白大叫一声，向后倒去。管仲以为公子小白已被射死，便返回去，不慌不忙地护送着公子纠前往齐国。

谁知公子小白并没有死，管仲那一箭正巧射中了他的衣带钩，他怕再挨一箭，急中生智，假装被射中倒下。看见管仲走了，公子小白才带人抄小路加速前进，最终抢先赶回国都，当上了国君，即齐桓公。

齐桓公即位后，立即派兵讨伐公子纠，公子纠被杀死，管仲也被捉住。齐桓公恨管仲差点儿杀了自己，要对管仲处以极刑。

鲍叔牙却对齐桓公说："管仲各方面都比我强，应该请他来当宰相才是！"齐桓公惊讶地说："管仲曾经想要杀我，你居然叫我请他来当宰相？"鲍叔牙却说："这不能怪他，他是为了帮他的主人才这么做的。我是您的辅臣，国君要加惠于我，使我免于饥寒，就算您的恩赐了。至于治理国家，则非我所能胜任的，只有管仲才行。我有五个方面不如管仲：宽惠爱民，我不如他；治国不失权柄，我不如他；忠信以交诸侯，我不如他；制定礼仪可以示范于四方，我不如他；披甲击鼓，立于军门，使百姓勇气倍增，我不如他。"

齐桓公听了鲍叔牙的话，请管仲回来当宰相。在管仲的辅佐下，齐国迅速强大起来。而管仲和鲍叔牙也在长期交往中结下了深厚情谊。

心理训练

XINLI XUNLIAN

同理心的表达

1．角色表演

情境一：

李群的笔记本被林立拿去，也没有打声招呼，李群非常生气。

苏田说："一本笔记本没有什么关系，有什么好生气的呀！"

吴江说："你觉得生气，因为他拿了你的笔记本，但他没有跟你打声招呼，这太过分了。"

情境二：

刘江水要从永康搬到杭州去了，非常伤心，因为他要离开所有的朋友。

郭子波说："江水呀，人又没有死掉，走就走吧，有什么好哭的呀？"

诸葛瑗说："你很伤心，因为你要搬家了，从此以后我们很难见面了。"

2．同理心的表达方法

传达自己对对方的感受与体会的了解，使对方知道自己已经了解他所表示出来的感受与体验。主要应指出构成对方感觉的经验与行为。

公式：你……因为……

3．实战演练

请同学们根据上述表达方式，自行设计情境，进行练习。每个同学准备三句，然后与大家分享，其他同学们评议。

（1）______________________________。

（2）______________________________。

（3）______________________________。

项目八　学会学习　激发潜能

——大学生学习状态的提升

【项目导入】

学习有方，事半功倍

赵某是一名即将毕业的大学生，通过大学期间的努力，他收获颇丰，多次获得“三好学生”“优秀学生干部”等荣誉称号及国家奖学金、企业奖学金。他还曾代表湖北队参加第 45 届世界技能大赛全国选拔赛，在网站设计与开发项目中发挥出色，顺利入选国家集训队。大三时，他顺利通过专升本考试，继续在武汉某本科院校学习深造。

当别人问及他在大学学习的感受时，他是这样说的：“我的高考成绩并不是很理想，进入大学后，我开始重新审视自己，希望给自己一个准确的定位。大一时，有很多社团我都想加入，但考虑到不能与学习时间冲突，所以再三权衡后我只加入了两个社团。之所以选择这两个社团，是因为我觉得在这两个社团里可以锻炼自己所欠缺的能力。同时，我也担任了班干部，因为这样我既可以为班集体服务，又能很好地处理与班里同学的关系。为了使这些工作与学习不产生冲突，我每天都严格按照既定计划行事，如果哪天有额外的工作耽误了学习，我一定会在第二天挤时间把功课补上。刚开始的时候，我的确很累，但工作上手之后，我就能轻松地做到工作、学习两不误了。大二时，专业课非常多，但我早已做了充分的准备。大一时，我就经常到图书馆借一些专业书籍看，特别是老师重点推荐的书籍，我都读了好几遍。此外，我还经常与学姐和学长沟通，借鉴他们的学习经验。所以，大二时我并没有在专业课学习上感到吃力。大三时，学习基本稳定了，我努力钻研，积极参加学校组织的专业能力竞赛，因成绩优异，在老师的推荐下，我参加了省级、国家级的比赛。同时，我也开始考虑自己的毕业去向，最终决定专升本。回想自己大学的学习生涯，我认为安排好自己的学习时间和学习计划特别重要。”

赵某之所以如此优秀，是因为他掌握了大学学习的三个要点：第一，学习动机正确，即知道学习是为了自己；第二，学习目标明确，即不同的学习阶段有不同的学习目标；第三，学习方法正确，即每次确定了学习计划后，都能严格执行，并通过借鉴他人的经验来选择适合自己的学习方法。

RESHEN HUODONG 热身活动

活动背景：播放一段背景音乐（音乐时间 13 分钟）。

活动流程：每位同学都要参与，从扮演螳螂（最低等级的动物）开始，并做相应的动作；在队伍中找到扮演同等级动物的同学，进行“石头、剪子、布”游戏。胜利者进化一级，失败者倒退一级，进化到人类就退出活动（进化顺序：螳螂—小鸟—猴子—人）。音乐结束，活动结束。

TOUNAO FENGBAO 头脑风暴

（1）与高中相比，大学的学习方式和学习目标都发生了很大的变化。请分析高中和大学的学习方式和学习目标的差异有哪些？针对这些差异，作为大学生应当怎样有效地开展学习活动？

（2）刚进大学的学生，有的容易因没有目标，而产生颓废消极的心态；有的因对专业不感兴趣，而产生厌学思想；有的脱离了高中相对严格的管束后，因自我控制能力差，而沉迷网络游戏；等等。对于出现这些情况的同学，你有什么建议？

心理探索

心理探索一 学习概述

一 学习的含义

学习的概念有广义与狭义之分。从广义上来讲，它是指人和动物的学习。目前许多心理学家较为认同的是把学习定义为“基于经验而导致行为或行为潜能发生相对一致变化的过程”。这个定义说明：① 学习是一种基于经验的变化过程。也就是说，学习只有通过体验才能发生，体验包括个体对外界的认知过程和对环境的适应过程，在体验中完成从不知到知、从不会到会的变化过程。② 学习是学习者行为或潜能产生某种稳定变化的过程。也就是说，学习可以让你的一些行为发生变化，或者让你获得一种改变行为的潜能。

从狭义上来讲，学习就是指人的学习。大学生的学习就是人类学习的一种，具体是指大学生在大学校园里，在教师的指导下，有目的、有计划、有组织地进行学习的过程，其目的是使大学生系统掌握专业知识和技能，开发智力，培养个性，形成科学的人生观、世界观和良好的道德品质。

二 有关学习的理论

关于学习的心理学理论有许多，影响较大的有联结理论、认知理论和人本主义理论。这些理论都对学习做了较深入的探讨，在教育界有一定的影响。

（一）联结理论

学习的联结理论是 20 世纪初由美国心理学家桑代克首先提出来的，后经行为主义心理学家华生、赫尔、斯金纳等人的进一步发展，形成较为完整且影响较大的学习理论。这一理论用刺激与反应的联结（即操作条件反射）来解释学习过程，它阐明了学习发生的原因及影响学习的主要因素。

（二）认知理论

学习的认知理论以格式塔顿悟学习理论、托尔曼的符号学习理论、布鲁纳的发现学习理论等为代表。

（1）格式塔顿悟学习理论强调顿悟在学习中的重要作用。这一学说认为，学习并非是不断尝试的渐进过程，而是突然顿悟的结果。这种顿悟不是对个别刺激产生反应，而是对整个情景、对对象间整体关系理解的结果，表现为旧结构（格式塔）的突然解体与新结构的豁然形成。一定的经验积累是产生顿悟的前提。

（2）美国心理学家托尔曼的符号学习理论受格式塔理论的影响。他认为外在强化并不是学习产生的必要因素，不强化也会出现学习。他还强调内在强化在学习过程中发挥的重要作用：学习过程是不断尝试与错误的过程，在多次尝试中，有的预期被证实，有的预期则未被证实。预期的证实就是一种内在强化，即由学习活动本身所带来的强化。

（3）美国著名认知学家布鲁纳认为，学习的实质是认知结构的组织与重新组织。他强调学生的发现学习，认为学习是积极主动的过程。他也非常重视内在动机与内在强化的作用。

（三）人本主义理论

人本主义心理学兴起于 20 世纪五六十年代的美国，罗杰斯是主要代表人物之一。罗杰斯的人本主义学习理论可以概括为以下几点：① 学习是有意义的心理过程，学习应该包括人的情感，而非仅仅涉及知识；② 学习是学习者内在潜能的发挥，是一种自发的、有目的的、有选择的学习过程；③ 学习的内容应该是对学习者有用的、有价值的经验；④ 最有用的学习是学会如何进行学习：要掌握学习方法，能够在学习过程中获得知识和经验。

三 大学生学习的特点

大学生作为一个特殊的群体，其学习是在特定的条件下进行的有组织、有计划、有目的的活动。它包括：知识和技能的获得与掌握，智力和能力的开发与培养，思想认识、道德品质和行为习惯的培养与提高。与一般人的学习相比，大学生的学习有其自身的特点。

（一）既定的学习内容

大学生的学习有着一般人学习的共性，也是为了掌握人类历史积累下来的社会经验。但一般人的学习带有任意性，学习内容往往是根据个人的需要、兴趣或特长自行选定的。而大学生的学习是根据社会的需要、学生的成长规律和各学科的知识体系，由国家统一制订教学计划并按计划组织实施的，其学习内容反映了国家、社会对人才的基本要求。

（二）集中的学习时间

大学生的学习主要是在校学习，时间相对比较集中，有教师指导，以系统掌握知识和经验为主。这样就保证了大学生的学习有周密的计划、科学的组织、严格的程序。

（三）可控的学习过程

与一般人的学习不同，大学生的学习过程既受既定学习目标的制约，又受教师指导的限制，并在很大程度上由教师教授的程序所决定。当然，大学生学习过程的受控性并不是无限度的，因为要科学地控制学习过程，必然要遵循学生学习的规律，考虑学生的身心发展特点。否则，是无法收到好的效果的。

（四）战略性的学习目标

中学的学习更多是基础性的，而大学的学习则更加专业，更具有针对性，并且涉及大学毕业后所从事的职业。从这个角度来讲，大学学习是更具有战略意义的。大学生不仅要将书本上的知识吃准、吃透，掌握具体的技能，为将来走向社会、服务社会做准备，还要了解时代的要求，顺应社会发展，以更好地立足于社会。

心理探索二 大学生的学习动机

学习动机是指激发个体进行学习活动、维持已引起的学习活动，并使个体的学习活动朝向一定学习目标的一种内部动力。

一 学习动机的作用

对大学生而言，学习不是外界强加于自身的任务，而是自我发展的需要。学习动机在学习中发挥着重要作用，每个人学习行为的产生都受着各种各样的动机驱使，有些人是为了满足求知欲而学习，有些人是为了当下取得好成绩、评优秀而学习，还有些人是为了将来的就业和生活而学习……

总体来说，学习动机的作用主要表现在以下三个方面：

第一，学习动机决定学习方向。学习动机是以学习目标为出发点的，它是学生为达到一定的目标而努力学习的动力。正如鲁迅先生为了改善中国人的精神面貌弃医从文。

你为何而学？

第二，学习动机决定学习过程。学生的学习能否持之以恒，取决于学习动机的强弱。美国心理学家阿特金森于 1980 年对学习动机进行了研究，得出以下结论：完成某项学习任务所需要的时间与对这项学习任务的动机水平呈正相关。

第三，学习动机影响学习效果。著名心理学家沃尔伯特在研究了动机水平与学习成绩的关系后得出以下结论：在一定的强度范围内，学习动机越强烈，学习成绩就越好，其正相关达 98%。

二 学习动机的分类

根据行为动力的来源，个体的学习动机可以分为内部动机和外部动机。

（一）内部动机

内部动机是指个体在自主意识的支配下，为获取知识、增长才能而进行学习活动的能动力量。它主要包括求知欲、焦虑、自我效能感等。

（1）求知欲是学习动机的基础。求知欲源于个体对知识的好奇心，在学习过程中感受到的知识魅力和愉快的情绪体验，以及在学习过程中产生的认知冲突。

（2）焦虑主要通过个体对刺激的情绪反应产生强化或弱化学习的作用。当某一刺激对个体产生威胁，而个体自感没有能力应对时，焦虑就产生了。一般来说，焦虑水平高的人具有更高的内部动机。

（3）自我效能感是指个体对自己是否有能力完成某一行为所进行的推测与判断。自我效能感能够影响或决定人们对行为的选择，以及对该行为的坚持和努力程度。自我效能感高的人遇事能冷静处理、乐于接受挑战，在面对特殊情况时能正常发挥自己的能力；自我效能感低的人往往会情绪化地处理问题，在压力面前束手无策，易受外界环境的干扰，难以正常发挥自己的能力。

（二）外部动机

外部动机是指源于个体外部，对个体的学习起刺激、强化作用的外部因素，包括奖惩、竞争、期望等。

（1）奖惩包括奖励和惩罚。前者是指用愉快的事件（或刺激）鼓励和激发个体产生积极行为；后者是指用不愉快的事件（或刺激）抑制或消除个体的消极行为。行为主义心理学家斯金纳就主张通过奖惩对学生行为进行强化。但在实际操作过程中，奖惩制度要运用得当，否则，会削弱学生的学习动机。

（2）竞争是指个体（或群体）为了自己的正当利益和需求，同他人（或其他群体）争胜的心理倾向和行为活动。竞争存在于同伴之间，也存在于整个社会中。同伴之间的竞争能给个体带来一定的心理压力，是强化学习动机的一种有效手段。社会中的竞争主要是指一些社会因素，如就业机会、工资待遇等，这些都会对个体的学习动机产生影响。

（3）期望是教师和家长对学生取得好成绩的一种希望。心理学和教育学都非常重视期望对学生的影响，教师和家长若能恰当地表达自己对学生或孩子的期望，就有可能对学生或孩子的学习起到推动和促进作用。需要注意的是，期望应适度，否则会带来反效果。

三 影响学习动机的因素

个体的学习动机受多方面因素的影响，主要可分为外部因素和内部因素。

（一）外部因素

影响个体学习动机的外部因素主要有社会因素、家庭因素和学校因素。

1．社会因素

社会因素对大学生学习动机的影响具有积极的方面，也有消极的方面。就积极的方面而言，新产业革命对未来人才的需求，以及市场经济对个人素质的要求促使大学生抛弃“60分万岁”的观念，要求其在注重学习基础知识、扩大知识面的同时，还要努力通过多种方式培养多种能力。就消极的方面而言，有一部分大学生可能会受到社会上利己主义、拜金主义等不良导向的影响，在价值取向上产生偏差，从而导致学业的荒废。

2．家庭因素

家庭因素对大学生的学习动机有很大的影响。有的家长对孩子期望值较高，为子女的成长费尽心力，让不少学生觉得不努力学习就对不起父母，但如果学生只把学习动机局限于报答父母的养育之恩上，那么这种动力是很有限的。有些家庭的经济条件比较好，一些学生心安理得地接受父母提供的物质生活，安于享乐，不思进取。作为当代大学生，我们一定要以正确的态度对待家庭对自身的影响，充分利用有利于自己的积极因素，努力消除消极因素的影响，保持旺盛的学习动力。

3．学校因素

学校教育是影响学生学习动机的一个非常重要的因素。在分析自己学习动力不足的原因时，不少学生将其归因于教学内容陈旧、教学水平不高、教学方式单一。对此，一方面，学校应加快教学改革的步伐，努力提高教学水平和教学质量；另一方面，大学生要变被动学习为主动学习，实现由依赖教师督促向自己主动学习的转变。

（二）内部因素

所谓内部因素是指影响学生学习动机的自身或内在的因素。如果学生有明确的学习目标、强烈的学习兴趣和求知欲，则学生就会不用扬鞭自奋蹄。反之，如果学生学习缺乏内在动力，主要依赖外部因素学习，则一般达不到好的学习效果。

四 学习动机的激励

心理学研究表明，人的动机可以被引导和改变，甚至可以人为地帮助形成。因此，研究学习动机的激励机制，探索培养和激励学习动机的有效途径和方法，具有十分重要的意义。

（一）确立学习目标以激发学习动机

动机是在需要的基础上产生的，但并不是任何需要都能成为动机。只有需要指向某个目标，而且目标有实现的可能性时，才能唤起个体的需要，形成动机，从而对个体形成推动力。进入大学以后，有一部分大学生就是因为学习目标不明确而影响了学习动机和学习效果。

为了激发和培养自己的学习动机，大学生必须明确学习目的，经常问问自己“为什么上大学”“怎样度过大学”等问题，并树立明确的近期和远期学习目标，从而使学习成为自己的内在需求，化被动为主动，进而形成强大、持久的学习动力。

（二）培养学习兴趣以增强学习动机

学习兴趣是大学生学习动力中最活跃、最现实的成分，培养学习兴趣是激发大学生学习动机的一条重要途径。早在两千多年前，孔子就提出了“知之者不如好之者”的说法。陶行知先生也曾说过，“学生有了兴味，就肯用全部精神去做事，学与乐不可分”。

大学生的学习兴趣要以自己的专业兴趣为中心，大学生要充分认识到专业学习与今后工作的密切联系，从而增强自己的学习动机。

（三）配合学校管理以强化学习动机

“没有规矩，不成方圆。”学校有效的管理包括正确的管理思想、切合实际的管理内容、卓有成效的管理方法，其对学生学习动机的形成起导向作用，并能强化学生学习动机的程度和稳定性。近年来，我国高校的学生管理工作通过引入竞争机制，激励学生不断提高自身素质以适应竞争的需要，对激发和强化大学生的学习动机起到了十分明显的作用。

另外，学校运用学习成果的评价反馈机制、奖励和惩罚的管理手段开展教育活动，也是强化大学生学习动机的有效方法。大学生应当充分认识学校管理对自身成长的意义，自觉接受和配合学校管理，把外在的要求内化为自觉的行动，才能更好地成长。

一百年前，青年毛泽东的浩然壮气

近代以来，面对国家和民族生死存亡，一批又一批中国青年满怀对祖国和人民的赤子之心，积极投身革命、建设、改革的伟大事业，为人民战斗、为祖国献身、为幸福生活奋斗，把最美好的青春献给祖国和人民，谱写了一曲又一曲壮丽的青春之歌。

毛泽东同志作为其中的杰出代表，在青年时期就立下拯救民族于危难的远大志向。

“年轻的毛泽东同志，‘书生意气，挥斥方遒。指点江山，激扬文字’，既有‘问苍茫大地，谁主沉浮’的仰天长问，又有‘到中流击水，浪遏飞舟’的浩然壮气。”2013 年 12 月 26 日，习近平总书记在纪念毛泽东同志诞辰 120 周年座谈会中这样形容青年毛泽东。

“何以报仇？在我学子！”

1913 年春，20 岁的毛泽东考入湖南省立第四师范学校。第二年春，第四师范学校合并到第一师范学校。1915 年 5 月，袁世凯政府承认耻辱的“二十一条”。消息传出，举国愤慨。学校的学生将几篇反对卖国条约的言论编印成册，题名《明耻篇》。

毛泽东读罢，在封面上写下四句誓言：“五月七日，民国奇耻；何以报仇？在我学子！”表达了青年毛泽东对民族危难的沉重忧虑，和以雪耻救亡为己任的学子抱负。

“有益于国与群”

毛泽东在校求学期间，为自己定的读书目的是什么呢？

青年人求学，大多喜欢谈立志，诸如将来要当军事家、政治家、教育家等。毛泽东认为，离开真理来谈立志，只是对前人中有成就者的简单模仿。真正的立志，首先是寻找真理，然后按它去做，若“十年未得真理，即十年无志；终身未得，即终身无志”。

1915 年 9 月，在给好友的信中，他提出有“为人之学”“为国人之学”“为世界人之学”。这之前不久，他在另一封信中说：“齑（jī）其躯（意思是“即便自己粉身碎骨”）而有益于国与群，仁人君子所欲为也。”

初心如磐志不渝，百年风华正青春。

在中国共产党的领导下，一代又一代有志青年“以青春之我，创建青春之家庭，青春之国家，青春之民族”，在救亡图存、振兴中华的历史洪流中谱写了一曲曲感天动地的青春乐章。

心理探索三　大学生的学习方法

一　广泛阅读书籍

（一）专业书籍

进入大学，有的学生读的是自己喜欢的专业，有的学生则选择或被调剂到了自己不太喜欢的专业，但不管怎样，既然选择了所学专业，就必须掌握该专业精深的专业知识。

为了学好专业知识，每个大学生都应该充分利用课余时间阅读专业书籍，深入思考教师课堂所讲授的内容，强化学习效果。但是有相当一部分大学生没有良好的阅读习惯，较少阅读专业书籍。仅凭学习课堂上教师所教授的知识，很难想象大学生如何能在毕业以后迅速适应社会的需要，成为真正的专业人才。

（二）人文书籍

21 世纪的教育是素质教育，21 世纪需要的人才是素质人才，即又博又专的人才。历史能使人明智，哲学能使人思辨，地理能使人豁达……大学生不仅要掌握精深的专业知识，还应充分利用闲暇时间广泛阅读人文类书籍，学习政治、哲学、法律、地理、历史等方面的知识，从而拓展自己的知识广度。

二　掌握科学的记忆方法

记忆是学习的基础，是积累知识的先决条件。以学习前人的间接知识为主的大学生，应了解有关记忆的知识，学习科学的记忆方法，以牢固掌握所学知识，并为应用这些知识打下良好的基础。

记忆是通过识记、保持、再现（再认、回忆）等方式，在人们的头脑中积累和保存个体经验的心理过程。记忆与学习密不可分，学习的过程实际上就是获得和积累经验的过程，在这个过程中，记忆作为保存这些经验的重要手段之一，对学习起着十分重要的作用。大学生在学习的过程中可以通过下面的方法提高自己的记忆效果。

（一）兴趣记忆

兴趣记忆是指没有特定的目标或目的，不经过特殊努力的识记。它有很大的选择性，与个体的兴趣有很大的关系。一般来说，个体对能激起自己兴趣的事物的识记效果更好，因为兴趣、爱好、需要是人的一切心理活动产生的基础。孔子提出的“知之者不如好之者”，就是这个道理。

（二）理解记忆

理解记忆是指个体在学习中通过理解事物内在的、本质的联系和规律进行的识记。在教学过程中，许多教师往往会利用实物、视频、音频等来提高教学效果，并教学生运用对比联想、类比联想等方法强化理解记忆的效果。事实证明，个体容易记住经过深入思考达到深刻理解的事物，且记忆效果也比较持久。

（三）强化记忆

回忆是把以前记忆的经验或材料重现出来的过程。大学生可以经常将所识记的内容按某一顺序或有针对性地复述出来，以加强记忆效果。当然，这种复述不是机械地重复，可以适当加工和提炼，用自己的语言来表达。

（四）遗忘记忆

记忆的保持与遗忘是一对矛盾关系，两者既对立又统一。充分利用遗忘的特点，可以有效地提高记忆效果。

遗忘不仅受时间因素影响，还受许多其他因素的影响，如识记材料的性质与数量、识记材料的顺序及识记者的态度等。其中，识记材料的顺序对遗忘的影响最大。实验研究表明，对于回忆来说，最后记忆的材料遗忘的最少，其次是最先记忆的材料，遗忘最多的是中间部分，这种现象被称为系列位置效应。

根据遗忘的规律，我们可以采用以下对策来提高记忆的效果：① 学习之后立即进行复习、记忆，并且之后还要再复习几次，复习的时间间隔可以逐渐增加；② 进行适当的过度学习，以加强对所遗忘材料的记忆；③ 根据学习材料的性质安排适量的学习时间，同时要尽量使前后两段时间学习的材料不一样，避免它们相互干扰。另外，还可以利用外部记忆手段，如记笔记、编提纲等提高记忆效果。

三 合理运用有效的学习法

（一）整体学习法与部分学习法

有效的学习方法

整体学习法是指将学习材料作为一个整体来学习，即在学习过程中，将材料从头至尾反复学习，以获得对材料的总体印象和了解，从而为进一步学习打好基础。

部分学习法是把学习材料划分为若干单元，每个单元可以是一章、一节，甚至一段，学习者可每次集中学习某一单元。

这两种方法各有利弊。整体学习法能使学习者较易把握学习材料的全貌，但无法深入了解具体的材料内容；部分学习法能使学习者较好地掌握每一个部分的具体内容，但难以对材料形成一个总体印象，不能使各部分内容很好地融合起来。

使用时最好将两者结合起来，采取“整体—部分—整体”的方法。具体做法是：首先，采用整体学习法对所学材料有一个大概的了解，在头脑中形成一个较为清晰的轮廓；其次，采用部分学习法对学习材料各个击破，并重点学习那些较难或较重要的材料；最后，再次采用整体法，将已认真学习过的材料作为一个整体重新复习一遍，让各部分的具体内容前后联系起来，从而在头脑中形成一个更为清晰、全面的印象。

（二）集中学习法与分散学习法

集中学习法是指较长时间地进行某项学习活动，而学习的次数相对少一些。每次学习时间的长短取决于所学材料的性质和内容等。一般来讲，比较复杂难懂的材料用集中学习法较为合适，这样可以保证学习者在一定时间内集中注意力，有利于理解并掌握那些抽象难懂的材料。但集中学习的时间不宜过长，否则容易引起学习者的疲劳，使学习效率下降。至于多长时间为宜，则要学习者根据自己的情况灵活安排。

分散学习法又称间隔学习法，与集中学习法相对。分散学习，主要指时间上的分散，把学习材料分为几次学习，每次学习的时间都较短，每次学习之间都有一定的时间间隔。但具体学习时间和间隔时间取决于学习材料的性质和学习者。一般来说，分散学习法适宜于学习数量较多、易于分段的材料，常与部分学习法配合使用。

（三）过度学习

过度学习是指完全掌握学习材料后继续学习一段时间，以巩固学习效果。过度学习有利于对识记材料的保持，但是也要注意“过犹不及”。

美国心理学家克鲁格曾做过一项实验，他让三组被试者记忆同一组词汇：第一组学习到全部能回答正确时就停止学习，第二组进行 50%的过度学习，第三组则进行 100%的过度学习。实验结果表明，第二组的记忆效果最好，而第三组的记忆效果则有下降的趋势。也就是说，适当的过度学习对学习效果有很大的帮助，但不宜过量。

（四）迁移学习

迁移学习是指先前的学习或训练内容对后来的类似学习或训练内容的影响。迁移学习有正迁移与负迁移之分，在运用迁移学习时，要尽可能地促进正迁移，削弱负迁移。要注意将新的学习材料与原有知识按由“近”至“远”的顺序安排，也就是说，要先使新的学习材料尽可能接近原有的知识体系，这样有助于形成正迁移。

心理探索四　大学生的学习心理障碍及调适

一　大学生的学习心理障碍

在学习的过程中，不少大学生都体验过不同程度的困扰，心理学上称之为学习心理障碍，一般表现为认知失调、情绪失调、学习定势等。

（一）认知失调

认知失调是指一个人的态度和行为等认知成分相互矛盾，导致从一个认知推断出另一个对立的认知时产生的不舒适感、不愉快感。常见的认知失调有：片面地得出错误的推论、不能正确地区分现实与理想的差别、自我评价过低或过高等。

严重的认知失调会引起抑郁症。抑郁症患者往往把失败人为地夸大，将失败归因于自己能力和身心方面的缺陷，从而对自我产生否定态度。这种态度又会影响到其对未来的看法，致使他们对自己的生活和前途失去信心，失去前进的动力。

造成认知失调的原因大致有以下几个方面：

（1）自我认同危机。自我认同危机是产生认知失调的根本原因。有的大学生原本认为，认真读书就会有好的出路，但这种美好设想在现实中并不能完全实现，此时他们对自己的想法产生了怀疑，感到困惑。特别是互联网时代下海量信息涌来，面对多种价值观念的冲击，大学生在人生观的确立、人生道路的选择上会遇到更多困惑：他们时而认为高学历、高技术是互联网时代的敲门砖，因此必须拿到各种证书来点缀自己的简历；时而觉得站在时代的风口才是成功的要诀，“网红”“眼球经济”更令人艳羡。由此带来的迷茫与不确定很容易使他们产生自我认同危机，进而导致认知失调。

（2）特殊的生活阅历。有的大学生在高中阶段的理想没有得到实现，期待着到大学后可以实现。例如，破碎家庭的孩子，期待在大学可以得到家人般的温暖，同学之间能互帮互助，相互促进，但真正进入大学后却没有感受到这种校园氛围，若不能及时做出有效的自我调整，就易导致认知失调。

（3）思维方式的片面性。个体在认识自我时往往容易将自己的某一方面与周围人中最突出的相应一面做比较，导致对自我评价偏低，易产生认知失调。

（二）情绪失调

情绪失调是指由片面的或错误的认知引起的自我否定、焦虑、恐惧、抑郁等不良情绪。情绪失调在学习上的表现主要有以下三种。

1．学习冷漠症

学习冷漠症是指对学习毫无兴趣，缺乏学习动机，学习时感到厌烦，注意力不能集中的一种情绪状态。

升学成为唯一目标是产生学习冷漠症的主要根源。高中阶段，考上大学是学生们的主要人生目标，其许多兴趣爱好被压抑，同时由于升学竞争的压力，有些学生长期超负荷学习，身心俱疲。进入大学的目标实现后，他们的学习动机减弱，学习冷漠症便悄然而至。另外，对所学专业不满意或不感兴趣也同样会造成大学生对学习的消极情绪反应。

2．学习无助感

学习无助感主要是指个体在被动地接受某种刺激后，感到无力去应付或不能学会如何应付的一种情绪状态。学习无助感主要表现在那些学习能力较弱、学习基础较差或因学习方法不正确而导致学习成绩多次不理想的学生身上。这些学生往往感到力不从心，无法驾驭学习，这种失败感会导致他们消极认识的扩散，进而产生自卑心理，出现无精打采、嗜睡等生理现象。

学习无助感在认识上主要表现为消极的判断和评价，如无兴趣、无望、无助；在自我矛盾方面表现为不同程度的自责和孤立感。轻度的学习无助感较为常见，并不构成疾病，但若长期存在或程度加深，则会影响个体的生活。

3．学习焦虑症

学习焦虑症是由于学生以学习成绩的好坏作为自身价值评判的唯一标准而导致自信心不足的一种症状。有些学生的学习成绩较好，但特别害怕失败，总感到莫名其妙的焦虑，这是因为患有学习焦虑症。患有学习焦虑症的人的特点是：学习动力主要来自外部，而不是出于自身对学习的兴趣；他们把学习成绩作为学习的唯一目标，害怕失败，为自己能否始终保持优异的成绩而忧心忡忡；他们缺乏创新能力与完成任务的魄力，又害怕甚至嫉妒其他人超过自己；即使是偶然的成绩不理想也会有强烈的情绪反应，并怀疑自己的能力，出现紧张、不安的情绪。患有学习焦虑症的人常表现出睡眠质量不好、注意力不集中等现象。

（三）学习定势

学习定势也称学习定向，是指一个人进行学习活动时的心理准备状态。态度、思维方式、知识经验等共同构成一个人学习的心理准备状态，它使后续的学习活动有了一定的倾向性，朝一定的方向进行。学习定势的消极作用在大学生身上表现为学习方法不当、学习效率不高、注意力难以集中等。

产生学习定势的原因主要包括：第一，缺乏较强的学习动机，学习目的不明确。第二，缺乏科学的学习指导，不知道学什么、怎么学。第三，自我控制能力差。面对同样的学习环境，有的人能主动适应，积极缩短适应过程，而有的人则适应能力较差，适应困难，易产生心理障碍。

（四）高原现象

高原现象是指学习成绩的进步并非总是直线上升，有时会出现暂时停顿的现象。产生高原现象的原因有许多，如学习热情下降、身体疲劳、旧有知识结构的限制等。

从实际情况来看，高原现象较多地出现在掌握动作技能的过程中，学习知识的过程中有时也会出现这一现象，此时学习者会感到自己的学习停滞不前，十分焦急。其实，这种现象是很常见的，只要明白了产生这种情况的原因，有的放矢地改变某些不好的学习习惯或其他状况，就会较快地度过这个时期。例如，可以多进行户外活动，以增强体质、消除身体的疲劳感；若对一门功课的兴趣下降了，可以暂时学习另一门功课，或者在功课中竭力寻找自己未发现的新的兴趣点，重新激起学习的兴趣与热情。

二 大学生学习心理障碍的调适

（一）坦然对待得失，克服“唯分数”等功利倾向

大学作为培养全面发展的社会主义建设者和接班人的教育场所，不仅要传授给大学生专业知识，也要培养大学生的人际交往能力、组织能力、思维能力等。因此，大学生不应把专业考试分数当作评判自身的唯一标准。但是在抛弃“唯分数论”之后，大学生还必须建立一套合理、有效的评判标准，以及时进行自我督促和行为矫正。

（二）培养对知识的真正兴趣

快乐学习是学习的最好方法之一，如果个体对学习产生真正的兴趣，学习就会成为一种享受。大学生要特别注意矫正学习是为了考试、考试是为了及格、及格是为了毕业的消极思想，因为这种思想认为学习是为了完成任务，很难唤起个体的学习热情。

（三）探索适合自己的学习方法

学习方法不恰当会造成学习效率较低，从而降低大学生的学习动机。鉴于此，大学生应该结合自身及所学专业的特点，找到一种适合自己的有效的学习方法，以提高学习效率。

（四）回味成功经验，维持自信心

从心理学上讲，人的自我感觉在很大程度上取决于对过去经验的认识，自卑的人往往注意过去失败的方面，而自信的人往往注意自己过去成功的方面。回味自己的成功经验是一种积极的心理暗示，有利于自信心的提高。大学生要学会对自己做出出色成绩的每件事，以及周围环境中的肯定性评价予以充分重视，从中获得成功的内心体验，提高自信心。

（五）主动与老师、同学进行交流

从心理学角度看，与老师的语言、思想交流有利于开展感情交流，而感情交流又有利于知识交流。因此，每个人都要积极参加各种活动，争取机会与老师同学进行交流，努力营造融洽友好的人际关系，为自己的学习创造良好的人际氛围。

学习动力自我测试

表 8-1 的测试，主要是帮助大家了解自身在学习动机、学习兴趣、学习目标制定上是否存在行为困扰。该测试共 20 个题目，进行测试时请根据自己的实际情况回答“是”或“否”，并计分。

表 8-1　学习动力自我测试

序号	题目	是	否	计分
1	如果别人不督促你，你极少主动地学习	1	0	
2	你一读书就觉得疲劳与厌烦，想睡觉	1	0	
3	当你读书时，需要很长时间才能提起精神	1	0	
4	除了老师指定的作业外，你不想再多看书	1	0	
5	如有不懂的，你不会想设法弄懂它	1	0	
6	你常希望自己不用花太多的时间学习，成绩也会超过别人	0	-1	
7	你迫切希望自己在短时间内就能大幅度地提高自己的学习成绩	0	-1	
8	你常为短时间内成绩没能提高而烦恼不已	0	-1	
9	为了及时完成某项作业，你会废寝忘食、通宵达旦	0	-1	
10	为了把功课学好，你放弃了许多你感兴趣的活动，如体育锻炼、看电影等	0	-1	
11	你觉得读书没意思，想去找个工作	1	0	
12	你常认为课本上的基础知识没啥好学的，只有看高深的理论、读大师作品才有劲	1	0	
13	你只在喜欢的科目上狠下功夫，而对不喜欢的科目放任自流	1	0	
14	你花在课外读物上的时间比花在教科书上的时间要多得多	1	0	
15	你把自己的时间平均分配在各科上	1	0	
16	你给自己定下的学习目标，多数因做不到而不得不放弃	1	0	
17	你几乎毫不费力地就实现了你的学习目标	1	0	
18	你总是为同时实现几个学习目标忙得焦头烂额	1	0	
19	为了应付每天的学习任务，你已经感到力不从心	1	0	
20	为了实现一个大目标，你不再给自己制定循序渐进的小目标	1	0	

评分与评价

上述 20 个题目可以分为 3 组，具体如下：

A 组（学习动力）题号：1～10

B 组（学习兴趣）题号：11～15

C 组（学习目标）题号：16～20

3 组题目的得分与结果分析如下：

A 组得分：

得分≥3，学习动力太弱

-2≤得分≤2，学习动力适中

得分≤-3，学习动力太强

B 组得分：

得分≥3，学习兴趣存在困扰

得分≤2，学习兴趣适中

C 组得分：

得分≥3，学习欲望存在困扰

得分≤2，学习欲望适中

项目九 走进社团 完善自我

——大学生的社团活动

【项目导入】

高校社团这样管理校园流浪狗

在华东师范大学中山北路校区有一处小角落专门用于圈养流浪狗，华东师范大学阳光小动物保护协会每天会组织同学们夜间遛狗。近年，由于活动过于火爆，遛狗名额一放出来就被一抢而空，同学们经常笑称“狗不够用了”。对此，不少同学表示：“方法很好，既解决了流浪狗无人管理有可能被伤害、也可能伤害路人的问题，又让喜欢狗的同学有机会和狗接触，释放压力。”

华东师范大学阳光小动物保护协会副社长解一凡是心理与认知科学学院大三的学生。她说，社团成立于 2004 年，把在学校里流浪时间较久的流浪狗圈养在校内角落，至少已经推行了 5 年。流浪狗散居在校园中，确实存在安全隐患，而因学校太大，驱逐流浪狗也难以实现。最终，在保证师生安全和珍爱每一条生命的前提下，动物保护取得了平衡——圈养那些常驻学校的流浪狗。

据解一凡介绍，学校狗舍里目前约有 13 只狗，每天晚上八点左右，社团成员会一人牵着一只狗，分两拨，先后带七八只狗出去遛。遛狗路线都经过了规划，会有意避开人流密集的地方，以保证师生的安全。“但也有很多学生喜欢狗，会主动上来摸。同学们在遛狗的过程中，特别喜欢拍视频，都觉得很治愈。”解一凡说。

阳光小动物保护协会开创的这种新的“遛狗计划”加“校园圈养”的方式，不仅让大学生在参与遛狗、科学喂养的过程中，与流浪狗之间产生情感联结，使流浪狗走出“无主管理”的困境，也让大学生的心灵得到了放松。

RESHEN HUODONG 热身活动

风中劲草

- 活动目的：

（1）感受团队成员之间的信任对团队的重要性。

（2）体验信任在团队活动中的建立过程。

- 活动时间：20 分钟。
- 活动场地：操场。
- 活动流程：

（1）全班学生每 8～10 人一组。各组成员围成一个圆圈，其中一个成员作为“草”站在圆圈的中央。“草”应将双手抱在胸前，并拢双脚，闭上眼睛，身体绷直，像“不倒翁”一样倒下去，且在倒下去的整个过程中不能将双脚分开。在倒下去之前，“草”应问团队成员：“我要倒下去了，你们准备好了没有？”当团队成员回答“准备好了”时，“草”可以向任何方向倒下去。“草”倒向哪个方向，站在哪个方向的团队成员就应在“草”即将倒在自己身上时伸出双手把“草”轻轻推向另一个任意方向（注意用力不要太猛）。每一位团队成员都要做一次“草”，轮流进行游戏。

（2）各组成员共同讨论：① 在这个游戏中，你最强烈的感受是什么？② 你认为游戏过程中最难做到的是什么？③ 你是第几个做“草”的？为什么不是第一个？

TOUNAO FENGBAO 头脑风暴

高校社团大盘点

每个大学里都有各种各样的社团，如排球社团、篮球社团、音乐社团等。在众多社团中，一些社团显得比较奇葩，仅名字就让人感到好笑。

一、北京大学起床协会

北京大学起床协会由北京大学政府管理学院 2011 级本科生胡孝楠创立，以实现“早起，吃早饭，打早卡”为宗旨。曾经自称“不分四季型冬眠症晚期患者”的胡孝楠，在 2013 年 3 月 25 日 11 点 25 分睡醒后发现室友都在聚精会神地学习，而自己用于实现理想的时间又少了半天。顿时，她领会到了“人生何需久睡，死后自会长眠”的内涵，进而灵光乍现，在人人网上创建了“北京大学起床协会”的公共主页。随后，协会主页的关注者在一夜之间达到上千名。协会的任务只有一个：从周一到周六，协会会员每天在食堂集合并吃早餐，周日“停工休息”。截至当年 10 月底，能坚持来一起吃早饭的同学稳定在 40 人左右。

随后，复旦大学、中山大学、山东大学、华中科技大学等知名高校也都有了自己的“起床协会”。

二、东南大学吃货联盟

高校社团大盘点

东南大学有个社团真的叫“吃货联盟”。据了解，吃货联盟位于东南大学九龙湖校区，社团的宗旨是“食在东大，止于至膳”。该社团的成员一直致力于为东南大学的“吃货们”提供一个交流平台。据说，联盟的日常活动少不了“吃！吃！吃！”。对于“吃货”来说，加入这样的社团简直是进入了天堂！社团成员不仅可以吃到自己喜欢的食物，还可以将美食分享给他人，更可以和志同道合的人探索新的美食。

三、上海大学红娘协会

上海大学红娘协会的宗旨是：承接友谊，传递温暖，解决大学生“找对象难”的问题。红娘协会经常定期为单身大学生提供福利，组织一些相亲大会。

四、复旦大学麻将协会

复旦大学麻将协会成立于 2012 年 12 月 25 日。据说组织者经历了两次答辩，校方才批准组建该协会。该协会关注竞技麻将而非赌博麻将，而且协会所参与的竞技麻将并不是以营利为目的的。竞技麻将利用特定的规则来降低手气的影响，协会成员便运用统计学、概率论的知识来研究竞技麻将。在协会成员的眼里，竞技麻将不是打麻将，而是有关学术的研究和讨论。

有人说，这些奇葩社团是大学生活中的快乐催化剂，能为大学生带来很多乐趣，也有助于大学生发挥创造力并提升实践能力。也有人说，这些大学社团太奇葩，可能会影响大学生的学业。

思考

（1）你有参加社团活动的计划或经历吗？请具体谈一谈。

（2）假设你将参加一个社团活动，你打算设定怎样的个人发展目标和策略？

（3）当社团活动和学业发生冲突时，你会如何处理？

心理探索

XINLI TANSUO

心理探索一　大学生社团的基本知识

一　大学生社团的定义

大学生社团是指大学生在校园文化生活的整体氛围中，根据共同的观念、兴趣爱好和特长，结合学校的专业培养目标、方向而自发组成的一种非正式的学生组织。

大学生社团可以打破年级、专业及学校的界限，为大学生提供学习交流和发展创造力的平台，既有利于他们发展自身特长，也有利于他们开展有益于身心健康的活动，是大学校园文化建设的重要载体和高校第二课堂的重要组成部分。

二　大学生社团的特点

（一）组织的自发性

大学生社团是由大学生根据共同的观念和兴趣爱好自发组建的，只需要向校内有关部门（一般是校团委）申请备案即可。任何一个大学生都可以在学校规章制度允许的范围内发起和组建一个新社团。同时，大学生只要符合社团招新的条件，就可以自主地选择自己想要参加的社团。

（二）结构的松散性

大学生社团结构的松散性主要体现在以下三个方面：其一，大学生加入社团时一般只需要报名登记即可，既不需要进行严格的审查，也不需要办理复杂的手续，且一般成员可以随时退出社团。其二，社团内部的机构设置是由社团管理员根据社团的目标和规模集体协商决定的，没有固定模式。其三，社团主要靠群体成员的共同兴趣、相互之间的理解与信任来维系，而不是靠规章制度来维系的。

（三）类型的多样性

随着社会经济和文化的发展，大学生的兴趣爱好日益丰富，单纯的专业学习难以满足大学生自我发展的需要。在这种形势下，大学生社团的类型日益多样化，涉及政治、经济、文化、体育、科技、军事等各个领域。高校的大学生社团少则几十种，多则上百种。

（四）目标的趋同性

同一个大学生社团里的成员在思想观念、兴趣爱好、特长等方面具有某种程度的一致性。这种一致性使得他们在社团活动中表现出较高的热情和主动性。同时，由于大学生社团成员具有年龄相近、素质相当、生活经历相似等特点，所以他们彼此之间更容易产生共鸣，进而相互促进，不断完善自我。

（五）管理的自主性

大学生社团宗旨的确定、活动目标的确立、活动内容的设计与实施、经费的管理等均由社团自主管理。学校对社团活动进行考评的目的是更好地规范社团活动，激发社团活动的潜力，促进社团的健康发展。社团里的指导老师一般只起顾问的作用，而不会管理社团事务。可以说，社团活动的管理完全由社团管理员决定。

（六）活动的开放性

大学生社团活动具有明显的开放性，主要表现为活动内容与形式的丰富性。参加社团的大学生是一群富有活力的年轻人，他们在策划和开展社团活动时不受某种规则的限制，所策划的活动往往丰富而有个性。例如，在不同的学校，同一类型社团的活动内容与形式往往是不一样的；在同一所学校，不同社团的活动思路会因社团负责人的不同而具有很大差异；等等。

三 大学生社团的类型

多姿多彩的社团招新

不同学者对大学生社团类型的划分持不同观点。淮北师范大学的范向前教授将大学生社团分为七类：政治理论学习类、社会科学类、学术科学类、志愿服务类、文学艺术类、体育健身类和其他类。扬州大学的余洪老师也将大学生社团分为七类，但与范老师略有不同：思想政治类、专业技术类、语言文学类、文化艺术类、体育竞技类、公益服务类和实践锻炼类。北京大学将大学生社团分为八类：政治理论类、学术科创类、文化艺术类、体育健身类、公益志愿类、实践促进类、合作交流类和地域文化类。由此可见，大学生社团主要是依据活动内容和功能来划分的。大学生可以根据自己学校的具体情况组建不同类型的社团，利用课余时间开展各种形式的社团活动，以交流思想，切磋技艺，互相启迪，增进友谊。

心理探索二　大学生社团的育人价值与心理健康教育功能

一　大学生社团的育人价值

大学生社团对大学生的成长成才具有重要价值，主要体现在以下六个方面。

（一）培养大学生团队协作精神

随着社会主义市场经济的发展和社会分工的日益细化，社会竞争变得越来越激烈，团队精神在社会工作中的重要性越来越大，而大学生社团正好为大学生提供了培养团队协作精神的重要场所和实践机会。无论哪一类社团，都会根据社团活动的需要设置多个部分或工作小组，有的负责宣传、有的负责外联、有的负责策划、有的负责执行等。只有各个部门或工作小组团结协作，社团活动才能够顺利开展；只有每一位社团成员都有主人翁意识和集体责任感，社团才能发挥最大效能。因此，大学生积极参加社团活动，并努力推动社团活动的顺利开展，有利于培养自身的团队协作精神和集体责任感。

（二）促使大学生潜能充分发挥

大学生社团能够为具有相同观念、兴趣爱好或特长的大学生提供交流思想、切磋技艺的平台，大学生可以在社团中充分地展示才能，发挥潜能。例如，大学生可以通过参加科研类社团，开发自身创造力的潜质；可以通过参加体育健身类社团，开发自身的体能潜质；可以通过参加艺术类社团，陶冶自身情操，开发自身的艺术潜质；等等。

（三）提高大学生社会适应能力

大学生社团能够促使大学生参加各种实践活动，广泛地接触社会，与各种人员打交道，学到许多在课堂上难以学到的知识，进而使大学生更加了解社会，克服“书生气”，并学会融入社会，最终提高社会适应能力。例如，社会实践类社团、志愿者类社团能带领大学生走出校门，走向社会，促使大学生广泛而深入地了解社会，与社会的方方面面发生联系，积极地开展实习、实践活动，进而提升大学生适应社会的能力与素质。

（四）提高大学生人际交往能力

在大学生社团中，大学生可以通过探讨共同话题和开展社团活动，学会换位思考，感受他人的情绪，理解和善待他人，掌握与其他成员良好沟通、和谐相处、高效共事的方法，并纠正自己的不良行为和处事方式，从而不断提升自己的人际交往能力。此外，大学生在社团活动中与社会人员打交道时，可以有效地锻炼和提升自己的对外交涉能力。

（五）促使大学生个性充分发展

大学生社团是由志趣相投的大学生自愿组建的，特别有利于大学生发展自己的个性。个性是心理学的概念，是指个体稳定的心理品质，包括个性倾向性和个性心理特征两个方面。其中，个性倾向性包括个体的需要、动机、兴趣、信念等，决定着个体对现实的态度和行为选择；个性心理特征包括个体的能力、气质和性格，决定着个体的行为特征。每个大学生的个性都是不同的，必须有针对性地进行培养，才能得到充分的发展。因种种条件的限制，大学的课堂教育通常只能解决大学生的共性培养问题，却无法较好地解决大学生的个性发展问题。而大学生社团可以丰富大学生的课余生活，为他们发展个性提供条件和机会，无疑能在解决大学生个性发展的问题上发挥重要作用。

（六）促使大学生素质全面提升

大学生社团多种多样，且其活动内容往往集知识性、趣味性和实践性于一体，对培养大学生的实践能力和创新能力、促进大学生智力发展和自我完善等具有重要作用。这种作用是第一课堂所取代不了的。可以说，大学生社团是一个大舞台、大熔炉，大学生可以在这里完善自己的性格，提升专业素质、身体素质、心理素质、创新素质等，为今后进入社会创造良好的自身条件。

二 大学生社团的心理健康教育功能

（一）大学生社团对大学生心理健康的积极促进

参加社团的益处

众多类型的大学生社团给大学生提供了表达自我、展示才华的平台和机会，有利于大学生完善自我人格、培养良好个性。具体而言，大学生社团对大学生心理健康的促进主要表现为以下 4 个方面。

1．缓解不良情绪，减少心理压力

大学生社团能为大学生提供参与活动、人际交往的机会，不仅有利于大学生锻炼自己各方面的能力，而且有利于大学生调节身心状态，缓解不良情绪，进而减少心理压力。例如，文娱类社团能让大学生通过文学艺术活动获得积极的情感体验，愉悦身心；体育类社团能让大学生通过体育活动强筋健骨，排解压力；等等。例如，在社团实践中，某校一位患有社交恐惧症的大学生，通过多次参加社团组织的体育活动，逐渐变得开朗，其在人际交往中的紧张、焦虑情绪得以缓解并最终消失。

2．满足归属需要，提供情感支持

每个社团都是一个有组织、有分工的小集体，加入社团的大学生可以基于共同的兴趣、爱好、理想、志愿、世界观等开展人际交往活动。由于心灵的相通、思想的共鸣、心理的互惠在社团活动中更加突出，因而社团成员彼此之间更容易建立长久而深厚的友谊。社团成员之间的倾诉、鼓励和支持在一定程度上可以减轻大学生的孤独感和无助感，并使其获得归属感和情感支持。

3．纠正认知偏差，促进自我完善

大学生社团组织的各项活动能够给大学生提供接触先进理念、探索未知领域的机会和交流思想、展示自我的平台，能够促使大学生不断丰富知识储备，完善知识结构，充分认知自我，并逐步纠正自身的认知偏差，进而不断地完善自我，更好地接纳自我，从而培养积极乐观的心态，形成健康心理。许多大学生都曾通过社团活动挖掘出自身未知的潜能，进而从“昔日的丑小鸭”变成令人羡慕的“白天鹅”。

4．提升个体自信，促进自我实现

大学生社团可以为大学生提供诸多发展机会和展示自我的舞台。社团强调对人的重视，将每个成员都视为一个独特的个体，并给予其充分的尊重和展示自我的空间。这能从根本上激发大学生的热情，充分挖掘大学生的潜能，使其个性得到发展，并使大学生增强自信。同时，大学生社团能够通过各项活动锻炼大学生发现问题、提出问题和解决问题的能力，锻炼其心理素质，增强其抗挫能力，进而使其人格得到完善，为其将来实现自我理想打下良好基础。

（二）大学生社团在心理健康教育方面存在的问题

虽然大学生社团为大学生个性发展、人格完善提供了条件，在心理健康教育中发挥着重要作用，但由于各方面的因素，仍存在不足之处。

1．社团活动流于形式

部分社团所组织的活动流于形式，过多地注重活动的“热闹”程度，而很少关心社团成员的内部沟通与交流，没有充分利用成员的心理特点建立成员之间的亲密联系，导致成员在社团中找不到归属感，并缺乏积极的情感体验。

2．活动缺乏社会联系

大多数大学生社团以丰富大学生的课余生活为宗旨开展社团活动，且活动内容多以专业研讨、技能学习、兴趣交流等为主，而与社会实际缺乏联系。它们往往不关注大学生的社会角色扮演问题，也不积极解决社团成员之间出现的人际交往问题及冲突，从而没能充分发挥心理健康教育的作用。

3．普遍缺乏专业指导

大学生社团对心理健康教育的促进作用是显而易见的。但是，由于普遍缺乏心理健康教育方面的专业指导，大学生社团往往又不够专业，无法科学地为更多大学生提供心理健康服务。

心理探索三 如何发挥大学生社团的心理健康教育功能

大学生社团是大学生学习知识与技能的第二课堂，是发展能力和完善自我的良好平台。因此，加强大学生社团的管理和建设，利用大学生社团做好心理健康教育工作是非常有意义的。

一 夯实促进大学生健康成长的物质基础

大学生社团是在校园里组建和发展的，因而学校的鼓励和支持对大学生社团心理健康教育功能的发挥至关重要。

（一）配备充足人力

学校不仅要用心培养有创新精神、工作热情的社团干部，而且要给各种类型的社团配备有相应专业知识、技能、社会经验的老师。更重要的是，学校应督促为社团成员提供心理健康服务的老师积极解决社团中存在的人际冲突等问题。

（二）给予物力支持

学校应该为社团提供一切便利条件，如尽量审批社团的活动经费、为学生提供活动场地等，让社团活动的开展没有后顾之忧。

（三）提供社会资源

社团活动是课堂学习的延伸，能为大学生将来适应社会、服务社会提供实践机会，并能促进大学生的心理健康发展。因此，学校应该为大学生社团提供丰富的社会资源，为社团活动开辟实习基地，让学生与社会建立联系，为其走出校园、走向社会打下良好基础。

二 营造促进大学生健康成长的良好氛围

为了更好地发挥大学生社团的心理健康教育功能，学校应为大学生社团营造轻松、和谐、尊重个体的良好氛围。具体而言，学校应做到以下两个方面。

（一）减少领导者的干预

在传统的社团活动中，学校、学院的领导常常对社团下达指令，让社团严格遵循领导的指令组织活动，这往往使得社团活动流于形式，抑制了社团成员的自由性和创造性。为了增加社团的向心力，学校应该弱化领导者的干预，强调以学生为中心，让学生在社团中充分展示自我，进而真正体验到主人翁的感觉。

具体而言，从社团的筹建、负责人的产生，到管理制度的健全、活动内容的设计等，都要充分尊重学生的意愿，充分发挥学生的才智；坚持以学生为主体开展活动，让学生在自主性的活动中学会自我约束、自我管理、自我教育，从而提高能力，增长知识。

（二）鼓励社团成员创新

社团只有不断地创新，才能对社团成员产生持久的吸引力，进而获得源源不断的发展动力和勃勃生机。

社团组织者应该合理利用竞争机制，激发社团成员的创造力。只有这样，才能促使成员不断成长，确保社团不断发展壮大。

三　对大学生社团加强心理健康专业指导

大多数非心理健康教育类社团可以通过规范的管理、健康有益的活动、协调的人际关系、积极向上的社团文化，帮助大学生克服各种心理障碍，促进大学生健康成长。但是，仅有这些是远远不够的。各高校应加强对非心理健康教育类社团的心理健康专业指导，并重视大学生心理健康教育类社团的建设，充分利用大学生社团开展常规的心理健康教育，使心理健康理念深入人心，让心理健康教育活动更加贴近大学生的生活，促使大学生关注自身的心理健康状况并积极学习心理学知识和心理调适方法。

杨倩：放飞梦想，奋斗青春

10 岁那年，杨倩进入宁波体育运动学校射击队，开始了专业训练。射击训练，不仅考验技术，更考验心性。刚进入射击队时，杨倩有大半年甚至连一发子弹都没打过，每天都是重复的动作练习，“射击是一个孤独、漫长且枯燥的项目。训练服冬天太僵硬、夏天闷死人，每天好几个小时端着枪一动不动。有一天，我感觉自己练不下去了，便央求妈妈带我回家。”杨倩说。

一度想放弃的杨倩，在妈妈的劝说和教练的鼓励下，最终还是选择了坚持。

2014 年，练了 4 年的杨倩在浙江省运动会上的 10 米气步枪比赛中打出了 40 发 399 环的佳绩，达到世界水平。之后，杨倩被特招进入清华附中的射击队，开始了边读书边训练的生活。每天下午 3 点半之前，都是杨倩的学习时间，之后她要赶到射击馆训练。为了节约路上往返的时间，她有时候就在射击馆学习，回到宿舍往往已经是深夜。

“从进入清华附中开始，我便定下了考入清华大学的目标。在大多数高中生为高考全力以赴时，我需要兼顾两件事，训练和学习几乎无缝衔接。”对于那段日子，杨倩记忆犹新。

顺利考上清华大学后，杨倩一边学习一边训练的生活仍在继续。2020 年 3 月，东京奥运会因为疫情确定延期一年之后，国家射击队重新组织选拔，这成为杨倩人生中一个重要转折。在 2020 年年底至 2021 年 3 月国家步枪射击队进行的连续 4 场高强度选拔赛中，之前一直默默无闻的杨倩脱颖而出，包揽 4 个冠军，以总积分第一名入选东京奥运参赛阵容。在混团选拔中，杨倩仍然以总积分第一位入选，赛后她坦言，比赛中就是努力做好自己，“拿到这个席位，是对自己努力的肯定，也会更加珍惜这一次机会。”

为了专心备战东京奥运会，杨倩选择了暂时休学，清华大学和国家射击队都给了她强大的支持。在射击和学习的道路上，杨倩也曾有过迷惘，该专注什么、选择哪些？但最终杨倩选择了学业与事业并重，清华课程是学业，射击运动是事业，这两者都是年轻的她奋斗路上的目标。

2021 年 7 月 24 日的东京朝霞射击场，女子 10 米气步枪决赛上，杨倩在最后一枪打出 9.8 环，以总成绩 251.8 环逆转登顶，为中国体育代表团夺得东京奥运会首枚金牌。颁奖仪式上，杨倩将金牌挂在脖子上，随后俏皮地把双手放在头顶“比心”，这一刻，她因为紧张一直略显严肃的脸上终于绽放出了灿烂的笑容……

7 月 27 日，杨倩和队友杨皓然联手拿下了 10 米气步枪混团项目的金牌。杨倩也就此成为奥运历史上首位获得两金的“00 后”射击运动员。

奥运会结束后，杨倩代表浙江队参加了陕西全运会，在比赛中拿下了 10 米气步枪混团、女子 10 米气步枪团体两枚金牌。

经历了奥运、全运的洗礼，杨倩收获了成功的喜悦，也体会了成长的艰辛，更加明白自己肩负了更重要的责任。传前辈之精神，当好“接班人”；作同行人之表率，当好“带头人”；树后来者之榜样，当好“引路人”……杨倩说，年轻人就要在火热的青春中放飞人生梦想，在拼搏的青春中成就事业华章。

XINLI XUNLIAN 心理训练

大学生参加社团的心理调查

一 测试内容

指导语：大学生参加社团的心理调查一共包含 8 个问题，请选择最符合自己内心真实情况的答案。

1．你有兴趣参加（　　）类型的社团。

A．科技学术　　B．理论思辨

C．知识技能　　D．文体娱乐

2．你愿意在社团活动上花时间的频率是（　　）。

A．每月一次　　B．每周一次

C．每天一次　　D．每学期一次

3．你参加社团的主要动机是（　　）。

A．提高能力　　B．锻炼自己

C．充实闲暇时光　　D．结识朋友

4．你觉得大学生社团应该发挥（　　）的作用。

A．创造成长机遇　　B．提供发展平台

C．引导积极参与　　D．促进全面成长

5．你认为参加社团可以让你得到的收获是（　　）。

A．自信心增强　　B．锻炼能力

C．积累经验　　D．生活充实

6．在心理健康方面，社团给你带来最多的是（　　）。

A．主动交往　　B．结识朋友

C．心情舒畅　　D．生活减压

7. 你认为参加社团活动对你生活时间分配的影响是（　　）。

A. 基本没有负面影响　　B. 占用学习时间

C. 占用社交活动时间　　D. 其他

8. 你愿意在社团活动中扮演（　　）的角色。

A. 社团领袖　　B. 幕后策划

C. 活动主力　　D. 普通一员

二　测评参考

该测试无标准答案，测试者根据自身实际情况选择即可。测试结果不仅可以为大学生社团组织纳新提供参考信息，也可以反映出大多数大学生参加社团活动的心理动因。

项目十　恋爱与性　切勿草率

——大学生恋爱和性心理健康

【项目导入】

彼此独立，相互成就

“一直‘屈居’专业第二是我大学最大的遗憾，而专业第一是小媛，则是我最大的安慰。”这句笑言出自某大学毕业生李某之口，小媛是他的女友。这对包揽专业前两名的毕业生学霸情侣，大学期间共囊括53张荣誉证书、累计各类奖学金8.6万元。他们两个人一路你追我赶，共同成长。在他们眼里，携手学习与奋斗，是青春与爱情最美好的样子。

李某与小媛虽然同在一个专业，但并不在一个班级。大二时，一次偶然的优秀学长答疑活动让他们相识了，擅长不同科目的他们在互相钦佩之余，也暗暗下决心要更加努力。自此，他们开始发挥“1+1＞2”的效用，爱情也悄然在彼此心中萌发。

他们一起泡图书馆读书、学习，共享笔记，共同准备各类答辩；当其中一个人在学业上遇到难题而心情烦躁时，另一个人总会耐下心来，帮对方分析情况、梳理思路，一起想解决方案。

在携手求索的几年里，李某与小媛活跃在各种实践活动中。作为不同“大创”项目的负责人，他们在探究自己课题的同时，也会交流彼此的进展，共同分析问题和改进方案。

谈及三年的相处，小媛说：“是他让我从我的小世界里走出来，去接纳别人的意见，变成更好的我。”李某则表示：“是她让我学会了坚持，我不能再什么都无所谓了，我不是一个人了。”李某与小媛都希望可以成为彼此的依靠，单方面付出而不求回报。他们愿在这场棋逢对手的冒险中，一起经历，各自战斗，彼此鼓励与陪伴。

RESHEN HUODONG 热身活动

活动一　恋爱资格大拍卖

- 活动目的：通过活动，深刻认识到恋爱应具备的资格。
- 活动流程：

（1）大家各抒己见，谈一谈大学生恋爱应具备的资格，并进行汇总。

（2）挑选出 10 项最具代表性的恋爱资格。

（3）由教师为每位学生发放 100 万元的虚拟货币。

（4）由教师宣布拍卖规则：每项恋爱资格的底价为 5 万元，每次加价不得少于 5 万元。若喊价三次无人继续竞标，则该资格由竞价最高者获得。

（5）由教师组织拍卖，并记录拍卖过程。

（6）整理拍卖结果，并讨论“哪项恋爱资格竞标最激烈？为什么？”

活动二　健康大树

- 活动目的：通过活动，树立健康、正确的性认识。
- 活动材料：有关大学生性健康教育的短片、有关大学生性观念或性行为的图片、卡片、笔、纸做的“健康大树”。
- 活动流程：

（1）由教师先播放一段有关大学生性健康教育的短片，然后再展示几张有关大学生性观念的图片。

（2）学生自由畅谈，指出图片中有无不正确的性观念，并说明理由。

（3）由教师为每位学生发放 1 张卡片，学生将自己对性的认识写在卡片上，并将其挂在“健康大树”上。

（4）教师和学生一起对“健康大树”上的卡片进行分类，并总结大家对性的共同认识。

TOUNAO FENGBAO 头脑风暴

大学生不同的恋爱观

在一次对当代大学生的采访中，一些同学描述了自己的恋爱观。

小程说："我不仅看重对方给我的好感，也会考虑我可以从他身上学到什么，这段亲密关系能带给我什么，同时还会考虑我能带给对方什么。"

为了更好地避免恋爱中出现的种种问题，小星认为"有能力爱自己，有余力爱别人是爱情中的必修课"。在她看来，恋爱是一个学习的过程，情感的成熟需要自己亲历爱情，在爱中学习、反思、磨合，获得心灵的成长。

在小林看来，爱情在于质量而不是数量，人的感情是不能随意挥霍的。最理想的恋爱是双方在一起后，各方面都能达到一加一大于二的效果。他将爱情的精髓总结为"三个互相"，即"互相理解""互相尊重""互相支持"。

在小吴看来，爱情的本质源于自我探索，需要每个人自己探寻才能找到答案。社会、高校、家庭，应该包容并启发学生进行爱的探索与尝试，培养他们爱的能力。

思考 你认同他们的看法吗？为什么？你的恋爱观是什么？

XINLI TANSUO 心理探索

心理探索一 爱情是什么

爱情是人类最永恒的话题之一，是关乎人生幸福的大事，它古老而又鲜活，复杂却又简单，具有普遍性但却因人而异；爱情是一种奇妙的、难以预测的情感，它可以使人极乐，感受到世界的美好和单纯的幸福，也可以使人极悲，体会到心的绞痛和破碎，正如一首歌唱的那样，"爱有双重魔力，也苦涩也甜蜜"。那么，爱情到底是什么？

一 什么是爱情

什么是爱情?

爱情是人类社会自产生以来就一直存在的社会现象。自古以来，许多哲学家纷纷追问和回答关于爱的问题。美国人本主义心理学家卡尔·罗杰斯认为“爱是深深的理解和接受”；美籍人本主义哲学家和精神分析心理学家埃里克·弗罗姆认为“爱是我们对所爱者生命与成长的主动关切，没有这种关切就没有爱”；美国社会心理学家弗里茨·海德认为“爱是深度的喜欢”。综合各种心理学观点，爱情是男女基于一定的社会关系和共同的生活理想，在各自内心形成的对对方最真挚的倾慕，并渴望对方成为自己终身伴侣的最强烈的情感。

二 爱情的三要素

美国心理学家罗伯特·斯腾伯格认为，爱情应包含激情、亲密和承诺三个要素。

（一）激情

激情是指情绪上的着迷，是因他人强有力的吸引力，而对他人产生的强烈的着迷的想法。希望与对方形影不离、朝夕相处的欲望，就属于激情。在激情关系中，人们往往会全身心地投入，不求回报，不计得失，不考虑公平与否，愿意花费大量的时间、精力和金钱让对方快乐。

（二）亲密

亲密是指心理上的喜欢的感觉，包括彼此的依恋、理解与关心。亲密之爱会让彼此渴望一起建立更有凝聚力的和谐关系，包括把自己的生活以坦诚、不设防的方式与对方共享，接受彼此不完美的、特别的性格，满足彼此的需要和欲望。因此，在亲密关系中，尊重、信任、耐心和容忍是非常重要的。亲密之爱虽然没有激情之爱强烈，但能促进人们相互亲近，感到彼此给予的温暖，使爱情得以天长地久。

（三）承诺

从爱的选择到爱的确定，有一种强大的信念在支撑。这种信念是一种美好的愿景，使恋爱双方相信对方是最适合自己的人，是能够给自己带来幸福和快乐的人，是值得托付终身的人。这种信念往往以承诺的形式呈现。

在承诺关系中，双方生活在相对确定、稳定和持续的情感氛围中，并努力巩固彼此之间的关系，互相尊重隐私，并让对方融入自己的社会关系。在承诺关系中，信任和奉献常常藏于心中，彼此从不利用对方的弱点；双方虽知道在日常生活中难免会有冲突，但并不觉得这会伤害彼此之间的信任；遇到分歧时，双方会协商解决。

三 爱情的发展阶段

根据心理学和社会学的相关研究，爱情的发展会经过几个阶段，且每个阶段各具特点，都有独特的优势与问题。

（一）晕轮期

晕轮期多为男女双方刚刚接触时或者交往的初期，属于“情人眼里出西施”的阶段，双方之间会产生晕轮效应，即对方的缺点在自己眼里可能也是优点。

（二）磨合期

俗话说：“相爱容易相处难。”在这一阶段，彼此之间经过较长时间的接触，对对方的了解越来越全面和深入，不仅能看到对方的优点，也能看到对方很多的缺点，甚至会觉得难以忍受对方的一些行为和观点，从而后悔当初的选择。在这一阶段，双方经常会因为一些事情争吵，情绪忽高忽低，起伏较大。这是一个比较艰难的阶段，双方需要投入更多的包容、谅解和耐心去经营爱情。

（三）理性期与平淡期

经过双方的相互磨合，彼此已经知根知底，并有了一定的默契，双方的感情也逐渐趋于成熟和稳定。双方从浪漫的花前月下回归现实，开始考虑柴米油盐和谋生途径，这种家庭角色扮演为以后的婚姻生活打下了良好的基础。反之，如果双方在磨合期做出了否定的判断，就会导致恋爱的失败。

拓展阅读

革命伴侣周恩来和邓颖超

周恩来和邓颖超相识于1919年的五四运动中。在这场反帝反封建和前所未有的思想解放运动中，周恩来和邓颖超脱颖而出。周恩来是天津学生界的领导人，邓颖超是天津女界爱国同志会执委兼讲演队队长。9月16日，他们还一起加入了由周恩来等发起组织的青年进步小团体——觉悟社。

1920年11月7日，周恩来漂洋过海远涉西欧勤工俭学。到达欧洲后，他于1921年加入中国共产党。1922年6月，周恩来和赵世炎等组建旅欧中国少年共产党(后陈独秀建议将旅欧中国少年共产党改称中国共产主义青年团旅欧支部)。1923年2月，周恩来当选旅欧中国共产主义青年团执行委员会书记。

周恩来觉得自己既然决定献身革命事业，那就随时都有流血牺牲的危险，因此应该找一个志同道合，意志坚强，“能一辈子从事革命”，经受得了“革命的艰难险阻和惊涛骇浪”的伴侣。五四运动中充满革命热情、勇敢坚强的邓颖超吸引了他的目光。

邓颖超于北平女师毕业后，先后在京师国立高等师范附小、京师公立女子第七高小任教。1922年8月，邓颖超受天津刚创办的私立达仁女校校长马千里之邀，到达仁女校任教。马千里是著名教育家、天津《新民意报》总编辑。他思想开明，主张妇女解放。这样一个充满友谊和团结进步的氛围，给思想活跃的邓颖超创造了参加各种社会活动的良好条件。

1924 年 1 月，邓颖超参与组建天津中国共产主义青年团组织，任特支宣传委员，1925 年 3 月转为中国共产党党员，并按照中共中央的指示精神以个人身份加入国民党，担任国民党直隶省党部委员、妇女部长和中共天津地委妇女部长。最令周恩来钦佩的是，随着时间的流逝，不少五四运动中思想进步的女学生，有的失去了往日的锋芒，革命意志消沉了；有的始终没有跳出旧礼教、旧习俗、旧观念和旧道德的怪圈；有的则沉湎于男欢女爱之中，迷失了前进的方向。年龄最小的邓颖超，却始终站在斗争的最前线，和她的同事们一起将天津的妇女解放运动搞得轰轰烈烈、有声有色。邓颖超已经由一个积极参加救国图强的热血青年，成长为一个具有相当觉悟的马克思主义革命工作者。

经过慎重的考虑，周恩来认为既然自己已经下决心为共产主义事业终生奋斗，就应该找一个像邓颖超这样热情、坚强的终身伴侣。1922 年冬，周恩来等派遣李维汉回国，向党中央正式申请将旅欧中国少年共产党加入中国社会主义青年团作为其旅欧支部。当时，周恩来曾委托李维汉到天津看望邓颖超，给邓颖超带去一封信。自此，从巴黎到天津，周恩来与邓颖超通过鸿雁传书，增进了了解，增进了感情，确立了共同的革命理想——为共产主义而奋斗。

后来，周恩来、邓颖超成了生死不渝的革命伴侣，并携手为中国人民的解放事业奋斗了半个多世纪。

心理探索二　大学生恋爱心理分析

在校大学生的平均年龄为 20 岁左右，已经是合法的公民、成年人，受到法律的保护和约束；同时，他们在心理和生理上都处于较成熟的时期，渴望爱情。因此，恋爱已经成为大学生活里的普遍现象。但是，由于大学生心理尚未发展到完全成熟的程度，虽感情丰富，但自控力尚弱，因此容易走入一些恋爱误区。

一　大学生恋爱的意义

从心理学的角度看，恋爱对大学生来说是一把双刃剑，既能帮助大学生的心理发展走向成熟，又会给大学生带来各种心理问题。

（一）积极意义

（1）从性心理发展的角度看，恋爱是大学生释放日益强烈的性冲动的重要途径。性冲动必须得到合理的宣泄才有利于身心健康，大学生通过恋爱接触异性，可以不再感到性的压抑与紧张，从而获得一定的身心愉悦感。

（2）从自我意识建立的角度看，恋爱可以使大学生逐步建立完整的自我意识。恋爱时，两个人的人格深层接触，在此过程中，对方像一面镜子时刻映射着自己的形象，鞭策自己不断完善自我。同时，大学生的自我概念也会受到对方的影响而不断发展，自我意识也将在此过程中不断完善。

（3）从人际交往能力发展的角度看，恋爱能大大提高大学生的人际交往能力。恋爱时，两人在深层交往中必然会遇到人际交往过程中所遇到的一般问题，而且还需处理情感纠葛等一系列问题，这将为大学生日后适应人际交往打下良好的基础。

（二）消极意义

（1）恋爱需要时间和精力，若大学生处理不好恋爱与学业的关系，则会影响、耽误学业，并增加自己的心理负担。

（2）恋爱具有排他性，若大学生处理不好恋爱与友谊的关系，将带来人际关系的烦恼，会影响个人的情绪和生活。

（3）恋爱会影响大学生的心理平衡。恋爱是人生中极为重要的事件之一，处在恋爱中的大学生会为一些小事而极度兴奋或极度烦恼，这都会带来心理紧张，而持续的高度心理紧张对心理健康是非常不利的。

（4）恋爱的进一步发展还可能带来一些其他问题。例如，婚前性行为可能会造成一些大学生的心理失调或心理负担过重；失恋会给一些大学生带来极大的痛苦，使其身心受到沉重的打击。

二　大学生恋爱的影响因素

（一）生理满足的需要

满足生理需要是促使大学生投入恋爱活动的重要诱因。性意识的发展有一个萌生、疏远异性、向往异性到恋爱的过程。随着性意识的发展，大学生的性欲需求日益强烈，之前弥散化的性冲动逐渐集中投射到选定的特殊对象上。由于性冲动的驱使，大学生开始脱离群体化的两性活动而单独约会。

（二）亲密关系的需要

大学生心理发育日趋成熟，已不再满足于血缘关系带来的亲近，他们有着强烈的爱和归属的需要，他们需要一个可相互吐露心声的亲密知己。因此，对亲密关系的追求把孤独的大学生引向恋爱是极其自然的事，这正如美国心理学家哈里·斯塔克·沙利文指出的，“亲密关系和性冲动最终结合成人类的情爱”。

（三）精神追求的需要

有些大学生投入恋爱的目的是尝试一下向往已久的被诗歌、小说吟诵的甜蜜爱情，或者是体验一下影视剧中所诠释的爱情。因此，有些文学作品和影视剧对大学生的恋爱价值观产生了重大的影响，使他们原来的价值体系发生了微妙的变化，表现为对待恋爱的态度、选择与判断、满意程度的变化，以及对过程和结果追求的变化等。例如，有些大学生受一些影视剧的影响，把恋爱看成人生的全部，喜欢追求完美，偏爱理想与浪漫的恋爱情境，重视爱情的形式大于内容，认为过程大于结果，对爱情满意度的指标也有更高的追求。

三 大学生恋爱的特点

不同年龄、不同群体的恋爱都有其自身的一些特点，大学生群体也不例外，其恋爱特点主要表现在以下几个方面。

（一）恋爱的普遍性

大学生的年龄多为18～23岁，生理发育已基本成熟，他们渴望接近异性、拥有意中人，容易产生情窦初开的恋爱心理。在大学这个对恋爱限制相对宽松、学业负担相对轻松的环境中，大学生很容易被异性吸引，并建立恋爱关系。

（二）恋爱的浪漫色彩浓厚

大学生恋爱期间，对爱慕之情、人生看法谈得较多，很少或者根本不讨论结婚、建立家庭、举办婚礼、生儿育女等具体问题，这是由大学生的客观条件限制所决定的。大学生的工作岗位尚未确定，经济还未独立，要依靠国家、父母或者其他亲人的资助，才能维持学业和生计，也就是说他们还没有完全地成为社会上定义的成人的社会角色，因此大学生谈恋爱一般接触不到，也考虑不到建立家庭、举办婚礼等实质性问题。大学生恋爱的这种浪漫色彩掩盖了实际存在着的矛盾，因此，大学生的恋爱基础不够坚实，一旦遇到问题，如毕业后不在同一个地方工作等，恋爱关系就容易破裂。这也是大学生恋爱成功率较低的重要原因之一。

（三）恋爱的自主性较强

大学生对平等权利和平等价值观的要求特别突出，反映在恋爱问题上，即一般都是自己做主。走上工作岗位的青年明确恋爱关系前一般会征求家人的意见，明确恋爱关系后，双方家长来往较密切。而大学生则不同，由于认为自己已成年、不需要家长参考等主观原因，以及异地求学、在学校住宿等客观原因，很多大学生在确定恋爱关系前后往往不会告知家长。

（四）恋爱的盲目性较大

大学生往往只注重恋爱过程，而轻视恋爱结果。有些大学生把在校期间谈恋爱作为一种获得生活经验的实践活动；也有的大学生对异性有好奇之心，不懂究竟爱是什么、为什么爱，把恋爱当作一种情感体验，满足精神需求；还有一些大学生为了充实课余生活，排解寂寞，填补空虚，把恋爱当作一种消遣。

（五）恋爱的公开性强

受西方文化和生活方式的冲击，传统观念覆盖下的两性关系的帷幕被撩开。过去，许多高校明文规定禁止大学生谈恋爱，而且大学生谈恋爱也很讲究东方民族的含蓄和深沉，因而谈恋爱属于“地下活动”，恋爱双方既不愿让其他同学知道，更不希望让老师知道。现在，高校虽没有明确赞同，但态度较过去明显放松，大学生的恋爱活动便由地下转为公开，不仅不怕别人知道，甚至喜欢在公开场合手拉手、肩并肩，整日形影不离。

（六）恋爱受挫能力较弱

大学生受个性不成熟、生活经验不足、考虑问题过于单纯等诸多因素的制约，在追求爱情的过程中很容易遇到各种挫折，比如失恋。感情遭受挫折后出现一定的心理阴暗期是正常的，绝大多数大学生会通过找朋友倾诉或理性思考后，对自己和对方采取宽容的态度，尊重对方的选择。但是，也会有一部分大学生摆脱不了“情感危机”，有的会失去信心，放弃对爱情的追求；有的会一蹶不振，沉沦自弃，认为一切都失去了意义，以致悲观厌世；有的视对方如仇人，肆意诽谤，甚至做出极端行为伤害对方。

四 大学生的恋爱困惑

爱情不是人生的目标，而是人生中的一种体验。每个人扮演的角色不同，与异性的相互关系不同，各自的体验也不相同。例如，有的人会产生单相思，有的人会体验到失恋的痛苦，有的人会品尝到爱的甘露，也有的人会品味到爱的苦涩。

（一）单相思

单相思是指恋爱双方中的一方倾心于另一方，却得不到对方回应的单方面“爱情”。大学生的单相思有两种情况：一是明知对方不喜欢自己，仍然一味追求；二是误解了对方言行的含义，错把友情当爱情。陷入单相思的人总是自觉或不自觉地捉摸对方的言语、表情、眼神，幻想与喜欢的人在一起的种种场景。一旦从自己营造的“空中楼阁”中清醒过来，幻想被无情的现实击碎，情感得不到满足，便会陷入极度的烦恼和空虚之中。

单相思是每个人都可能会经历的一种心理状态，并不算是心理障碍，但盲目的、非理性的单相思如果得不到合理的疏导与调适，就会导致心理失调，甚至更严重的后果。

（二）失恋

失恋是指一方否认或终止恋爱关系。恋爱失败和失恋是两个不同的概念。前者指恋爱关系的否定，它表现为两种形式：一是恋爱双方都不满意，彼此同意分手；二是恋爱的一方已无情意，提出与对方分手，而另一方却仍情意绵绵，沉湎于对恋情的怀念之中。失恋就是指恋爱失败的第二种形式。

失恋是大学生所经历的最严重的情感挫折之一，会引起一系列不良的心理反应。有一些失恋者因不能及时排解这种强烈的不良情绪，会导致性格反常、忧郁、自卑等，严重者甚至会采取报复、自杀等方式来排解心中的郁结。

（三）多角恋

多角恋是指一个人同时与两个或两个以上的异性建立恋爱关系。多角恋的原因主要有：一是择偶标准不明确。有些大学生择偶时没有一个明确的标准，不确定谁才是适合自己的，因此会多方应付、多头追逐，导致出现选择性多角恋。二是虚荣心强。有些大学生认为追求的对象或被追求的对象越多，自己越优秀。三是盲目崇拜。有些大学生明知对方已有恋人，但由于盲目崇拜对方的才华、容貌等，加上嫉妒好胜、固执任性，会不顾一切地去追求对方，从而导致冲动性、竞争性多角恋。

多角恋是导致爱情纠纷的主要原因之一。由于爱情具有排他性，因此多角恋潜伏着极大的危险性，一旦失去控制，会给对方及社会带来严重的不良后果。

心理探索三 大学生恋爱心理问题调适

爱情会影响一个人的人格、生活态度和人生观，既可以使人变得坚强而成熟，也可以使人的心灵发生扭曲。面对恋爱时出现的各种心理问题，大学生可以从以下几个方面进行调适。

一 划清友情和爱情的界限

人的交往常常由相识开始，在相互产生好感后再进行较密切的交往，之后根据交往的情况决定彼此之间的感情是否为爱情。但在产生好感后、密切交往前，处于恋爱初期的大学生常常弄不清楚双方之间是爱情还是友情，很有可能把友情当成爱情而产生误会。因此，找到友情与爱情的区别是很有必要的。一位日本心理学者提出了关于区别友情与爱情的五个指标，可供大家参考：

第一，支柱不同。友情的支柱是“理解”，爱情则是“感情”。友情最重要的支柱是彼此的相互了解，不仅要了解对方的长处和优点，也要充分认清对方的短处和缺点，只有理性地认识对方，才能产生友情。爱情则不然，它是对对方的美化，贯穿其中的是感性情感。

第二，地位不同。友情要求地位“平等”，爱情却要“一体化”。朋友之间立场相同、地位平等，既有人格的共鸣，也有剧烈的冲突。爱情则不然，它具有一体感，身体虽二，心却为一，两者不是互相碰击，而是互相融合。

第三，体系不同。友情是“开放的”，爱情则是“关闭的”。两个人有坚固的友情，当人生观与志趣相同的第三者、第四者想加入时，大家都会欢迎。爱情则不然，两人在恋爱时，如果有第三者加入，一方便会产生嫉妒心理和排除异己的行为。

第四，基础不同。友情的基础是“信赖”，爱情则伴随着“不安”。一份真挚的友情具有绝对的信赖感，犹如不会动摇的磐石。而一对相爱的男女，虽不是不信任对方，但总是会被种种不安所包围，如“我深深地爱着她，她是否也深深地爱着我？”“他对我的态度最近好像变了，是不是不像以前一样爱我了？”等。

第五，心境不同。友情充满“满足感”，爱情则充满“欠缺感”。当两个人是亲密的朋友时，彼此都有满足的心境。而一旦两个人成为恋人，虽然初期会有一时的满足感，可不久之后，就会产生不满足感，总希望有更强烈的爱情保证，经常有一种莫名的欠缺感。

一般来说，大学生在日常交往过程中，只要好好地体会自己真正的情感动向，依据上述五个指标，仔细地观察、反省，并做综合分析，是可以正确辨别友情与爱情的。

爱情和友情

爱情说：“你是属于我一个人的。”
友情却说：“除了我，你还可以有她和他。”
爱情来了，你会拥抱着他（她），什么都不说。
友情来了，你会说：“你好，请坐。”
爱情的利刃伤了你时，你的心在“流血”，眼神却渴望着他（她）。
友情的刺伤了你时，你会转身而去，拔出刺不再理会。
爱情远行时，你会哭着说：“请不要忘了我。”
友情远行时，你会笑着说：“祝你一路平安。”
爱情对你说：“我有时是奔涌的波涛，有时是一江春水，有时又像凝结的冰。”
友情对你说：“我永远是艳阳照耀下的一江春水。”
当你与爱情被追杀至绝路时，你会说：“让我们一起拥抱死亡吧。”
当你与友情被逼得走投无路时，你会说：“让我们各自找生路吧。”
当爱情遗弃你时，你可能大醉三天，大哭三天，又大笑三天。
当友情离你而去时，你可能叹息一天，继而转身去寻找新的友情。

二 培养爱的能力

爱的能力是指个体与其他个体建立紧密关系的心理条件，包括迎接爱的能力、拒绝爱的能力、建立亲密关系的能力、承受失恋痛苦的能力等。

（一）迎接爱的能力

迎接爱的能力包括施爱的能力和接受爱的能力。一个人心中有了爱，在理智分析之后，能够敢于表达、善于表达，这是一种爱的能力。一个人面对别人的施爱，能及时准确地做出判断，当期望的爱来到身边时能够勇敢地接受，这也是一种爱的能力。大学生应培养自己迎接爱的能力，知道自己喜欢什么样的爱，需要什么样的爱，适合什么样的爱。

（二）拒绝爱的能力

爱情不能有半点勉强和将就，对于不愿接受或不值得接受的爱，大学生应有勇气加以拒绝。大学生在拒绝爱时要注意以下两个方面：一是在并不希望得到的爱情到来时，要果断、勇敢地说“不”，如果优柔寡断或屈服于对方的穷追不舍，发展下去对双方都是不利的。二是要掌握恰当的拒绝方式，切忌不顾情面、恶语相加，因为每一份真挚的感情都值得被尊重。

（三）建立亲密关系的能力

（1）学会爱自己。自爱是给予爱的前提，只有先学会爱自己，内心才能充满爱，才可能给予别人爱，才可能真正地去爱别人。此外，每一个人都是一个独立的个体，只有学会自爱，才能在爱情中保持自己的独立与完整，否则会在爱情中迷失和丧失自我，更不可能获得真正的爱情。

（2）学会呵护爱情。爱情不是放任自流的，需要用心呵护。爱一个人就要学会去接纳他（她）本来的样子，包容他（她）非原则性的错误，体谅他（她）的难处，理解他（她）的无奈。只有懂得并善于呵护爱情，两个人的关系才能更加稳固和持久。

（3）了解对方的情感需要。男生和女生的情感需要截然不同，因此，大学生在恋爱过程中应注意了解对方的情感需要，以提高沟通质量。一般来说，男生的三大情感需要是能力被肯定、才华被欣赏、努力被感激，女生的三大情感需要是时常被关怀、需要被肯定、想法被尊重。

男女不同的情感需要

她需要关心，他需要信任。
她需要了解，他需要接受。
她需要尊重，他需要感激。
她需要专注，他需要赞美。
她需要认同，他需要肯定。
她需要安慰，他需要鼓励。

（四）承受失恋痛苦的能力

大学生失恋后，要学会用理智来驾驭感情、分析原因，提高自己的心理承受能力，找到正确的解决问题的方法和途径，并重新确认和实现自己的价值。也就是说，大学生要做到失恋不失德、失恋不失态、失恋不失志。

失恋不失德，即失恋后要守住道德。失恋是不幸的，但做不成恋人，还可以做朋友。那种谩骂、殴打、恶意攻击、造谣诬蔑或将两个人之间的隐私公之于众的做法是极其不道德的，甚至是违法的。面对失恋，大学生要冷静分析，理智处理，尊重对方的选择。

失恋不失态，即恋爱受到挫折后，应保持一种平和、理性的心态，不能从此一蹶不振，整天垂头丧气、失魂落魄。

失恋不失志，即失恋后不能丢掉理想和志向。对于大学生来说，尽早从失恋的痛苦中解脱出来，把主要精力投入学业和事业中，会使人生更加丰富、充实和有意义。

心理探索四 大学生性心理分析

一 大学生性心理的发展特点

（一）性心理的本能性和神秘性

大学生的性心理主要还是生理发育成熟带来的本能反应，缺乏深刻的社会内容。相当一部分大学生，尤其是低年级大学生，对异性产生的兴趣、好感和爱慕主要还是基于异性之间的吸引，而缺少责任、安全等社会内容。

随着社会观念的多元化发展，人们传统的性道德观念已发生了巨大改变，再加上影视、书籍、网络等对性的传播，大学生对性不再感到陌生，但是仍然缺少正确和科学的认识，所以对大学生来说，性还具有神秘感和朦胧感。同时，由于性生理和性心理发展日趋成熟，大学生渴望与异性交往，喜欢探索异性的心理秘密。在这种朦胧纷乱的心理变化中，大学生的性意识逐渐强烈和成熟起来。

（二）性意识的强烈性和表现上的文饰性

随着性意识的增强，大学生对性的关注程度也明显增强。他们十分重视自己在异性心目中的形象，十分看重来自异性的评价，并常按照异性的要求和希望进行自我评价、塑造自我形象。但同时他们又不希望自己内心的秘密被他人察觉，因此会在行为上表现得拘谨、羞涩或冷漠，具有明显的文饰性。

（三）性冲动与性压抑并存

大学生正处于个体性欲最旺盛的时期，渴望与异性交往，但由于性心理发展还不成熟，他们尚未形成正确的性爱观和性道德观，且自控力较弱，因此他们的性心理容易受到外界的不良影响而动荡不安，导致发生性过失行为，甚至性犯罪行为。与此相反，有些大学生因性欲得不到合理的疏导和释放，导致过分性压抑，从而产生了各种各样的性心理障碍，如过度手淫、偷窥、恋物癖等。

（四）性心理的性别差异性

大学生的性心理由于性别不同而存在明显的差异。在对异性感情的流露上，男生一般表现得比较外显和热烈，而女生则往往表现得含蓄和内敛；在内心体验上，男生更多的是新奇、喜悦和神秘，而女生则常常为敏感、羞涩和不知所措；在表达方式上，男生通常比较主动，而女生则表现得较为被动。此外，在性冲动方面，男生的性冲动易被性视觉刺激唤起，而女生则易在听觉和触觉的刺激下引起性兴奋。

二 大学生的性困惑

由于大学生的性认知、性思维和性意志等发展不够完善，对有关性的话题通常采取回避的态度，因此无法正视一些正常的性生理和性心理现象，进而易产生一系列的心理困扰。

（一）性焦虑

性焦虑是指大学生对自己的形体特征、性别角色及性功能产生焦虑感。随着第二性征的出现，个体开始日益关注自身的性别角色及与之相关的形体特征。例如，男生希望自己魁梧高大，有男子汉气质；女生希望自己苗条漂亮，引人注目。若自己的这些特征不够突出，很多大学生就会感到自卑、苦恼、忧心忡忡或敏感多疑。例如，有些男生会为自己生殖器的发育状况和性功能是否正常而担忧，有些女生会对自己乳房大小等问题异常敏感。

这种性焦虑的心理，往往会使大学生因害怕遭到异性的否定而逃避与异性交往，即使有对异性的倾慕和对爱情的渴望，也会因自卑心理而被压抑，不能正常地表达自己的情感，久而久之，就会变得内向、孤僻和自闭，从而影响正常的人际交往和心理发展。

（二）性冲动

性冲动是男女两性在性激素和外界环境刺激的共同作用下产生性兴奋，并希望得到性满足的心理反应状态，是人类的自然本能。

性冲动是身心发展的结果，是正常的生理和心理现象，是个体自然的、本能的行为表现。但是，有些大学生由于缺乏对性知识的了解，认为性冲动是不纯洁、不道德的表现。这种不可避免的生理反应与心理上对性冲动的否定，使得一些大学生产生了极大的心理矛盾，进而引发羞愧、自责、苦恼、厌烦和恐惧等心理问题。

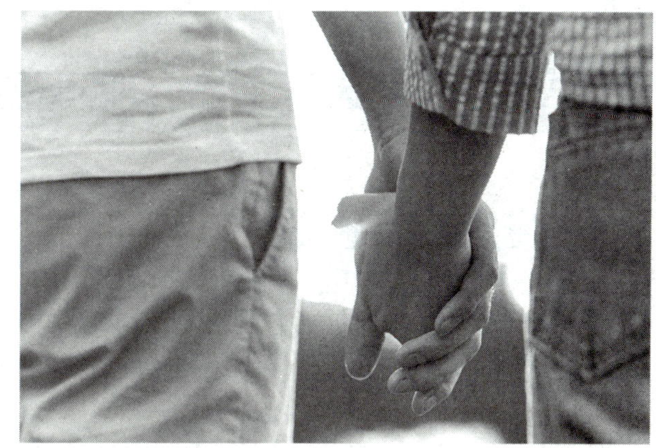

（三）性梦

性梦是指在睡梦中发生有关性的行为。这是性成熟后出现的正常现象。异性间的爱慕、倾心或某种外界刺激会导致性冲动，在清醒的意识控制下，个体会主动抑制这种冲动，而进入梦境后，这种被压抑的性冲动可以不受理智和道德的约束在梦里得到释放。对于大学生而言，性梦可以使白天被社会规范限制的性冲动得到部分满足，从而缓解性紧张。

有一些大学生由于不了解性梦产生的原因及其存在的合理性，对自己做性梦感到羞耻，在清醒后时常会感到惶惶不安，认为自己思想肮脏和龌龊，从而严重影响了自己的情绪。

（四）性幻想

性幻想是指在白天清醒的状态下想象与异性发生性行为的现象。性幻想表现为在某种特定的因素诱导下，自编、自导、自演与性交往内容有关的心理活动过程。性幻想是一种普遍的心理现象，也是性冲动不可避免的结果。

性幻想可以导致生理上的性兴奋，偶尔也会出现性高潮，这在一定程度上可以缓解人对于性的需求。但是，如果大学生整日沉溺于性幻想，甚至把幻想当作现实，就容易出现一些极端行为。

（五）自慰

自慰是指用手或工具刺激生殖器而引起性快感、获得性满足的行为。很多大学生对自慰都持消极和怀疑的态度。他们认为自慰是罪恶的、下流的、道德败坏的行为，同时担心自慰会伤害身体，造成性功能障碍，但又不敢向其他人询问，因此背上了沉重的思想包袱。其实，自慰是一种性冲动的发泄方式，是一种性的补偿行为。但这也并不意味着自慰可以无度，过度自慰会对身体造成一些不良影响，例如，对生殖器的过度刺激可能会习惯性地形成局部感觉麻痹，使少数人性唤起难度增大。

（六）婚前性行为

热恋中的情侣常常会通过身体接触来表达彼此之间浓烈的爱意，而触觉是一切感觉中最缺乏理智的，其与性行为的发生有着密不可分的关系，特别是当双方的身体触及敏感部位时，性的欲望会不可避免地被调动出来。此外，爱抚本身就是性能量的积聚过程，一旦性能量的积聚到达了高峰，必然要寻找途径释放，而发生性行为就是最好的释放途径。

但是，当性行为的发生并非彼此的初衷时，事后所产生的懊恼、自责及罪恶感会给双方带来很多的困扰。此外，这种性行为并非建立在彼此对婚姻承诺的基础之上，同时受到道德规范的约束，因此无法带来心理上的绝对满足。

心理探索五 大学生性心理问题调适

一 科学掌握性知识 

性科学是一门综合的学科，有着极为丰富的内容，它揭示了两性在生理结构上的区别，揭示了性发展和性成熟的规律，能够帮助人们了解自己性心理的发展情况，学会承担自己的性别角色，从而正确地调适自己的性心理。

（一）通过多种途径学习性知识

大学生面临的许多性心理困扰往往都是由缺乏性知识导致的。因此，大学生可通过查阅专业书籍、网络搜索等途径学习一些基本的性知识，了解有关性生理和性心理发展的普遍规律，以正确的态度看待性行为的各种表现，用科学的方法调适性心理问题，进而消除对性的困惑和误解，减轻心理负担。

需要注意的是，大学生绝不可通过那些低级、粗俗、不健康的书刊、光碟等淫秽传播品来获取性知识，且对性知识要有所选择和过滤，以避免不良信息对身心的侵害和冲击。

（二）寻求知心朋友，实现角色定位

大学生的性心理困扰多是由自己对性角色、性幻想和性冲动等的认识偏差和恐惧心理造成的，他们往往认为只有自己才会遇到关于性的困扰，出现“不良”的性行为，因而会感到自卑、担心和恐惧，并会将有关性的秘密压抑在心里，羞于与人沟通。

面对此种情况，大学生应转变观念，在遇到此类困扰时主动与好友进行交流。当了解到朋友或同龄人也会遇到与自己同样的困惑和烦恼时，大学生就会意识到这些有关性的问题是个体身心发展过程中的正常现象，自然就会以正确的态度对待心里的疑惑。

（三）进行心理咨询，消除心理困扰

在大学生遇到有关性的困惑和问题时，较为科学和恰当的方法就是通过校园心理咨询室或校外心理咨询机构进行相关的心理咨询。

一方面，心理咨询人员或心理医生具备专业的心理学知识，可以科学、准确、有针对性地解答大学生遇到的各种有关性的困扰，并提出有效的缓解方法和调节方式。另一方面，心理咨询具有一定的保密性，对于那些性格内向、自卑感强烈、不愿与他人交流心中隐私的大学生而言，是一种最合适的方式。

二 积极进行自我调适

为了不影响正常的学习、生活和身心发展，大学生应对不良的性心理困扰进行积极的自我调适，以减轻各种压力和不良情绪带来的危害。

（一）树立正确的人生观和远大的理想

对于性冲动与性压抑等一系列性问题，大学生可以通过转移注意力和升华情感的方式来缓解性压抑，释放性能量。大学生应树立正确的人生观和远大的理想，明确自己的奋斗目标和发展方向，将主要精力集中在学习、工作和未来发展等方面，并通过坚持不懈的努力去逐步实现自己的理想。这样可以帮助自己转

移对性心理问题的关注，缓解性冲动引起的不适反应。

（二）积极参加集体活动，消除心理紧张

积极参加集体活动，如参与各种智力比赛和体育锻炼，可以使大学生被压抑的性能量得到合理的释放，使心理和生理得到充分的放松，使性心理问题导致的焦虑情绪得到缓解。同时，广泛地参与集体活动还可以满足大学生与异性接触的需要，帮助大学生增进人际交往，拓宽知识视野，培养乐观的态度，保持愉快的心情。

（三）建立正常的异性交往关系，促进心理发展进一步成熟

大学生建立正常的异性交往关系，有利于情感的交流、智力的互补、个性的塑造、情绪的稳定和心理的补偿。在与异性的交往过程中，大学生首先要树立正确的观念，正确处理友情与爱情的关系，建立纯洁的异性友谊与和谐的恋爱关系；其次，交往方式要自然、大方、真诚、坦率，避免害羞、忸怩或过于亲密的行为；最后，要了解异性之间的忌讳，言谈举止要注意分寸，做到亲近却不轻浮。

三　塑造健康的人格

性行为的表现不仅取决于个体的本能，也体现了个体对性的观念和态度，反映了一个人的人格。从某种角度来看，性是人格的一面镜子，一个人的责任、尊严及对他人的尊重程度都会在两性关系中有所体现。人格中的意志成分具有发动和抑制某种行为的作用，对于大学生来说，个人的思想观念、意志品质都会决定自我对性的控制程度。因此，大学生要积极树立健康的观念，培养坚强的意志品格，充分尊重自我和他人，努力提升自我责任感，不断增强性道德和性法律意识，进而时刻规范自己对异性的行为，克服性冲动带来的心理冲突，合理地调节各种有关性的情绪和心态。

心理训练

XINLI XUNLIAN

心理训练一　爱情测试

爱情到底是什么？你是怎样看待爱情的呢？下面的测试可以帮助你了解自己的爱情观。请在表 10-1 中符合你的项目后面打“√”。

表 10-1　爱情测试

我爱他（她），她（他）就应该爱我	
只要能和他（她）在一起，我可以抛弃一切	
我特别想找个异性安抚我	

续表

只求曾经拥有，不求天长地久	
爱情是生活的全部	
不谈恋爱说明自己没有魅力	
人生就是追求快乐，谁给我快乐，我就和谁谈恋爱	
恋爱对象多多益善	
恋爱是你情我愿的，不需要负什么责任	
爱一个人，就要想办法改掉他（她）身上的缺点	
摆脱失恋痛苦的最好办法是尽快找到另一个恋爱对象	
有了男（女）朋友，也可以和其他异性秘密约会	

●结果分析●

每符合一个项目得 1 分，将得分相加，你的总分是_______。

得分越高，说明你对爱情的认识越偏激。如果你的得分高于 10 分，那么，你对爱情的看法可能会影响你的恋爱关系，你需要好好反思一下。

心理训练二　爱情还是友情

下面的测试可以帮助你了解自己与对方之间是友情还是爱情。每个测试包含 13 个项目，请在符合你自身情况的项目后打“√”。

测试一

（1）当我和他（她）在一起时，我发觉两个人好像有相同的心情。（　　）

（2）我认为他（她）非常好。（　　）

（3）我愿意推荐他（她）去做受人尊敬的事。（　　）

（4）以我看来，他（她）特别成熟。（　　）

（5）我对他（她）有高度的信心。（　　）

（6）我觉得和他（她）相处的大部分人都会对他（她）有很好的印象。（　　）

（7）我觉得自己和他（她）很相似。（　　）

（8）在班级或团体中，什么事我都愿意投他（她）一票。（　　）

（9）我觉得他（她）是周围人中最容易受人尊敬的。（　　）

（10）我认为他（她）有十二万分的聪明。（　　）

（11）我觉得他（她）是我认识的所有人中最讨人喜欢的。（　　）

（12）他（她）是我很想成为的那种人。（　　）

（13）我觉得他（她）非常容易赢得别人的好感。（　　）

测试二

（1）他（她）情绪很低落的时候，我认为自己最重要的职责就是让他（她）快乐起来。（　　）

（2）在所有的事情上，我都可以信赖他（她）。（　　）
（3）我觉得要忽略他（她）的过失是一件容易的事情。（　　）
（4）我愿意为他（她）做任何事。（　　）
（5）我有一种将他（她）占为己有的想法。（　　）
（6）若我不能和他（她）在一起，我会觉得非常不幸。（　　）
（7）如果我感到孤寂，首先想到的就是要去找他（她）。（　　）
（8）也许我会关心很多事，但最重要的事就是他（她）幸不幸福。（　　）
（9）不管他（她）做什么，我都愿意宽恕他（她）。（　　）
（10）我觉得让他（她）幸福就是我的责任。（　　）
（11）当我和他（她）在一起时，我发现自己什么事都不想做，只想看着他（她）。（　　）
（12）若我能让他（她）百分之百的信赖，我会觉得十分快乐。（　　）
（13）没有他（她），我觉得难以生活下去。（　　）

结果分析

如果测试一中符合你自身情况的项目多于测试二，那么你对对方喜欢的成分多于爱，你们之间是友情而非爱情。反之，则是爱情而非友情。

心理训练三　性心理自测

你怎样看待性？请认真阅读下面的每一道题目，并根据自身情况填写“符合”或“不符合”。
（1）适当自慰对身体无害。（　　）
（2）只要自己快乐就好，别人怎么看，我不在乎。（　　）
（3）学习性知识是结婚以后的事，现在难于启齿。（　　）
（4）我与他（她）发生性关系，并不一定得爱他（她）。（　　）
（5）我常有性幻想和性冲动，这真可耻。（　　）
（6）采取避孕措施会影响性爱质量，所以我选择不使用。（　　）
（7）只要他（她）自愿和我发生性关系，我就可以不承担责任。（　　）
（8）对于性，不愿意的时候应该坚决说“不”。（　　）
（9）用性来证明自己的成熟和魅力是不明智的。（　　）
（10）有性的爱情才保险。（　　）
（11）我觉得自己的生殖器不理想，并为此感到自卑。（　　）
（12）我觉得偶尔一次流产，对身体没有什么影响。（　　）

结果分析

第（1）（8）（9）题填“符合”得 1 分，填“不符合”得 0 分；其他题填“符合”得 0 分，填“不符合”得 1 分。将所有的得分相加，得分越高，说明你对性的认识越正确。

项目十一 规划职业 成就未来

——大学生的求职择业与心理健康

【项目导入】

一名大四毕业生的日记

快毕业了，真想在毕业之前找到工作。可是一想到要找工作，我就感到紧张、焦虑、烦躁，并且常常失眠。

在 4 月份的一次大型人才招聘会上，我递交了几十份个人简历，都是往国有企业、大公司投的。许多招聘单位收到简历后都说，如果符合他们的要求，过几天会通知我参加面试。我当时心里还挺高兴的，心想总会有一两家大公司录用我。

过了两天，有一家公司通知我去面试。头天晚上，我把面试应该注意的事项都考虑了一遍，面试当天我还精心打扮了一番。但在面试过程中，我还是感到特别紧张，以至于说话都有点发抖。

面试结束后，他们告诉我，如果通过第一次面试，会通知我来复试。可是两个星期过去了，这家公司并没有通知我去复试。后来，我又参加了几次面试，但结果都不太理想。

眼看马上就要毕业了，可是我的工作还没有着落。我常想：为什么我还没有找到工作？是因为我的学校不好？或者是我的专业不好？又或者我的个人能力有欠缺？一想到这些，我就变得异常烦躁、焦虑，学习没有以前专心，经常走神，食欲也下降了，总是担心自己找不着好工作。特别是看到身边的同学都陆续找到心仪的工作时，我更觉得自己很没用。

有时我会想，老师和同学们一定都很瞧不起我吧，如果父母知道我还没有找到工作也肯定会很失望吧。也许，在父母的眼里，在老师的眼里，在同学的眼里，我真的是一无是处。我都读了四年的大学了，竟然找不到一份工作。我觉得对不起父母和老师，我该怎么办？

像这名大学毕业生一样，毕业前夕，许多大学生会出现各种各样的心理问题：担心自己不能在毕业之际找到一份能发挥特长、专业对口的工作；担心因怯场或发挥失常而不被用人单位录用；担心自己的冲动导致不能理性地选择适合自己的工作；等等。大学生应正视社会现实，树立正确的择业观，排除心理困扰，走出求职择业误区。

热身活动

RESHEN HUODONG

活动一　“我是做什么的？”

请一位同学表演若干个工作情景，表演期间不能说话。表演结束后，其他同学猜该同学表演的是什么工作。最后，请表演的同学公布答案。

活动二　我的人格特质适合什么职业

- 活动目的：

（1）初步界定自己的人格特质。

（2）学会接纳和欣赏自己，肯定自己是一个具有独特人格的人。

（3）评价自己的长处和短处，并对未来可能从事的职业进行探索。

- 活动时间：30 分钟。
- 活动材料：人格特质清单（见图 11-1）。
- 活动流程：

（1）请认真阅读人格特质清单，找出符合自己的人格特质，并在选项前面的“□”内打“√”，对于缺少的内容可在“其他”处补充。

（2）邀请比较熟悉你的同学（至少 2 位），让他们根据对你的了解找出符合你的人格特质，并在选项前面的“○”内打“√”，对于缺少的内容可在“其他”处补充。

（3）看看自评和他评结果中有多少项是你自己认为没有而别人却认为有的人格特质，并进一步确定自己的人格特质。

（4）根据自己的人格特质结果，思考下列问题：

① 与我的人格特质相匹配的职业有：________________________________。

② 我向往的职业是：________________________________。

③ 我向往的职业对人格特质的要求是：________________________________。

④ 我的人格特质中对从事该职业有助力作用的有：________________________________

________________________________。

⑤ 我的人格特质中对从事该职业可能起阻碍作用的有：________________________________

________________________________。

⑥ 为了实现我的职业生涯目标，我需要做以下改变：________________________________

____。

人格特质清单

在“□”内打“√”代表你认为自己是怎样的人。

在“○”内打“√”代表别人认为你是怎样的人。

□○爱说话的	□○诚实的
□○热情的	□○自信的
□○害羞的	□○有恒心的
□○谦虚的	□○有领导力的
□○精力充沛的	□○谨慎的
□○善于表达的	□○爱干净的
□○幽默的	□○依赖的
□○勤奋的	□○节俭的
□○天真的	□○爱生气的
□○勇敢的	□○好奇的
□○迷糊的	□○喜欢帮助别人的
□○人缘好的	□○其他（__________）

图 11-1　人格特质清单

TOUNAO FENGBAO 头脑风暴

请大家分组讨论以下问题，并推选代表在全班分享：

（1）你心仪的职业是什么？

（2）为了能顺利实现就业，你认为应该做好哪些方面的准备？

（3）设想一下大学毕业时你是什么样子的？

心理探索

心理探索一 大学生求职择业心理

求职择业是大学生步入社会的重要环节，也是对大学生综合素质，尤其是心理素质的一次考验。在高校不断扩招、就业制度改革、毕业生逐年增加的背景下，就业问题已成为家庭、学校和社会关注的焦点。面对巨大的就业压力，每个大学毕业生都切实感受到了形势的严峻，在关系到自身前途与命运的人生重大选择中，大学生显然没有足够的信心从容面对。因此，给大学毕业生以正确的心理引导，帮助他们做好求职择业的心理准备，保持良好的就业心态，顺利实现就业，对于维护社会稳定和发展国家教育事业，有着极为重要的意义。

一 求职择业概述

所谓求职，就是择业者利用自己所学的知识和技能，来向企事业单位寻求为其创造物质财富和精神财富，获取合理报酬，作为物质生活来源的一种过程。所谓择业，就是择业者根据自己的职业理想和能力，从社会上各种职业中选择其中的一种作为自己从事的职业的过程。

人们把职业看作“生活必需”，以此达到赚钱的目的，同时也在职业中承担社会责任，实现个人价值。任何已具备劳动能力的人，都会进入社会职业领域从事某种职业。在职业选择过程中，择业者不仅要考虑个人的需要、兴趣、能力等因素，还要考虑社会发展的需要。

二 个性心理对求职择业的影响

管理大师彼得·杜拉克曾提出过这样的问题：“我真正想做什么？我为什么要去做？我现在正在做些什么？我为什么这样做？”这一连串的问题也正是处在工作选择关键期的社会新人应该深思的。从事适合的工作，能让人发挥己长，且较乐意投入工作，对工作有高度的承诺，从而更能胜任工作。因此，大学生在求职择业时，应充分了解自身的气质、性格、兴趣和能力等个性心理，然后依据这些特点来选择最适合自己的职业。

（一）气质与求职择业

气质相当于我们日常生活中所说的脾气、禀性或性情，是人格结构中比较稳定、与遗传因素联系比较密切的成分。一个人的气质特征会在很多活动中体现出来。气质没有好坏之分，任何一种气质类型既有积极的一面，也有消极的一面。气质能够影响一个人的工作效率，特别是对一些特殊职业，它甚至关系到事业的成败。

古希腊医生希波克拉底认为，人的气质由人的体液决定。不同的体液对应不同的气质特点，从而影响着择业心理。不同气质类型的人所适合的职业具有明显差异，如表 11-1 所示。

表 11-1　气质类型与职业匹配表

气质类型	职业范围
胆汁质	适合从事一些开拓性的工作，如节目主持人、公共关系人和推销员等
多血质	适合从事一些多变性和多样性的工作，如外交官、商人、记者、律师和运动员等
黏液质	适合从事一些固定性的工作，如会计、文秘、收银员和行政文员等
抑郁质	适合从事一些安静、细致的工作，如护士、幼儿教师、校对、保管员和打字员等

有关研究表明，在现实生活中只具有某一气质类型特征的人是少数，大多数人主要具有某一种气质类型的特征，同时又兼有其他气质类型的某些特征。所以，大学生在职业选择中，一定要认清自己的气质特征，选择适合自己气质类型的工作。

（二）性格与求职择业

性格是指人对客观现实所持的稳定态度及与之相适应的习惯化行为方式。一个人的性格特征会直接影响其职业选择和职业成就。我们很难想象一个不善言辞的人选择做谈判代表，而一个活泼好动的人选择做办公室文员。如果真是这样，那么他们对待工作就很难有热情，与岗位的磨合期也会更长。

美国心理学家和职业指导家霍兰德经过几十年的跨国研究，提出了职业人格理论。他认为人的性格大致可以划分为 6 种类型，这 6 种不同性格类型的人在选择职业上具有明显差异，如表 11-2 所示。

表 11-2　性格类型与职业匹配表

类型	具体表现	匹配职业
现实型	重视物质的实际利益，喜欢操作工具、机器，喜欢户外活动，不重视社交，喜欢有明确要求，需要一定技巧、能按一定程序进行操作的工作	技师、工程师、机械师、工匠
研究型	具有强烈的好奇心，重分析，对工作有极大热情，喜欢挑战，不喜欢遵循很多固定程序的任务，喜欢观察、分析、推理的工作	工程设计师、生物学家、实验室工作人员
艺术型	想象力丰富，易冲动，好独创，具有强烈的自我表现欲，喜欢非系统的、自由的、要求有一定艺术素养的工作	作家、演员、音乐家、摄影师
社会型	乐于助人、善于交际、易合作、重感情，有较强人道主义倾向，喜欢直接为他人服务，为他人谋福利或与他人建立和发展各种关系的工作	医生、教师、导游、社会学者
企业型	精力充沛、自信、热情洋溢，勇于冒险，支配欲强，爱发表自己的见解，喜欢为直接获得经济效益而活动的工作	销售经理、律师、经纪人、政治家
常规型	易顺从，能自我抑制，愿意执行命令，不喜欢做判断，喜欢稳定的、高度有序的工作	图书管理员、计算机操作员、会计师、统计员

一般而言，单纯具有某种性格类型的人是极少数的，多数人的性格都具有多重性，是这 6 种性格类型的交叉。

（三）兴趣与求职择业

兴趣是个体积极探究事物的认识倾向，这种倾向带有稳定、主动、持久等特征。人的兴趣可以是多方面的，如精神的、物质的、社会的兴趣等。如果一个人对某种工作产生兴趣，那么他在工作中就会保持高度的自觉性和积极性，也较容易在工作中做出成绩；反之，则会影响其工作积极性的发展，甚至一事无成。兴趣是努力的原动力，是成功的助推器。走自己的路，做自己喜欢的事情，选择自己感兴趣的职业，是当今社会最具典型性的求职择业观念。因此，大学生应客观分析自己的兴趣，找出符合自己兴趣的职业。

（四）能力与求职择业

能力是人们成功地完成某项活动所必需的，并直接影响活动效率的个性心理特征。能力与求职择业的关系十分密切，它既是大学生求职择业的重要依据，又是其开启职业大门的钥匙。我国近代职业教育的倡导者黄炎培先生说："一个人职业和才能相不相当，相差很大。用经济眼光看起来，要是相当，不晓得增加多少效能，要是不相当，不晓得埋没了多少人才；就个人论起来，相当，不晓得有多少快乐，不相当，不晓得有多少怨苦。"因此，大学生要对自己的能力有一个客观的评价，在求职择业时应根据自己的能力，选准与自己职业能力相匹配的职业。

心理探索二 大学生求职择业中的常见心理问题分析

大学生求职择业心理问题已成为各高校大学生心理教育中的重点课题，也是当前不可回避的教育问题和社会问题。由于求职择业问题的复杂和当前就业竞争的日趋激烈，使得即将步入社会的大学生在求职择业时不可避免地遇到各种困难、挫折或冲突，进而导致一系列心理问题的产生。全面分析大学生求职择业中的心理问题，有助于其树立正确的择业观，排除心理困扰，走出求职择业误区。

一 大学生求职择业心理误区

求职择业心理误区是指在求职过程中，个体对自我求职目标的期望、评价等，存在不乐观或与现实存在较大差异的一种影响求职的心理倾向。

随着我国用人制度和大学生毕业分配制度改革的不断深入，择业空间更加广阔的同时，大学生也感到了前所未有的就业压力。有些大学生在求职过程中容易产生心理误区，从而导致一些不良行为的发生。例如，不讲诚信，同学之间互相拆台，多头签约，甚至诱发重性精神病、自杀等。

常见的大学生求职择业心理误区主要有以下几点。

（一）自负心理

自负心理是缺乏客观地自我分析和自我评价的表现。大学生在求职择业中的自负心理主要表现为：有的大学生对自己评价过高，自我感觉良好，自以为满腹经纶、学富五车，或者认为自己身出名门、专业紧俏，抱有“皇帝的女儿不愁嫁”的念头；有的大学生这山望着那山高，持有“是我去择业，而非职业选择我”的错误观念；还有的大学生不认真了解就业形势和用人单位需求，一厢情愿地谋求高薪职位，结果因目标定位不切实际，而在求职择业过程中屡屡碰壁。这些自负心理对大学生求职择业产生了很大的负面影响，导致他们高不成，低不就，“花中选花，越选越差”，最后错过“花期”。

（二）自卑心理

自卑心理是一种缺乏自尊心、自信心，自我否定的表现。自卑心理也是自我认知偏差造成的，它与自负心理截然相反。大学生在求职择业中的自卑心理主要表现为：有的大学生觉得自己学校不是名牌院校，学历不高，专业不热，又没有社会资源可利用，认为自己一无是处；有的大学生在面对用人单位提出的高学历、高职称、高薪酬的“三高”政策时底气不足，不敢面对，以至于自己的闪光点被埋没，失去了本应能抓住的机会；还有的大学生在面对竞争对手时自乱阵脚，不能充分向用人单位展示自己的才华，从而错失良机。这些自卑心理对于大学生在求职择业时客观地推销自我，产生了一定的负面影响。

【案例】自卑的小李

某用人单位招聘毕业生时，小李去面试，可没有几分钟就被淘汰下来了。据了解，小李是因为得知与其一起来应聘的有武汉大学和华中师范大学的“高才生”，深信自己竞争不过，一时间信心全无，甚至想打退堂鼓。由于表现不佳，小李很快就被淘汰下来了。

面试通常是用人单位的第一个考试，而这恰恰就是自卑者的难关。如何克服这一难关呢？吉尔福德研究指出：人们可以通过在头脑中设置自己已经取得的胜利画面，而使自己的心智达到最佳状态。因此，自卑者可以在求职前进行积极的自我暗示，持着“你行我也行”的信念，努力克服自卑心态。在与用人单位交谈时，尽量展现自己擅长的一面，充分显示自己的一技之长，从而体验“我能胜任”的自信感。

（三）急功近利心理

有些大学生在求职择业时过分看重眼前利益，一心只想去大城市、沿海发达地区，向往跨国公司的高薪。为了功利，他们不惜抛弃自己的专业、特长、兴趣等。这或许能得到短期的满足，然而抛开自己的专业优势和兴趣去谋职，时间一长很容易遭受挫折，进而阻碍自己的职业发展。

（四）依赖心理

有些大学生由于从小受到过度保护，依赖性较强，缺乏自我责任感和独立决策能力，在就业时缺少进取精神，择业时过多地依赖他人。他们有的寄希望于父母、学校或老师，怀着“车到山前必有路”的依赖心理，超然于求职之外。一旦希望落空，就会怨天尤人，产生巨大的心理落差，埋怨父母无能、社会不公。有的在求职择业时观念仍停留在“统包统分”的就业模式上，不能主动适应市场经济的要求，消极地等待就业单位选择。还有一些依赖心理较重的女大学生受传统观念、家庭环境的影响，觉得只要找个条件好的男友，甚至嫁个有能力的丈夫，自己有没有工作都无所谓。这些依赖心理使得大学生对自己的职业发展没有正确规划，导致其求职择业的失败。

（五）焦虑心理

目前我国大学生就业采取“双向选择”原则，即用人单位和大学生之间相互选择。大学生就业由“统包统分”转变为“自由择业”，呈现出多元化的趋势。职业选择的自由度越大，选择行为的责任就越重，择业心理压力也就越大。很多大学生把人生的憧憬和前途都放在就业上，既渴望进入社会，谋求到理想职业，又担心被用人单位拒绝，害怕择业失误造成终生遗憾，因而特别容易焦虑。

大学生在求职择业中的焦虑心理主要表现为：有的大学生因平时没有认真学习和积累经验，求职的知识、能力、心理准备不充分，导致求职屡遭挫折，从而产生极度的焦虑感；有的大学生患了“择业焦虑症”，一提到择业就心理紧张，怀疑自己的能力；还有的大学生因感到绝望，产生了极端想法和行为。

（六）抑郁心理

在全社会就业压力普遍较大的情形下，大学生就业难是一个不可回避的现实问题。择业过程中遭受挫折是正常的事。很多大学生都是一次次吃了闭门羹后，才推开那扇属于自己的门。然而，有的大学生在受挫后不能正确调整自己的心态，表现为不思进取，情绪低落，甚至自暴自弃，把自己孤立起来不与外界交往，这样极易导致抑郁心理的产生。

（七）偏执心理

在求职择业过程中，大学生的偏执心理主要表现为追求公平的偏执、高择业标准的偏执和对专业对口的偏执。这些偏执心理会大大减少大学生求职择业的机会。例如，当面对搞关系、走后门等社会上不良的择业风气时，有的大学生就会以偏概全，将自己在求职中的一切问题全部归咎为就业市场的不公，认为一切都是人为操作的，从来就没有什么公平可言，以至于给自己整个求职过程笼罩上了心理阴影。

（八）懈怠心理

近年来，大学毕业生中出现了“不就业一族”。这些大学生中有的因对工作岗位挑挑拣拣，高不成，低不就，错过了就业机会；有的在学校附近租房“安营扎寨”，既不深造，也不找工作；还有的干脆待在家里靠父母养活，成了“啃老族”。此外，他们中有相当一部分人无所事事，时常返回学校四处游荡，成为大学校园“漂一族”。“毕业不就业，未来还是梦”就是“漂一族”心理的真实写照。

二 大学生求职择业心理矛盾

心理矛盾是指人们对同一对象同时存在两种或两种以上不同方向的动机、欲望、目标或反应等，由于莫衷一是而引起的紧张状态。一般来说，心理矛盾是促进心理发展的动力，但过分强烈就会给人的心理健康带来负面影响。一些大学生在求职择业时会因不切实际的过高预期，导致自己处于两难的心理困境。

存在于大学生求职择业中的心理矛盾主要表现为以下几个方面。

（一）理想与现实的矛盾

每个人都有对美好生活的向往。对于大学生来说，他们对美好生活的向往和追求会更迫切、更强烈。大学生活让大学生拥有了较为丰富的知识和技能，面对纷繁的社会，他们豪情万丈，渴望着展翅高飞，大干一场。然而，他们涉世未深，接触社会较少，对职场上的规则尚不能完全掌握，在很多时候理想与现实严重脱节以致形成极大反差。这样的反差，往往让大学生举棋不定，陷入矛盾之中。调查表明，在择业取向中，受市场经济与精英意识的双重作用影响，大学生既表现出较为功利化的就业取向，同时又无法摆脱精英意识影响下的理想化特征，便出现了理想的自我膨胀和现实的自我萎缩之间的矛盾。

（二）人生价值与艰苦创业精神缺失之间的矛盾

很多大学生都希望从专业出发选择职业，将来能够学以致用，实现自己的人生价值，做一个对国家、对社会有用的人，不希望做一个无所作为、碌碌无为的人。然而，他们往往想走捷径、攀高枝，不愿意到基层、边远地区、艰苦的地方去，缺乏艰苦创业的心理准备。有关调查表明，极少数大学生表示乐于接受去小城镇及边远地区工作，50%以上的大学生表示在别无他求时才会考虑，30%以上的大学生表示不能接受。实现人生价值的强烈愿望与缺乏艰苦创业精神的矛盾导致大学生择业空间缩小，从而加大了就业难度。

（三）渴望竞争与害怕竞争之间的矛盾

就业渠道的多样化，为大学生提供了更多的选择，让每个人都有展示自己才华的舞台。一些大学生渴望能一显身手，寻找到属于自己的一片天空，然而当他们真正面对竞争时，又瞻前顾后、畏缩不前，缺少足够的勇气。有的怕自己能力不够，一旦落败很丢脸面；有的怕因为竞争，与同学伤了和气；有的怕没有退路，全军覆没。总之，这些大学生在竞争时会表现出退缩心理，而且往往归咎于外因，认为是社会风气干扰太大，社会保障体系不健全，却不知真正的原因是他们主观努力不够，缺乏实践的能力和勇气。有关调查表明，50%以上的大学生认为自己竞争力一般，担心比不过别人；30%的大学生认为竞争取胜的把握很小；只有不到20%的大学生认为自己可以胜出。

（四）择业目标定位的矛盾

有的大学生由于缺乏对自己个性特征、知识水平、能力大小的正确认识，在求职择业过程中往往大范围撒网、多头开花，这实际上是目标不清、定位模糊的表现。例如，一些大学生被称为“面霸”，面试多个单位但都不签约，原因是有的单位薪水高，但发展空间不大；有的单位刚起步，个人机会很多，但薪水低，结果在观望和等待中错失了自己的就业良机。

俗话说，知人者智，自知者明。有的大学生要么自视甚高，不能对就业形势做全面、客观的分析和判断，以致高不成低不就，白白浪费时间和精力，遭受不必要的挫折；要么对自己评价过低，忽视自身优势所在，缺乏自信，畏首畏尾，人云亦云，没有主见，在择业中不敢或不善于推销自我，不能正常表现自己的才能，以致丧失很多就业机会。

三 大学生求职择业心理误区和心理矛盾的原因分析

（一）社会因素

一方面随着高校扩招、毕业人数剧增而就业岗位有限，就业市场尚不规范，加之社会上还存在着一些不正之风，对大学生就业心理产生巨大冲击，使得一些大学生心态失衡，从而产生焦虑、偏执、抑郁等心理问题；另一方面大学生传统的价值观念受到冲击，功利倾向日益严重，他们在求职择业时越来越多地考虑眼前和现实的利益，缺乏择业的社会意识和长远意识。因此，一部分大学生忽视职业的深层价值，在求职择业过程中为利益所牵引，盲目追求就业环境、经济收入、福利待遇的最优化，放弃了自己的兴趣爱好，偏离了职业目标发展方向。

（二）学校因素

大学生就业和高校教育质量有着密切关系。在社会对人才需求越来越高的今天，大学生容易感到知识不够用和能力不足，从而导致自卑和焦虑。有的大学生认为自己的文凭和实际水平不太一致，学校开设的一些专业课程不太适应社会需要，学科知识陈旧，导致影响就业。因此，高校如何适应社会新形势，进行专业结构、课程设置、教学内容等的改革，提高师资水平，加强学校的配套发展，培养符合社会需要的人才，就显得尤为必要和重要。

另外，目前的高校对大学生的就业指导多偏重政策教育，放松了对大学生的思想教育，对大学生在求职择业中出现的思想和心理问题缺乏分析和研究，对就业观念、择业技能和技巧缺乏系统的指导，就业指导工作明显滞后于大学生就业心理的发展变化。这就使得许多大学生缺乏求职的实际能力，不会恰当地自我推销，不敢积极地参与竞争，不能准确地把握机会，因此容易产生就业心理问题。

（三）家庭因素

受家庭因素的影响，一些大学生在求职择业时容易产生一定的矛盾心理。家庭因素主要包括父母的价值观、父母的职业定位、父母的地位和社交能力、父母与子女的关系、家庭环境和氛围等方面。例如，一些家庭受传统思想和观念的束缚，家长为上大学的子女设计了一个理想的就业蓝图，希望子女选择工作环境好、社会地位高、报酬高、无风险又稳定的职业，于是千方百计地按照自己的想法为子女安排工作，却忽视了子女的主观愿望和性格优势。

（四）个人因素

1．社会阅历尚浅

部分大学生由于社会阅历比较浅，心理发展尚不成熟、稳定，不能客观地认识问题和分析问题，不能正确认清自我、全面了解社会，导致理想和现实脱节，容易产生盲目的从众心理。同时，面对初次就业，一些大学生缺乏足够的思想准备，心理承受力较差，不能在就业压力面前及时调整自己的就业心态，一旦遇到困难和失败就容易产生消极心理。

2．旧择业观的影响

受传统的“铁饭碗”影响，部分大学生在求职择业时定位不切实际，过分考虑工作的稳定性和待遇问题。还有部分大学生一心向往发达城市和沿海城市，对私营企业、艰苦行业、待遇较低的单位不加考虑，不愿意去基层、边远地区，更不想吃苦自主创业。

3．自我定位不准

部分大学生对自己缺乏客观的认识和评价，要么自视甚高，对自己定位过高；要么评价过低，对自己不能准确定位，随波逐流，在择业过程中茫然徘徊。

4．个人素质和能力不高

大学生的综合素质直接决定着其求职择业的顺利与否。大量研究资料表明：当代大学生整体素质较高，但仍存在一定不足。有的大学生注重知识学习，忽视人际交往；有的大学生知识面窄，文科生不了解理科常识，理科生不了解人文常识；有的大学生学习不努力，专业知识不扎实，缺乏实践动手能力和开拓创新意识；还有的大学生依赖性强，缺少独立解决问题的能力，承受能力差，意志薄弱。这些都会影响大学生的求职择业。

综上所述，引发大学生求职择业心理问题的原因既有客观方面也有主观方面。其中，客观方面是我国正处于社会转型时期，产业结构调整，大学教育大众化，毕业生人数剧增，就业市场还不完善，等等；主观方面是大学生刚踏入社会，阅历较浅，涉世不深，心理尚不成熟，心理防卫机制还不健全，等等。大学生求职择业心理问题属于发展过程中的问题，具有适应性障碍的特点。因此，只要加强引导，教育得当，适当宣泄，绝大多数大学生的求职择业心理问题可以得到解决。

心理探索三　大学生求职择业心理的调适

一　树立正确的就业观念

大学生求职心理自我调适的方法

从本质上说，大学生在求职择业过程中产生的许多心理问题都与就业观念偏差有关。为了顺利就业，大学生应正视社会现实，树立正确的就业观念。概括而言，大学生应树立“发挥素质优势”“服从社会需求”“注重自身发展”“争取及时就业”等就业观念。

（一）发挥素质优势

发挥素质优势是指大学生在求职择业时应综合考虑自身素质，选择能够发挥自身某种特长或优势的职业。这样有利于个人特质与职业需要相匹配，缩短职业适应期，提高大学生在职业发展过程中获得成就的概率。

（二）服从社会需求

服从社会需要是指大学生在求职择业时应把社会需求作为出发点，把自身的专长和爱好与社会实际需求有机统一起来，努力寻找个人追求与社会需求相统一的职业。

（三）注重自身发展

注重自身发展是指大学生在求职择业时应重点考虑所选择的职业是否有利于自身的发展与成长，仔细分析利弊，并注意取舍，不要受社会潮流、经济利益、从众心理等因素的影响而盲目择业。

黄文秀：用生命诠释最美青春

2021 年 2 月 25 日，全国脱贫攻坚总结表彰大会在北京人民大会堂隆重召开。当“黄文秀”的名字响起时，镜头转向了一位头发斑白的老人——黄文秀的父亲黄忠杰。替女儿戴着大红花的黄忠杰红着眼眶悄悄抹泪的一幕让亿万观众动容。

脱贫攻坚战取得了决定性胜利，而黄文秀却没有等到这一天。这位正值芳华的壮族姑娘，长眠在广西壮族自治区百色市百福园公墓。

黄文秀 1989 年出生于广西壮族自治区百色市田阳县。2016 年，从北京师范大学硕士研究生毕业后，黄文秀毅然决定回到百色：“我是从广西贫困山区出来的，我想回去建设家乡，把希望带给更多父老乡亲。”她考取了家乡百色的选调生，任职于百色市委宣传部。2018 年，黄文秀主动请缨，去脱贫攻坚一线工作，到离百色市 200 多千米的百坭村任第一书记。

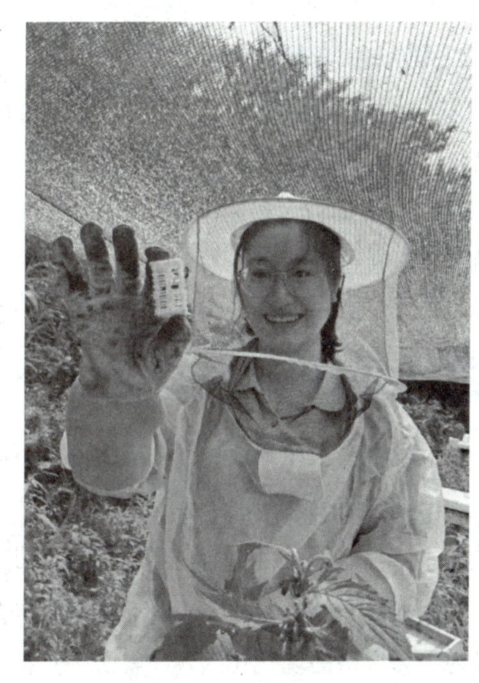

扶贫工作异常辛苦，但黄文秀从没叫过苦。她白天走村串户遍访贫困户，帮助他们分析致贫原因；晚上与村“两委”研究对策，制订工作方案。通过走访调研，黄文秀找准了百坭村发展产业的路子，带领群众因地制宜发展砂糖橘、八角、杉木等产业，增强他们的脱贫“造血”功能。

作为第一书记，黄文秀始终牢记，扶贫开发贵在精准，重在精准，成败之举在于精准。她帮助村民发展电商，将砂糖橘等土特产远销全国各地；申请通屯路灯项目，使村民走夜路不再需要手电筒；遍访全村 195 户建档立卡贫困户，清晰地标注每一户的致贫原因……

金黄的砂糖橘挂满枝头，扶贫的硕果惠及家家户户。2018 年 3 月，百坭村有 103 户 473 人未脱贫，贫困发生率为 22.88%。经过努力，一年后，全村 88 户 418 人实现脱贫，贫困发生率降至 2.71%，村集体经济项目增收翻倍。

2019 年 6 月 16 日，黄文秀回家看望刚做完肝癌手术不久的父亲。那段时间，百坭村连降暴雨。由于惦记村里的防汛抗洪工作，黄文秀冒雨连夜返回工作岗位，途中遭遇山洪，不幸牺牲。年仅 30 岁的她，将生命永远定格在了扶贫路上。

黄文秀把一颗火热的心奉献给了百坭村。她经常拿出自己的工资帮助村里的孤寡老人和留守儿童，为村里的贫困学生争取各项补助；在生命的最后时刻，她还在询问灾情，特别叮嘱要关注几个重点村屯，立即组织群众防灾救灾……她生前的电脑桌面，是一张洪水淹没玉米地的照片。

黄文秀在入党申请书中写道：“只有把个人的追求融入党的理想之中，理想才会更远大。一个人要活得有意义，生存得有价值，就不能光为自己而活，要用自己的力量为国家、为民族、为社会作出贡献。”这份庄严的承诺，黄文秀始终践行，直至生命最后一刻。

芳华虽短，馨香永存。黄文秀的事迹激励着越来越多的年轻人为党和人民的事业奉献力量。在百坭村，“90 后”村民梁祥办起了农家乐，他表示：“文秀书记为村里做了很多实事，我们回来就是想把家乡建设得更美。”1998 年出生的大学生罗彩航每逢寒暑假，就到百坭村村部帮忙。2021 年，她正式成为村委会委员。

黄文秀牺牲后，杨杰兴主动请缨接过了百坭村第一书记的担子，继续扶贫工作。如今的百坭村发展得越来越好。新民居整齐分布，卫生室、小超市、电商扶贫网点及健身场地等配套设施一应俱全，屯屯通了水泥路。丰收后的砂糖橘，通过便捷的物流网，送到了全国各地。

从“一腔热血洒高原”的孔繁森，到勤勤恳恳、鞠躬尽瘁的牛玉儒、杨善洲，再到将青春定格在扶贫路上的黄文秀，一代代中国共产党人薪火相传，一大批明辨大是大非立场特别清醒、维护民族团结行动特别坚定、热爱各族群众感情特别真诚的“三个特别”好干部前赴后继，团结带领各族人民艰苦奋斗，推动民族团结进步事业不断向前发展，使各族群众的日子越过越好。

（四）争取及时就业

争取及时就业是指大学生在求职择业时应调整就业心态，确定合理的就业预期，在合理的时间内实现就业，避免出现有岗不上、有职不任的人为待业现象。当前的就业形势十分严峻，大学生应首先解决生存问题，尤其是家庭经济比较困难的大学生，更要发扬顽强拼搏、不怕挫折的精神，积极探寻就业机会，避免在消极等待中延误就业时机。

此外，大学生应加深对职业流动的认识，纠正“一次就业定终身”的错误观念，以免错失就业机会。

二 做好求职择业的心理准备

大学生在求职择业过程中应做好以下心理准备。

（一）积极竞争的心理

达尔文的生物进化论提出了“物竞天择，适者生存”的观点。这一法则同样适用于当今社会的就业市场。竞争是人类的一种本能。在知识激增的现代社会，优胜劣汰的市场环境要求人们强化这种本能。要想成为一名合格的现代化人才，就必须具备竞争心理和竞争能力，并积极参与竞争。

（二）承受挫折的心理

在求职择业中，每个人都可能遇到挫折。大学生一定要做好承受挫折的心理准备。在求职择业过程中遇到挫折时，大学生应该坦然面对，认真反思，找出问题所在，并积极地解决问题，而不要消极地应对。

（三）摆脱从众的心理

人云亦云、随大流是从众心理的典型表现。个体之所以会产生从众心理，主要是因为其没有明确的人生目标和长远打算。大学生应学会独立思考问题和解决问题，尽早确立职业目标，在求职择业过程中摆脱从众心理。

（四）避免攀比的心理

在求职择业过程中，适度的竞争是无可厚非的，但彼此攀比就不可取了。从本质上看，攀比者本身是缺乏主见的。在求职择业过程中，有攀比心理的大学生会将注意力集中到他人的择业取向上，而忽略自己的实际能力和工作取向，很容易放弃适合自己的工作，而去与他人“争过独木桥”。这种情况下，攀比者的求职成功率和职业发展都会受到影响。

心理训练

XINLI XUNLIAN

霍兰德六角模型兴趣岛测试：你最适合什么职业？

你获得了一次免费度假游的机会，有机会去下列6个岛屿中的一个。唯一的要求是你必须要在这个岛上和岛上的居民一起生活至少半年的时间。请不要考虑其他因素，仅凭自己的兴趣挑出你最想前往的岛屿。

R：自然原始的岛屿

岛上的自然生态保护得很好，既保留有原始的热带森林，也有相当规模的动物园、植物园和水族馆。岛上居民以手工见长，他们自己种植花果蔬菜、修缮房屋、打造器物、制作工具，喜欢户外活动。

I：深思冥想的岛屿

岛上人迹较少，建筑物多僻处一隅，有平畴绿野，适合夜观星象。岛上有多处天文馆、科技博览馆和图书馆等。岛上居民喜好观察学习，崇尚和追求真知，喜欢和来自各地的哲学家、科学家、心理学家等交流心得。

A：美丽浪漫的岛屿

岛上充满了美术馆、音乐厅，弥漫着浓厚的艺术文化气息。岛上居民保留了传统的舞蹈、音乐与绘画。许多文艺界的朋友都喜欢来这个地方找寻灵感。

C：现代井然的岛屿

岛上建筑十分现代化，呈现出进步都市的形态。该岛屿以完善的户政管理、地政管理、金融管理见长。岛上居民个性冷静保守，处事有条不紊，善于组织规划，细心高效。

E：显赫富庶的岛屿

岛上居民能言善道，善于经营企业和进行贸易活动。岛上的经济高度发展，处处是高级饭店、俱乐部和高尔夫球场等。来往者多是企业家、经理人、政治家、律师等。

S：友善亲切的岛屿

岛上居民个性温和、待人友善、乐于助人，社区均有密切互动的服务网络，人们重视互助合作，重视教育，关怀他人，充满人文气息。

你最想去的岛屿是哪个呢？

然后，在剩下的5个岛屿中你最想去的是哪个呢？

最后，在剩下的4个岛屿中你最想去的是哪个呢？

依次写下来：1. ______　2. ______　3. ______

6个岛屿代表着6种典型的职业生涯兴趣类型（其中，第一个是主要兴趣，第二、三个是辅助兴趣）。

选择R岛

- 类型：现实型（Realistic）
- 喜欢的活动：喜欢从事事务性的活动，如户外活动或操作机器等，不喜欢待在办公室里。
- 喜欢的职业：喜欢与户外、动植物、工具、机器等相关的工作。例如，制造业（木匠、农民、技师、工程师、机械师）、渔业、野外生活管理业（鱼类和野生动物专家）、技术贸易业、机械业、农业、技术、林业、特种工程师和军事工作（车工、钳工、电工、报务员、火车司机、机械制图员、电器师、机器修理工、长途公共汽车司机）等。

选择I岛

- 类型：研究型（Investigative）
- 喜欢的活动：喜欢智力的、抽象的、分析的、推理的、独立的活动。
- 喜欢的职业：喜欢以观察、学习、探索、分析、评估或解决问题为主要内容的工作。例如，实验室工作人员、生物学家、化学家、社会学家、工程设计师、物理学家、程序设计员、天文气象学者、药剂师、动物学者、科学报刊编辑、地质学者、数学家等。

选择A岛

- 类型：艺术型（Artistic）
- 喜欢的活动：喜欢创造和自我表达类型的活动，如写作、音乐、美术、戏剧等。

- 喜欢的职业：喜欢创意类和创造类的工作。例如，作家、艺术家、摄影师、音乐家、诗人、雕刻家、漫画家、演员、戏剧导演或编剧、作曲家、音乐教师、记者和室内装潢专家等。

选择 C 岛

- 类型：常规型（Conventional）
- 喜欢的活动：喜欢固定的、有秩序的活动，如组织和处理数据等。愿意在一个大的机构中处于从属地位，并希望确切地知道工作的要求和标准。
- 喜欢的职业：喜欢有清楚规范和要求的、按部就班、精打细算的工作。例如，会计师、银行出纳、簿记、行政助理、秘书、档案文书、税务专家、计算机操作员、成本估算员、核对员、打字员、办公室职员、统计员、计算机操作员、法庭速记员等。

选择 E 岛

- 类型：企业型（Enterprising）
- 喜欢的活动：喜欢领导和影响别人，或为了达到个人或组织的目的而说服别人。希望成就一番事业。
- 喜欢的职业：喜欢需要运用领导能力、人际能力、说服能力来达成组织目标的工作。例如，商业管理者、律师、政治家、福利机构工作者、旅馆经理、广告宣传员、营销人员、市场或销售经理、公关人员、采购员、调度员、投资商、电视制片人和保险代理等。

选择 S 岛

- 类型：社会型（Social）
- 喜欢的活动：喜欢与别人合作的活动，愿意帮助别人解决困难。
- 喜欢的职业：喜欢帮助、支持、教导类工作。例如，导游、教师、社会工作者、牧师、心理咨询员、医务人员、福利机构工作者、其他各种服务性行业人员等。

项目十二 战胜压力 应对挫折

——大学生挫折心理调控

【项目导入】

庞贝病学霸的自强人生

662分，是2020年辽宁省沈阳市某中学理科第三名的成绩。这个成绩的拥有者王唯佳，是一名庞贝病患者。

庞贝病是一种罕见且足以致命的遗传疾病。由于体内缺乏一种酶，患者的心肌、骨骼肌和平滑肌会出现严重且不可逆转的损伤。随着时间的推移，患者慢慢会出现心肺衰竭和运动障碍，严重者会因全身功能衰竭而死亡。

2015年，王唯佳12岁，在北京协和医院，他被确诊为庞贝病。因为庞贝病，王唯佳比同龄人矮小、瘦弱很多，他的脊柱侧弯很明显。即使是简单的站立、走路，对他来说都很吃力。为避免出现呼吸暂停，他每晚都需要佩戴呼吸机入睡。疾病压弯了他的脊柱，却压不断他的脊梁，他不惧挫折，始终自立自强，坚持学习。

2017年，王唯佳考入当地一所省级示范学校，并进入该校最优秀的班级。但是，学校每节课的时间对他来说有些漫长，有时候实在坐不住，他就站起来听课。2019年春节过后，王唯佳进入高二下学期，学业压力骤增。相信“勤能补拙”的他每天早上5:40起床，6:30到教室，晚上9:40回宿舍。洗漱之后，他还要趴在床上继续学习到晚上11点。除了午睡、吃饭，王唯佳每天几乎有13个小时用于学习。

功夫不负有心人，2020年7月23日，王唯佳查到了自己的高考分数——662分。带病苦读多年，王唯佳其实对这个分数并不太满意：“我喜欢计算机专业，而且这个专业的学习，我的身体条件能胜任。不过这个成绩要是想上浙江大学，还是有点困难，估计南开大学差不多。”最终，他拿到了南开大学的录取通知书。

这一路走来，王唯佳经历了常人难以想象的坎坷与挫折，但他并没有屈服，他一直都在努力地学习，并用阳光自信的心态感染着身边的每一个人。

热身活动

RESHEN HUODONG

活动一 扔糖果

- 活动目的：乐于分享，增进了解。
- 活动道具：每个人 10 颗左右包起来的糖果。
- 活动流程：

（1）游戏参与者围坐成一圈。给每个人分发 10 颗左右的糖果。要求游戏参与者在游戏过程中不能吃掉手中的糖果。

（2）挑选一个人开始游戏，他要给大家分享一件自己做过的特别的事，或是一个小小的经验。

（3）其他人听完后如果没做过同样的事，就要将自己的一颗糖果给那个人。

（4）大家轮流进行讲述，全部轮完后，看看谁的糖果最多。

活动二 穿鞋子

- 活动目的：提高团结协作能力。
- 活动人数：每组 3 人以上。
- 活动流程：

（1）分组，不限组数，但每组必须 3 人以上。

（2）每个人脱下自己的鞋子，按组把鞋子堆起来，然后每组成员手牵手围着本组的鞋子站一圈。

（3）看哪组能在不放手的情况下，在最短的时间内把本组成员的鞋子全部找出并穿上。

活动三 你是怎样应对挫折的

- 活动目的：了解你自己应对挫折的方式。
- 活动材料：应对挫折记录表，如表 12-1 所示。

表 12-1　应对挫折记录表

事　件	你的处理方式
事件一：	
事件二：	
事件三：	
事件四：	
事件五：	

■ 活动流程：回忆过去遇到挫折的时候，你是怎样处理的，并将它们写下来，然后和你的同学进行分享。看看在面对挫折的时候，你们之间有哪些地方是一样的，有哪些地方不一样。

TOUNAO FENGBAO 头脑风暴

街舞社社长的烦恼

刚进大学不久的王慧出于自身爱好，在学校众多的学生社团中选择了街舞社。可入社没多久，她就发现社长并没有投入多少精力在社团建设中，社团里的活动不多，社员们的积极性也不高。后来，王慧因舞技出众，在大二的时候接任了社长的职位，负责管理街舞社。接任之后，她发现由于社团以前的活动太少，老社员们对这个社团的认可度并不高。另外，社团的经费也已被上一任社长用得所剩无几。

这时候，王慧接到了学校的任务，要求街舞社在迎新晚会上表演一个节目。这是扩大社团影响力的好机会，她不敢怠慢。彩排节目时，王慧发现社团里多数社员的舞蹈基础较差，且缺少编舞人员。由于时间紧迫，她只能从中选择几名社员进行彩排。正式表演时，有的社员在音乐没响时就跳了起来，有的社员跟不上音乐节奏，有的社员舞蹈动作跳错……最后，节目的效果特别糟糕。如此一来，很多社员都离开了街舞社。

很快，学校又有新任务交给街舞社。王慧试图找社员们一起帮忙完成，可除了两三个人愿意帮忙外，其余的社员要么拒绝帮忙，要么干脆退社。王慧感到压力很大，甚至连上课的心思都没有了。

消沉了两天后，王慧走到街舞社的活动室，自己跟随音乐跳了几段舞。音乐结束后，对街舞的热爱又让她重新燃起了斗志。她再次联系退社社员，开展宣传活动招收新社员，和社员一起拉取赞助，邀请专业老师开课……王慧让沉寂的街舞社再次热闹了起来。

（1）遇到挫折后，王慧产生了什么样的反应，她是怎么处理这些反应的？

（2）当遇到挫折时，你一般会怎么做？

心理探索

心理探索一 了解挫折

我们每个人都希望生活中少些挫折失败，多一些顺利成功。但任何人一生中总会不可避免地遭遇挫折，或大或小，或使人愈挫愈勇，或令人自暴自弃。人生就像一次遥远的探险旅行，道路漫长而曲折。虽然我们都希望旅途能一帆风顺，但挫折会像影子一样忠实地伴随着每个人，与人做着一生的游戏。

从心理学上讲，挫折是指一种情绪状态，是人们在某种动机的推动下，为实现某个目标而采取行动时，因遭到困难或障碍所产生的一种紧张、消极的情绪反应和体验。挫折的产生既可以说是必然的，也可以说是偶然的。说它是必然，是因为在人漫长的一生中，不可避免地会遇到或大或小的困难阻碍；说它是偶然，是因为我们往往不知道挫折会在什么时间、哪个地方等着我们。

什么是挫折？

个人在遭受挫折后，在情绪上会表现出紧张、焦虑、愤怒、低落、消极等；在生理上会出现血压升高、心跳加快等现象；在行为上会表现出消极对抗、攻击侵犯等。总之，个人的挫折可能引发各种不良反应，导致我们的身心失调。

同时，面对同样的挫折事件，不同的人可能会体验到不同程度的挫折感。所谓挫折感是指个体在朝目标努力的行为过程中，认识并感受到自己的活动受到阻碍或干扰而不能实现目标时所引起的一种主观感受。由于每个人的理想抱负水平、神经类型及承受力存在差异，不同个体感受挫折的程度也不同。例如，小王和小李在市级大学生活动中都没有拿到预想中的第一名，小王表现得非常沮丧和愤怒，而小李则表现出轻微难过和低落，他们两人对待同一挫折事件，就表现出了不同程度的挫折感。

大学生正处在人生的关键时期，会面对很多挫折，需要承担不同的压力。对于大学生而言，挫折既是磨难又是财富，学会面对挫折是其人生的一门必修课。有关调查表明，仅有不超过17%的大学生表示没有遇到过挫折，其余的大多数大学生表示曾遭受过不同程度的挫折，其中有超过20%的大学生表示在日常生活中遇到过较多的挫折。

心理探索二 大学生常见的挫折

大学生从迈入大学校门起，新环境、新需要促使他们开始独立思考、独立解决问题，在这个过程中可能会遇到一些挫折。大体上，大学生常见的挫折主要有以下几种。

一 学业挫折

对于大学生来说，学习知识是未来立足社会、提高自身竞争力、谋求自身不断发展的前提和基础。每个大学生都希望自己能掌握正确的学习方法，取得良好的学习成绩，但这却不是每个大学生都能做得到的，他们面对的学业挫折主要包括学习环境不适应、学习方法不得当、学习压力加重等。

由于大学生主要依靠自主学习，因此，刚从中学步入大学校园的大学生面临着学习方式的转变，有的大学生因无法适应而影响学习成绩；还有的大学生所学专业不是自己喜欢的专业，导致学习兴趣不足、学习动机减弱，进而无法取得满意的学习效果。这些都会给他们造成一定的困扰，导致挫折感的产生。

二 经济挫折

有的大学生因家庭经济困难，仅是高昂的学费就已经让家庭捉襟见肘了，生活费用更为拮据，甚至需要大学生自己勤工俭学去挣。而其中一些大学生不甘于过艰苦朴素的生活，但家庭却无法满足他们的各种需求，从而导致心理长期不平衡，进而产生自卑感和挫折感。

三 感情挫折

大学生的感情挫折主要来自爱情。大学生普遍对爱情充满憧憬和渴望，但由于大学生的心理成熟往往滞后于生理成熟，因此在对待和处理异性关系的问题上常常表现得不那么成熟，极易遭受感情挫折。还有些大学生因缺乏生活经历、单相思、失恋或恋爱动机不纯，容易陷入感情的漩涡，并随之产生苦闷、惆怅、失望、悔恨、愤怒等消极情绪，进而产生挫折心理。

四 交往挫折

有一位医学心理学家曾经说过，“人类的心理适应最主要的就是对人际关系的适应”。对于很多大学新生而言，一个陌生的环境意味着需要重新建立起新的人际关系。比起中学时期的人际关系，大学时期的人际关系更为复杂。而大学生中有相当一部分同学因缺乏人际交往和沟通的技巧，不知道如何与来自天南地北，具有不同家庭背景、不同文化素养，以及性格各异的同学相处。

此外，还有一些大学生自身存在“自我中心主义”“完美主义”“理想化认知”等认知障碍，导致其在人际交往中不能客观地认识自我，理性地分析与自己有关的人和事，进而造成人际交往挫折。

五 就业挫折

随着高校毕业生数量的日益增多，大学生的就业形势日趋严峻，就业竞争日渐加剧，相当多的大学生在就业过程中会遭遇挫折。例如，有的大学生不能正确认知自我，缺乏自信，害怕求职受挫，担心自己找不到合适的工作；有的大学生在对待就业问题上期望值偏高，不愿屈就而调整自己的目标，结果高不成，低不就；有的大学生瞻前顾后，求稳求全，迟迟拿不定主意；有的大学生盲目冲动，追求片面，这些都是他们产生就业挫折的典型原因。

六 健康挫折

健康的身体是人生的基础。有的大学生由于体弱多病或者身体有某种缺陷，从而产生了自卑心理，在交往中不自信，甚至自我封闭、断绝与他人来往等。这些都会给他们的学习和生活造成诸多困难，进而让他们产生挫折心理。

心理探索三 培养挫折承受力

挫折承受力是维护个体心理健康的一道防线，是指个体遭遇挫折后，适应挫折、抵抗挫折和应对挫折的能力。挫折承受力较弱的人，在挫折面前容易产生不良情绪，几经打击之后，甚至导致行为失常和产生心理疾病；而挫折承受力较强的人，挫折反应小，持续时间短，在重大挫折面前仍可保持正常的行为能力，采取理智的态度和正确的方法应对挫折。

正面挫折，活出精彩

培养挫折承受力不仅是大学生健全人格的需要，也是其提高心理健康水平，增强社会竞争力的需要。大学生想要培养挫折承受力，可从以下几个方面入手。

一 正确认识挫折，改变不合理观念

正确认识挫折是大学生培养挫折承受力的前提。挫折具有普遍性，是人生的一个组成部分，是客观存在的。同时，挫折具有两面性，既有消极的一面，也有积极的一面。每个人都会经历挫折，在挫折面前建立积极进取的态度和信心，变阻力为动力，那么挫折很可能成为一种难得的机遇。通过总结经验教训，寻找自身的不足，可以更好地促进个人发展，使自己的意志变得坚强，并加速走向成熟。

此外，一些不合理的观念也会导致个体出现强烈的挫折感，如认为挫折不应该发生在自己身上、以偏概全地看待自己和他人、无限夸大挫折的后果等。只有改变这些不合理的观念，才能客观地评价挫折带来的后果，从挫折中获得成长。

二 对挫折进行正确归因

个体遭遇挫折后，要冷静、客观地分析自己的目标、方法、动力和阻力，正确地对挫折做出符合实际的归因。对挫折进行正确归因可以帮助个体了解自己究竟是在什么地方失败了，哪些因素是可以改变的，哪些因素是无法改变的，哪些方面是需要自己接受和面对的，从而有效地战胜挫折。

有一些造成挫折的因素是可以通过努力改变的，如提高自身认知水平，避免因主观认知错误而放大暂时的困难和逆境。大学生可以通过调整自身观念，对自己有更准确客观的认识，以此调整自己的期望值，制订适度可行的目标，并分阶段、分步骤地采取合理有效的行动去达成，从而增强自信，取得成功。

还有一些造成挫折的因素是无法改变的，如身高、家庭条件、社会现象等。面对这些无法改变的挫折因素，大学生要学会接受，并从其他方面提升自己的能力，进而创造属于自己的成功。

三 确定合适的个人抱负水平

大学生都有对未来工作和感情生活的美好向往，都有其个人抱负，但个人抱负水平的高低及其确定的标准是否合适是一个关键。抱负水平过低，个体的身心潜能处于被埋没的状态，就会产生由空虚、苦闷、不满足感所造成的挫折感；抱负水平过高，个体不具备实现的能力和条件，就可能因为不能达成自己希望的目标而产生严重的挫折感，打击自己的自信心和自尊心。因此，确定合适的个人抱负水平是避免挫折、获得自信、使自己得以顺利发展的一个重要条件。

此外，大学生还需要对自己、对生活合理定位，确定个人抱负时需要全面评估自己拥有的资源，如能力、智力、体力、时间、经验、兴趣、经济条件等，以此确定好近期目标与远期目标，制订适宜且能实现的计划，并逐一实现，从而不断增强个人的成就感和自信心。

四 学习运用心理防御方式，减轻心理压力

挫折会使个体受到威胁和伤害，并引起焦虑、自卑、痛苦等不良情绪，使其心理平衡遭到破坏。此时，学习运用心理防御方式可以使个人摆脱痛苦、减轻不安、恢复情绪稳定、达到心理平衡的状态。然而，各种心理防御方式并不能绝对改变现实，真正解决问题。因此，大学生在运用心理防御方式使自己的心理恢复平衡后还必须进一步地分析原因，以真正走出挫折。

五　适时宣泄不良情绪

宣泄是指利用语言或行为，在较短的时间内将可能危害健康的、过度的情绪发泄出来，使自己的精神得到有益的调整，以达到防病、健身的目的。挫折给个体带来较大的身心压力，通过宣泄进行心理释放是一种有效的手段。

宣泄包括语言宣泄和行为宣泄，其中，语言宣泄包括找人倾诉、唱歌、呼喊等，行为宣泄包括跑步、快走、拳击、书写、哭泣等。不管是什么样的宣泄方式，都要注意合理应用，不能对自己和他人造成伤害。

六　主动寻求帮助

良好的人际关系可以满足个体的归属需要、情感需要、社会认可需要等，保证个体在遭遇挫折后，积极主动地寻求他人的支持和帮助，从外界获得信息、方法和策略。因此，构建良好的人际关系是增强大学生挫折承受力的有效手段。

如果个体在遭遇挫折后无法走出挫折带来的阴影，也不能获得朋友、家人的帮助，可以尝试进行心理咨询，在专业人员的指导下调适情绪和状态。

谌利军：从挫折中汲取前行的力量

2021 年 7 月 25 日晚，在东京奥运会男子举重 67 公斤级比赛中，中国选手谌利军以抓举 145 公斤、挺举 187 公斤、总成绩 332 公斤夺冠，打破挺举和总成绩奥运纪录的同时，也为中国体育代表团摘得此届奥运会的第六金。这是一个属于谌利军的冠军之夜，然而他一路走来并非都是坦途。

2013 年，谌利军先后获得中华人民共和国第十二届运动会举重项目和世界举重锦标赛男子 62 公斤级冠军。2015 年，谌利军获得世界举重锦标赛男子 62 公斤级冠军并打破挺举和总成绩两项世界纪录，一时风光无限。

2016 年，谌利军代表中国举重队出战里约奥运会。在很多人看来，谌利军对这块金牌志在必得。然而，里约奥运会开幕后的第二个比赛日，在赛前热身环节，谌利军双腿抽筋，双腿“硬得像石头”。经过简单按摩治疗，谌利军上场尝试抓举 143 公斤。在连续两把抓举失败后，谌利军退出了男子举重 62 公斤级金牌争夺战。“一抓杠铃，我的腿就又硬起来，真是没办法。”谌利军赛后无奈说道。这是一个出乎意料的结果。

从里约赛场遗憾告退后，谌利军度过了一段懊恼和悔恨的日子。教练告诉他，在哪儿跌倒就在哪儿爬起来。但是相比单纯地夺金，把本该属于自己的荣耀夺回来显然更难。

在一次次的训练和比赛中，谌利军逐渐重建信心。从世界大学生举重锦标赛的重新回归，到全国锦标赛的夺冠，再到全运会的夺冠，谌利军慢慢找回了决战奥运的信心。“东京奥运夺冠才算扬眉吐气。”

经历了4年漫长艰苦的准备，2020年东京奥运会却没有如期而至。由于疫情，奥运会推迟一年。2020年10月，谌利军在全国男子举重锦标赛中肘部肌腱撕裂了。“那是一次很大的打击，我从来没想到会在职业生涯做手术。”谌利军说。他没有因此一蹶不振，而是积极面对，以破釜沉舟的心态继续准备比赛。好在他恢复得很好，顺利地拿到了东京奥运会的参赛资格。

然而，在东京奥运会的赛场上，意外又出现了。谌利军抓举第二把、第三把连续试举失败，这让人不由地想起5年前的场景。此时，谌利军落后对手11公斤，这意味着谌利军必须要在最后两次试举中举起187公斤才能实现逆转，这比前一次试举足足高了12公斤。

谌利军仿佛站在悬崖边上，“只有一口气拼了”才能获救。快速走上台、抓起杠铃、奋力一抬，谌利军稳稳地将187公斤举起。这是2019年世锦赛后，谌利军从未在比赛中举起的重量。

谌利军从挫折中汲取了前行的力量，他的圆梦故事终于画上了圆满的句号。

心理训练

XINLI XUNLIAN

心理训练一　你的抗挫折能力怎么样

每个人在生活中都会不同程度地遭受挫折，人们受挫后的恢复能力各不相同。有些人越挫越勇，有些人受挫后一蹶不振，而大多数人介于两者之间。下列问题可以测验你应对挫折的能力。在回答这些问题时，请你用“同意”或“不同意”作答。同意的画“√”，不同意的画“×”。回答愈坦白，愈能测验出你的受挫弹性。

1. 胜利就是一切。（　　）
2. 我基本是个幸运儿。（　　）
3. 白天工作不顺利，会影响我整晚的心境。（　　）
4. 一个连续两年都名列最后的球队，应退出比赛。（　　）
5. 我喜欢雨天，因为雨后常是阳光普照。（　　）
6. 如果某人擅自动用我的东西，我会气上一段时间。（　　）
7. 汽车经过时溅了我一身泥水，我生气一会儿便算了。（　　）
8. 只要我继续努力，我便会得到应有的报偿。（　　）
9. 如果有感冒流行，我常是第一个被感染的人。（　　）
10. 如果不是几次霉运，我一定比现在更有成就。（　　）
11. 失败并不可耻。（　　）
12. 我是有自信心的人。（　　）

13. 落在最后，常叫人提不起竞争心。 ( )
14. 我喜欢冒险。 ( )
15. 假期过后，我需要一天才能恢复常态。 ( )
16. 遭遇到的每一次否定都使我在成长的道路上更进一步。 ( )
17. 我想我一定受不了被解雇的羞辱。 ( )
18. 如果向我所爱的人求婚被拒绝，我一定会精神崩溃。 ( )
19. 我总不忘过去的错误。 ( )
20. 我的生活中常有些令人沮丧、气馁的日子。 ( )
21. 负债累累的光景叫我寒心。 ( )
22. 我觉得要建立新的人际关系相当容易。 ( )
23. 如果周末不愉快，星期一便很难集中精力学习和工作。 ( )
24. 在我的生命中，我已有过失败的教训。 ( )
25. 我对侮辱很在意。 ( )
26. 如果聘任职务失败，我还愿意尝试。 ( )
27. 遗失了钥匙会叫我整星期不安。 ( )
28. 我已达到能够不介意大多数事情的地步。 ( )
29. 想到可能无法完成某项重要事情，会使我不寒而栗。 ( )
30. 我很少为昨天发生的事情烦心。 ( )
31. 我不易心灰意冷。 ( )
32. 必须要有百分之五十以上的把握，我才敢冒险把时间投资在某件事上。 ( )
33. 命运对我不公平。 ( )
34. 对他人的恨维持很久。 ( )
35. 聪明的人知道什么时候该放弃。 ( )
36. 偶尔做个败北者，我也能坦然接受。 ( )
37. 新闻报道中的大灾难，使我无法专心工作。 ( )
38. 任何一件事遭到否决，我都会寻求报复的机会。 ( )

上述问题，列入“不同意”者为：1、3、4、6、9、10、15、17、18、19、20、21、23、24、25、27、28、29、32、33、34、35、36、37，其余为“同意”。

依上列答案，相符者给 1 分，相反为 0 分。总分等于或低于 10 分者，属于易被逆境、失望或挫折所左右的人，他们容易把逆境看得太严重，一旦跌倒，要很久才能站起。这类人不相信“胜利在望”，只承认“见风转舵”。

总分在 11 至 25 之间者，遇到某些挫折或逆境的时候，往往需要一段时间才能振作起来。不过这类人却能找到很多的技巧和策略来获取个人的利益。

总分高于 25 分者，表明其应对挫折的弹性极佳。虽然不理想的境遇会对他们造成一定的伤害，但不会持久。这类人在情感上通常相当成熟，对生活也充满热爱，他们不承认有失败，纵或一时失败，仍坚信有“东山再起”的一天。

心理训练二　心理保健操——挫折双刃剑

回忆自己所经历过的挫折，以及它们给你的人生带来的影响，从正面和负面两个方面来分析，并填写表 12-2。

表 12-2　心理保健操——挫折双刃剑

发生时间	挫折经历	负面影响	正面影响
1			
2			
3			
4			
5			

项目十三 绿色网络 绿色心情
——大学生网络心理健康

【项目导入】

网络的影响

案例一

随着互联网技术的深入发展，网络学习模式崛起。网络课程既能突破时间和地点的限制，又能让学习者循环温习，因而备受欢迎。根据中国互联网络信息中心（CNNIC）数据统计，截至 2021 年 6 月，我国在线教育用户规模达 3.25 亿人。在网络越来越普及的时代，快速获取有效信息是比别人领先一步的重要条件，学习更是如此。对于大多数学生来说，网络课程学习是获取知识的重要途径，这也是未来教育模式的改革和发展的必然趋势。

案例二

《大西洋月刊》曾发表一篇题为“智能手机毁掉一代人”的文章。文章指出，1995 年至 2012 年出生的“i 一代（iGen）”更愿意待在家里玩手机或平板电脑，而不是外出参加派对或去约会。从人身安全的角度来说，这一代青少年更安全了，但从心理健康方面来看，可以说他们正处于数十年来最严重的危机边缘。智能手机和社交媒体的出现，对青少年的生活产生了深远的影响。智能手机带给青少年快乐的同时，也减少了青少年的社交活动，使他们变得更加封闭，进而更易受精神疾病的侵害。

随着信息科技的不断进步和互联网的日益普及，人类社会迎来了互联网时代。网络是一个虚拟的空间，它的方便、快捷、灵活等优点给予了人们极大的帮助，如坐在家里即可浏览众多网上图书，几分钟内即可收到相隔万里的来信，在最短的时间内即可获得任何自己想知道的信息，通过远程教育即可学习更多的知识等。

然而，网络是一把双刃剑，在给我们的生活带来便利的同时，也带来许多隐患。尤其是对于自控能力较弱的大学生来说，网络的许多诱惑（如网恋、网络游戏等）很容易让他们沉迷其中无法自拔，对大学生的身心健康造成极大的危害。

热身活动

RESHEN HUODONG

活动一 你上网最喜欢做什么

- 活动目的：了解你上网的时间分配。
- 活动流程：在表 13-1 中写出你上网最经常做的 10 件事情，并写出每周你做这些事情各自所花费的时间，然后和同学们分享你觉得时间是否花得有意义，你有没有懊悔在网上花费的时间。

表 13-1 上网做的事情及其所花费的时间

序号	上网做什么	所花费的时间
1		
2		
3		
4		
5		
6		
7		
8		
9		
10		
合计时间		

活动二 网络与生活

- 活动目的：了解网络对生活的影响。
- 活动流程：分小组进行讨论，小组成员尽可能地说出所能想到的，通过网络能够给生活带来的益处与弊端。
- 活动时间：15 分钟。前 10 分钟用于发表各自的见解，后 5 分钟用于小组讨论。
- 活动要求：在前 10 分钟内，不要批评或评价别人的看法，只说出自己的见解即可。

头脑风暴

TOUNAO FENGBAO

超七成大学生担心短视频成瘾

2022 年，中国青年网校园通讯社面向全国 11 267 名大学生开展问卷调查。结果显示：超八成大学生经常刷短视频，近三成大学生每天刷短视频的时间为 2～5 小时；超九成大学生刷短视频是为了娱乐放松；超七成大学生认为刷短视频容易成瘾。在各类短视频中，搞笑段子、校园生活、时事热点等类型的短视频更受大学生欢迎。

从食堂打包饭菜回来，打开视频网站上的影视剧二创短视频，开始“下饭”。这是某大学学生方婷每天中午的固定流程。用她的话来说，“中午吃饭不可以离开下饭剧”，3 分钟左右的短视频，她一顿饭的工夫可以刷七八个。原来，她每天都要处理班级、学生会和社团里的各种事情，压力很大，只有吃饭的时候才能从短视频中获得一点慰藉。

“很多同学都在刷，如果不看的话，很容易和他们没有共同话题。我们寝室直接在短视频 App 里建了群，平时不仅会在群里讨论一些时事热点，还会在短视频评论区互相@对方。”某管理学院学生许泽豪说。许泽豪认为自己是短视频重度爱好者，基本每天都会刷短视频，平均每天刷 2 小时以上。

大学生们可能会因为各种原因沉迷于短视频带来的快乐中。你是否有每天刷短视频的习惯？你认为自己有短视频成瘾的倾向吗？你认为，作为大学生我们应如何对待短视频？

心理探索

XINLI TANSUO

心理探索一 了解网络

网络作为一种信息技术，将人类带进了一个前所未有的信息时代。今天的文明社会，已经很难想象没有网络将会是怎样的景象。几乎所有的人都在或多或少地享受着网络所带来的利益。然而谁也没有想到，这项“造福于民”的技术，它的诞生却是和战争联系在一起的。

小知识：Internet 的雏形

20 世纪 60 年代，对于美国来说是一个很特殊的时代。20 世纪 60 年代初，古巴导弹危机产生、美苏两国冷战状态升温、越南战争爆发、众多第三世界国家出现政治危机等一系列问题，使得美国人认识到必须保持自己国家的国际领先地位。他们认为达到这一目标的主要方式是实现科学技术的全球领先，而电脑技术的进步能够极大地促进科学技术的发展。到 20 世纪 60 年代末，每一个主要的联邦基金资助的研究中心，包括纯商业性组织、大学，都拥有了由美国新兴电脑工业提供的最新技术装备的电脑设备。这为电脑资源共享提供了条件。

面对战争的危险，为了避免自己的通信系统被敌方摧毁而导致指挥瘫痪，当时的美国国防部高级研究计划管理局开发了一个名为 ARPAnet 的网络。这一网络的作用在于当某台电脑主机被军事力量摧毁之后，其他节点上的电脑依然能够提供完整而及时的信息。最开始的时候，ARPAnet 只连接了 4 台主机，并且处于高度的军事保密状态，它在技术上也还处于摸索状态，这都使得该技术不具备向外推广的条件。即便如此，电脑数据通过互联网实现数据共享的思想还是首次得到了体现。人们也普遍认为这就是 Internet 的雏形。

随着网络技术的不断发展，其技术应用也越来越广泛。20 世纪 80 年代，局域网走向成熟。1987 年，中国网络专家钱天白教授发出了第一封电子邮件，标志着中国进入互联网时代。1993 年，万维网（WWW）的出现，标志着人类开始大幅度迈进互联网时代。

进入 21 世纪之后，中国的网络发展速度非常之快。根据中国互联网络信息中心发布的《中国互联网络发展状况统计报告》，截至 2021 年 6 月，中国网民规模达 10.11 亿，互联网普及率达 71.6%，10 亿网民开启了“十四五”数字经济发展新篇章。

心理探索二　大学生常见网络心理障碍

一　网络心理障碍的含义

网络心理障碍是指因上网过度而引发的心理疾病。上网过度常常表现为某种缺乏节制的上网行为。大学生网络心理障碍多表现为感情上迷失自我、角色上混淆自我、道德上失范自我、心理上自我脆弱和交往上自我失落。

二　常见网络心理障碍

（一）网络恐惧

随着互联网技术突飞猛进的发展，网络已经融入人们生活的方方面面。互联网的发展使得信息逐渐透明化，个人的隐私和安全都受到了威胁。例如，有些网民借助网络的虚拟空间用语言文字对人进行人身攻击和恶意诋毁，甚至将这种伤害行为从虚拟网络转移到现实社会中，对当事人进行“人肉搜索”，将其个人信息等隐私公布于众，严重影响了当事人的精神状态和个人生活。大学生由于心理尚未成熟，在遇到此类事件时更容易产生抑郁、焦虑、消沉等情绪，进而对网络产生恐惧心理。

（二）网络沉迷

网络世界中的信息多种多样，很容易让人沉迷其中。大学生常见的网络沉迷类型大致可分为 5 种：① 网络色情沉迷——迷恋网络上的色情视频、图片及聊天室；② 网络交际沉迷——沉迷于利用各种聊天软件或聊天室进行长时间聊天；③ 网络游戏沉迷——沉迷于各种网络游戏；④ 网恋沉迷——沉迷于网络所创造的虚幻的、罗曼蒂克的恋情之中；⑤ 网络浏览沉迷——醉心于网络信息的浏览、收集和传播，而忽视这些信息是否是真实、必要的。长时间的网络沉迷，不仅会给大学生的生理健康带来损害，也会使其正常的学习、生活及社会功能受到严重影响。

（三）网络孤独

一些大学生在现实生活中容易产生较强的孤独感，不知道如何与他人交往。他们觉得自己要么缺乏足够的魅力，要么缺少交往的经验，要么缺乏一定的交际能力……因此，希望通过网络来改变自己的人际关系，达到改善自我的目的。然而，长时间的上网不但不能够解除这种孤独感，甚至有可能会加重原有的孤独感。

有关研究表明，沉迷网络会导致大学生脱离现实，心理幸福感降低，孤独感和抑郁感增加。究其原因，则是沉迷于网络的大学生每天将大量时间用于网络聊天或网络游戏，且沉迷于网络里的虚拟交流，这样他们就会减少与同学、朋友、亲人进行面对面交流的机会，进而降低现实中与人交往的能力，并由此产生人际交往障碍，使人际关系淡薄。

（四）网络自我迷失

网络世界中大多是匿名的，在隐藏自己的真实身份之后，许多现实社会中的规范、道德就会失去原有的意义。由于缺乏现实的有效约束，大学生在网络上表现自我的同时，很容易抛弃现实世界中的自我，从而导致其在网络上扮演的角色与现实的实际情况截然相反，这就使得他们不得不在现实与虚拟之间频繁地转化角色。当这种情况过度出现时，就会导致大学生迷失自我。

心理探索三 网络成瘾

一 网络成瘾的定义

网络的诱惑

1994 年，美国著名精神病研究专家伊凡·戈登伯格最早提出了网络成瘾症这一概念，指出网瘾是一种应对机制的行为成瘾。1997 年，戈登伯格又进一步将其定义为“因为网络过度使用而造成沮丧，或是身体、心理、人际、婚姻、经济或社会功能的损害”。戈登伯格对网络成瘾的定义，使网络成瘾这一问题从心理学范畴深入到了精神病医学领域。美国心理学专家、国际网络成瘾康复领域的顶尖人物金柏莉·杨教授则将网络成瘾定义为一种没有涉及中毒的“行为—控制失序症”。

2008 年 11 月 8 日，在中国人民解放军总医院第七医学中心成瘾医学科陶然教授牵头的研究团队制定的《网络成瘾临床诊断标准》中，网络成瘾被定义为“个体反复过度使用网络导致的一种精神行为障碍，表现为对网络的再度使用产生强烈的欲望，停止或减少网络使用时出现戒断反应，同时可伴有精神及躯体症状”。

网络成瘾临床诊断标准

症状标准

长期、反复使用网络，并不是为了学习和工作，或者产生了不利于自己学习和工作的影响，同时还具有以下症状：

（1）对网络的使用有强烈的渴望或冲动感。

（2）减少或停止上网时会出现周身不适、烦躁、易激怒、注意力不集中、睡眠障碍等戒断反应；上述戒断反应可通过使用其他类似的电子媒介（如电视、掌上游戏机等）来缓解。

（3）下述五条内至少符合一条：

① 为达到满足感而不断增加使用网络的时间和投入的程度。

② 使用网络的开始、结束及持续时间难以控制，经多次努力后均未成功。

③ 固执地使用网络而不顾其明显的危害性后果，即使知道网络使用的危害仍难以停止。

④ 因使用网络而减少或放弃了其他兴趣、娱乐或社交活动。

⑤ 将使用网络作为一种逃避问题或缓解不良情绪的途径。

严重程度标准

日常生活和社会交际能力受损（如社交、学习或工作能力方面）。

病程标准

平均每日连续使用网络的时间达到或超过 6 小时，且符合症状标准已达到或超过 3 个月。

思考题：你对这个标准有什么样的看法？

二　网络成瘾的危害

大量研究表明，网络成瘾不但会对人的身心健康造成负面影响，而且还会引发各种问题。一般来说，网络成瘾所产生的问题主要有以下几个方面。

（一）生理问题

由于上网者上网时注意力都集中在网络信息上面，如果时间过长会使其忽略身体所发出的各种超负荷信号，从而患上急性或慢性生理疾病，如神经衰弱、免疫力下降、晕厥等。另外，长时间上网，不仅容易使上网者的眼部过度疲劳，诱发各种眼部疾病，还会因在电脑前长期保持一种姿势，而出现颈椎、腰椎、肌肉劳损、肩周炎、腕关节综合征等多种问题。

同时，有些上网者往往喜欢通宵上网或连续多天不间断上网，这会导致其生物钟出现紊乱，以及睡眠失调，从而进一步导致其生理问题的出现。此外，由于生活条件所限，部分上网者会选择在网吧上网。而受各种各样原因的影响，一些网吧的上网环境并不理想，如环境拥挤、空气混浊、声音嘈杂等，这些都会进一步加重上网者的身体负担。

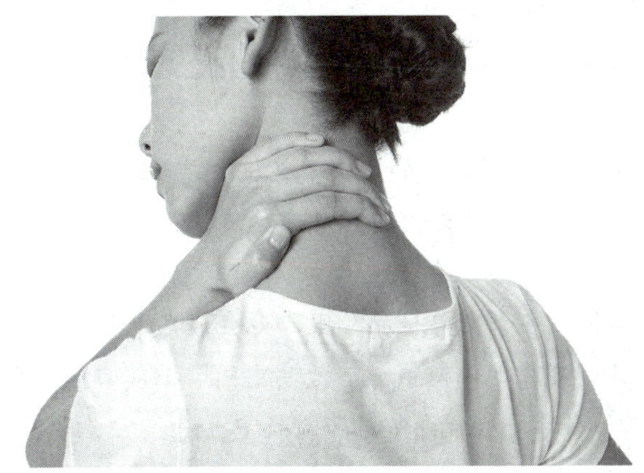

（二）心理问题

缺乏节制的上网行为不但会对上网者的身体造成伤害，还会对其心理造成负面影响。其中最明显的影响就是，上网者容易出现强迫性上网行为，即一旦中止上网，便会产生强烈的上网愿望，而且这种愿望会迫使其无法安心从事其他活动。这样的状态会严重影响到个体正常的生活、工作和学习。

另外，长时间上网会使上网者迷恋于虚拟世界，导致其自我封闭，与现实产生隔阂，不愿与人进行面对面的交流。久而久之，就会影响上网者正常的认知、情感和心理定位，进而使其出现精神障碍、心理异常等问题。

（三）社会和家庭问题

过度沉溺于网恋、网络游戏、网络色情、网络暴力等活动不但会给上网者的身心带来伤害，还可能会引发各种社会和家庭问题。例如，长期沉迷于网络游戏会增加上网者的攻击性行为，使其出现虚拟与现实不分的情况，从而给自己或他人带来伤害。又如，长期沉溺于网络，会导致上网者学习兴趣减退，成绩下滑，逃课、退学等情况日益增多。而这些问题，又会进一步激化上网者的家庭矛盾。

三 网络成瘾的类型

网络成瘾的表现形式多样，常见的包括网络游戏成瘾、网络交际成瘾、网络色情成瘾和信息搜集成瘾。

（一）网络游戏成瘾

你对网游上瘾了吗？

网络游戏成瘾是最早被提出来的一种网络成瘾形式。它是指上网者长时间沉迷于网络游戏而无法自拔。为了寻求网络游戏的刺激，上网者可以不择手段，包括花掉学费、生活费，欺骗家人、朋友，甚至通过暴力抢劫来获取上网费用。

世界卫生组织在 2018 年 6 月 18 日发布的最新一版《国际疾病分类》（ICD-11）中，正式将“游戏成瘾”（Gaming disorder，也称“游戏障碍”）列入精神疾病，并通知世界各国政府，尽快将“游戏成瘾”纳入医疗体系。

世界卫生组织指出，“游戏成瘾”的特征包括：对游戏的自控力低下，将游戏置于其他兴趣和日常活动之前，即使有负面情况也依然会持续进行游戏或增加玩游戏的时间。

【案例】湖北大学生沉迷网游　通宵游戏不幸猝死

湖北某大学二年级学生小梁因痴迷网络游戏，在网吧熬了 4 个通宵打网游，回到宿舍后不幸猝死。由此，网游之害在校园内外引起震动。

因为没有进行尸体检查，所以没人知道小梁具体是在什么时间离世的，只知道在死亡之前，他曾连续打了 4 个通宵的“魔兽争霸”。与小梁同寝室的同学小罗说，小梁 5 天内打了 4 个通宵，第五日清晨回到宿舍倒头便睡，直到 12 个小时后被发现死亡。

小梁是“魔兽争霸”里的“顶级高手”。据他的同学讲，在“魔兽世界”里，他会经常率领其他“菜鸟”们征战沙场，过关斩将。小梁在初三时开始接触网游，高中时渐渐成瘾。他高中同学小熊回忆，高中时期每到中午休息，小梁都会拉着他冲到网吧，鏖战 2 个小时，然后再匆匆奔回教室上课。

也就是从那个时候开始，小梁的学习成绩一天天下滑。虽然小梁的父亲对儿子没有过高要求，只求平安成人，但还是希望儿子能上大学。然而，小梁在高考中惨败，只考了 350 分的他连三本线都没上。这时候，小梁的父亲才意识到儿子已经被网游拖入深渊。无奈之下，小梁的父亲让小梁选择了复读。为了增加考学筹码，第二年高考前，小梁被父亲逼迫练习篮球，随后他以篮球特长生的身份进入武汉的一所大学就读。但让小梁的父亲想不到的是，大学不羁的生活让小梁如鱼得水，更加迷恋于网游世界。

小梁的大学同学回忆，大一上半学期还能见到小梁的身影出现在教室里，而大一下半学期就很少能看到他了，期末考试小梁至少“挂”了 7 科。同学还说，在不玩游戏的日子里，小梁也会跟朋友畅想自己未来的人生之路，如拿双学位、留校、考公务员等。

然而现实就是现实，成绩越来越差，理想也越来越遥远，小梁陷入了痛苦之中。他渐渐感到无聊，觉得只有网络游戏才能填补精神上的空虚。于是，他更变本加厉地沉迷于网络游戏之中，每周都会花几天的时间在网吧熬夜奋战。

虽然是体育特长生，长期的熬夜还是让小梁渐感不适。他的大学同学回想起，小梁此前经常说自己很累，体力远不如高中时，但当时他们都没有在意。

据小梁的同学，同时也是一位“魔兽”玩家的小白介绍，小梁是网络游戏“魔兽”的忠实玩家，也是游戏中“出勤率”最高的会员。平时，他可以连续七八个小时玩游戏不休息，最近这段时间他更是天天在线。而像小梁这样的学生，在他们之中不算少数。身边的一些同学经常是白天睡觉，晚上玩游戏，基本上除了吃饭，剩下的时间都在打游戏，在网吧一泡就是四五天。

小梁的离世，不仅给其父母造成了无尽的伤痛，也再次引发人们对网游之害的深思。

（二）网络交际成瘾

网络交际成瘾是指上网者利用各种聊天软件、网站的聊天室或是专门的交友网站、多人用户游戏等进行虚拟人际交流。其具体表现为将大量的时间花费在网络交际中，而对现实的友情或亲情不屑一顾。他们或沉迷于网恋，或流连于社交网站，或在 QQ 群、微信群中与同好者彻夜聊天。

（三）网络色情成瘾

网络色情成瘾是指上网者迷恋网上的色情音乐、色情图片、色情影视、色情笑话、色情文学作品等。此类成瘾者会在网络中不断查询、浏览色情信息，并沉迷于观看、下载和交换色情作品。

（四）信息搜集成瘾

信息搜集成瘾是指上网者因惧怕所拥有的信息不足而不停地强迫自己上网搜集信息，即使这些信息是无用的、无关紧要的。此类成瘾者会耗费大量的时间浏览网上的各类信息，甚至不惜牺牲自己宝贵的学习和休息时间。长期强迫性地上网搜集信息，不但会导致信息超载，久而久之还会产生焦虑心理。

心理探索四　大学生健康网络心理的培养

一　正确看待网络

不管网络带给人们怎样的影响，不可否认的是网络已经和人们的生活密不可分了。很难想象今天的大学生，如果没有网络将会是什么样子。所以，大学生需要正确看待网络，既不能“妖魔化”网络，也无须“神化”网络。

（一）上网是一种正常的活动

上网这件事本身没有对错之分，然而上网的方式却有适当和不适当的区别。大学生们应该认识到网络只不过是一个信息交流平台，一种掌握信息以实现自己目标的工具。通过网络可以帮助人们实现很多的需求，如搜集资料、了解时事、辅助学习、沟通和联络感情等。虽然网络也带来了一系列问题，但罪不在网络，而是在于我们不恰当的上网方式。所以，敌视和依赖网络都是不可取的。

（二）明确上网需求

网络里有非常丰富的内容值得我们去了解，然而也有非常多的诱惑会毁灭我们。这就需要一双“慧眼”来分辨这一切。明确自己上网的需求，了解自己对网络的期待，以此正确认识自己与网络之间的关系，是成功管理上网行为的第一步，也是最重要的一步。

思考　你上网的时候最喜欢做的事情有哪些？你期望从这些活动中获得什么？

二 加强自我管理

（一）丰富课余生活

大学生活和中学相比，时间相对自由。无论是日常学习，还是休闲活动，都需要自己安排时间。所以，轻松的上网活动很容易受到多数大学生的青睐。为了避免上网活动占满自己的课余时间，大学生可以通过培养多种兴趣爱好、积极参与社会实践活动和社团活动、加强体育锻炼等方式，尽可能地让自己的课余时间安排得更加紧密。

（二）增进现实交流

许多研究发现，网络成瘾与人格的某些特点是有关系的。喜欢独处，对现实人际关系敏感、警觉，不愿意服从社会规范、缺乏自信、情绪不稳定、渴望被外界承认的人更容易沉迷于网络世界。因为，网络能够极大地满足他们的这些需求：不用与现实中的人接触、不用考虑现实交往中的重重规范和限制、可以任意变换自己的身份来获得网络上的成功等。另外，家庭和社会的种种矛盾也会导致很多人逃避至网络世界中。

所有这些，都与个人缺乏足够的现实人际交流能力和技巧有关。所以，大学生应该多训练自己的人际交往技能，努力改善自己的人际关系，要学会在现实生活中与他人一起生活和工作，并且享受现实生活中与人交往的乐趣。

（三）控制上网时间和频率

大学生可以利用各种方法、调动各种资源来控制自己的上网时间和频率。表 13-2 列出了一些减少上网的方法，供大家参考。

表 13-2　减少上网的方法

减少上网的方法	你觉得对你有用吗	
	有用	没用
和自控力强的同学结伴上网，相互监督		
用体育活动代替上网活动		
想上网的时候，先睡一觉，然后再决定是否去上网		

续表

减少上网的方法	你觉得对你有用吗	
	有用	没用
找人面对面聊天		
上网前先拟定一个本次上网的目的清单		
把自己的人生目标写下来贴在床头，每次想上网时就大声念出来		
选择那些准时关门的地方上网，如学校图书馆		
给自己报一个兴趣班或技能培训班		
利用电脑软件设定上网时间，定时关机		

（四）主动寻求帮助

如果上网行为已经严重影响到自己的生活和学习，并且自己已经采取了各种方法来控制上网行为，但效果依然不好，那么可能就需要专业人士的帮助了。例如，向学校心理咨询中心的老师、当地的专业心理咨询与治疗机构求助，借助他们的专业辅导，重新面对网络。

心理训练

XINLI XUNLIAN

本测试有助于你了解自己对网络的依赖程度，请根据你的实际情况，如实进行选择。

1．你觉得上网的时间比你预期的要长吗？

（1）几乎没有　（2）偶尔　（3）有时　（4）经常　（5）总是

2．你会因为上网而忽略自己要做的事情吗？

（1）几乎没有　（2）偶尔　（3）有时　（4）经常　（5）总是

3．你更愿意上网而不是和亲密的朋友待在一起吗？

（1）几乎没有　（2）偶尔　（3）有时　（4）经常　（5）总是

4．你经常在网上结交新朋友吗？

（1）几乎没有　（2）偶尔　（3）有时　（4）经常　（5）总是

5．生活中，朋友、家人会抱怨你上网时间太长吗？

（1）几乎没有　（2）偶尔　（3）有时　（4）经常　（5）总是

6．你因为上网影响到学习了吗？

（1）几乎没有　（2）偶尔　（3）有时　（4）经常　（5）总是

7．你是否会不顾身边需要解决的一些问题而上网查 E-mail 或看留言？

（1）几乎没有　（2）偶尔　（3）有时　（4）经常　（5）总是

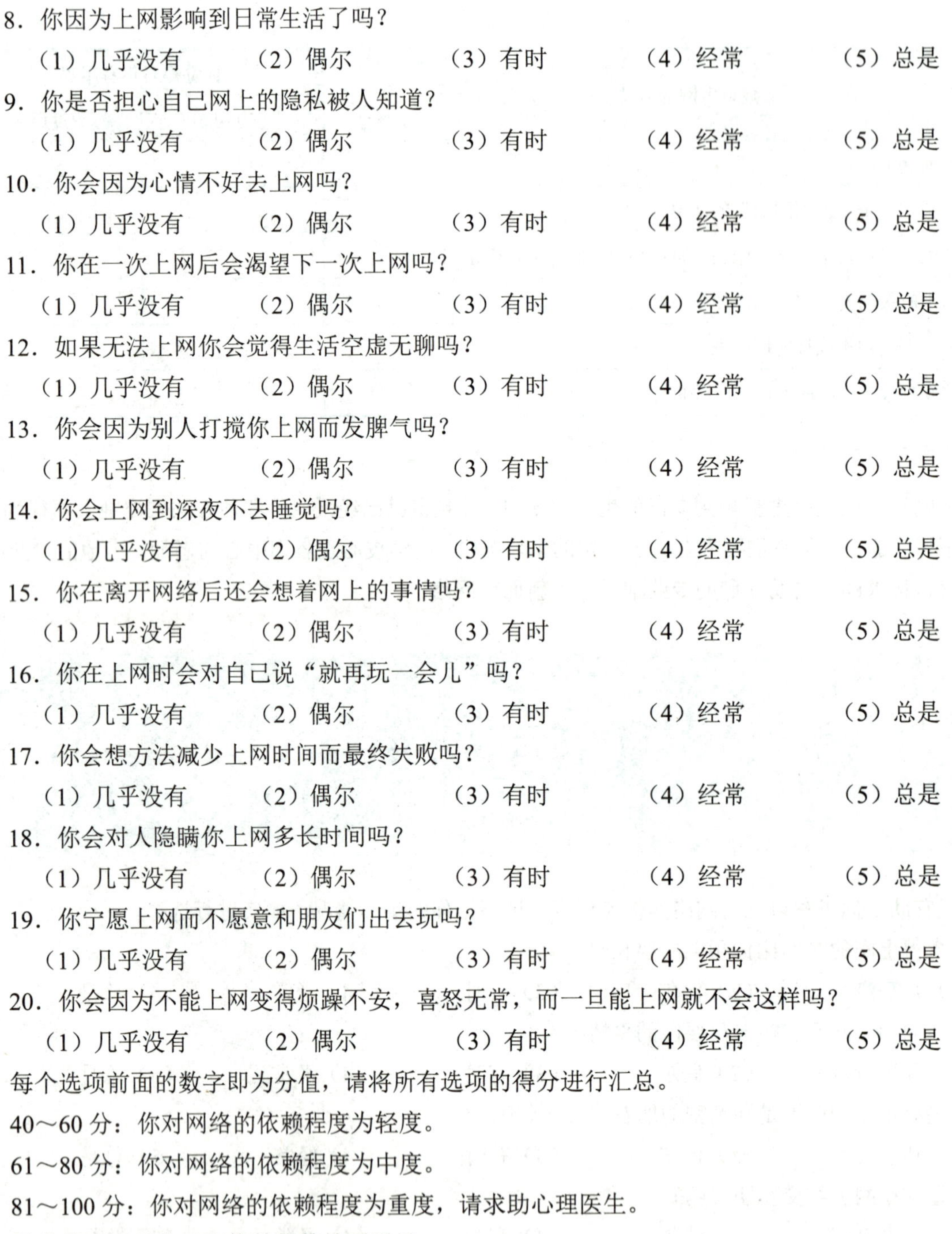

8．你因为上网影响到日常生活了吗？

（1）几乎没有　（2）偶尔　（3）有时　（4）经常　（5）总是

9．你是否担心自己网上的隐私被人知道？

（1）几乎没有　（2）偶尔　（3）有时　（4）经常　（5）总是

10．你会因为心情不好去上网吗？

（1）几乎没有　（2）偶尔　（3）有时　（4）经常　（5）总是

11．你在一次上网后会渴望下一次上网吗？

（1）几乎没有　（2）偶尔　（3）有时　（4）经常　（5）总是

12．如果无法上网你会觉得生活空虚无聊吗？

（1）几乎没有　（2）偶尔　（3）有时　（4）经常　（5）总是

13．你会因为别人打搅你上网而发脾气吗？

（1）几乎没有　（2）偶尔　（3）有时　（4）经常　（5）总是

14．你会上网到深夜不去睡觉吗？

（1）几乎没有　（2）偶尔　（3）有时　（4）经常　（5）总是

15．你在离开网络后还会想着网上的事情吗？

（1）几乎没有　（2）偶尔　（3）有时　（4）经常　（5）总是

16．你在上网时会对自己说“就再玩一会儿”吗？

（1）几乎没有　（2）偶尔　（3）有时　（4）经常　（5）总是

17．你会想方法减少上网时间而最终失败吗？

（1）几乎没有　（2）偶尔　（3）有时　（4）经常　（5）总是

18．你会对人隐瞒你上网多长时间吗？

（1）几乎没有　（2）偶尔　（3）有时　（4）经常　（5）总是

19．你宁愿上网而不愿意和朋友们出去玩吗？

（1）几乎没有　（2）偶尔　（3）有时　（4）经常　（5）总是

20．你会因为不能上网变得烦躁不安，喜怒无常，而一旦能上网就不会这样吗？

（1）几乎没有　（2）偶尔　（3）有时　（4）经常　（5）总是

每个选项前面的数字即为分值，请将所有选项的得分进行汇总。

40～60分：你对网络的依赖程度为轻度。

61～80分：你对网络的依赖程度为中度。

81～100分：你对网络的依赖程度为重度，请求助心理医生。

得分越少表示你对网络的依赖越不明显。

项目十四 珍惜生命 珍爱自我

——大学生生命教育

【项目导入】

黄大年：用生命点燃中国地球探测的灯火

黄大年教授有一种莫名的执着、疯魔，给所有人留下了“科研疯子”“拼命黄郎”的印象。然而，正是这个“科研疯子”“拼命黄郎”，带领他的科研团队创造了多项“中国第一”，为我国“巡天探地潜海”填补了多项技术空白，让中国“深部探测技术与实验研究”项目“弯道超车”——5 年的成绩超过了过去 50 年。有人说，“钻研”就是“十年磨一剑”。黄大年教授却把他一生的精力心无旁骛地投入了地球物理科学，以此来掌握过硬的知识，习得顶尖的技术，去为他的梦想奋斗。

从广西南宁的小山村，到长春地质学院（现吉林大学朝阳校区），从在英国利兹大学获得地球物理学博士学位，到在海外从事针对水下隐伏目标和深水油气的高精度探测技术研究工作，作为当时从事该行业高科技敏感技术研究的少数华人之一，黄大年海漂 18 年后毅然放弃一切回到祖国，用行动诠释了自己对祖国的热爱。

2009 年 12 月 30 日，回国后的第六天，黄大年就与吉林大学正式签下全职教授合同，成为第一批回到东北发展国家“千人计划”的专家。在他的带领下，一大批“科研疯子”为使中国从大国变成强国而生，“拼命黄郎”更将三分之一的时间放到了出差的路上。

白天开会、洽谈、辅导学生，晚上别人休息，他加班出差，午夜时还在飞机上修改 PPT。他将生命发挥到极限，“没有对手、没有朋友，只有国家利益”。学校领导几次催他抓紧申报院士，他却说：“先把事情做好，名头不重要”。最后清醒时，他嘱咐自己的学生：“一定要出去，出去了一定要回来；一定要出息，出息了一定要报国。”他在昏迷前依旧抱着电脑不撒手，并告诉身边人：“我要是不行了，请把我的电脑交给国家，里面的东西很重要。”

“生命是无价之宝。”在有限的生命里，只有实现生命的意义，展现出自我价值，才能活出人生精彩。2017 年 1 月 8 日 13 时 38 分，疲惫的黄大年永远地闭上了双眼，但是“黄大年精神”会伴随着中国的强大，越来越让人震撼！

RESHEN HUODONG 热身活动

活动一 音乐与生命

- 活动目的：让学生聆听音乐，感悟生命的意义。

生命的意义

词/曲：曹　秦

黑夜来临你是否感到孤单，独自一人你是否感到彷徨，
这世界上有多少这样的你我，就让我们彼此关爱。
爱你的家人，爱你的朋友，用心去爱你的爱人，
爱这个世界上所有的人，这就是生命的意义。
没有人愿做离群之雁，谁又愿靠向无人港湾，
当这个世界越来越冷漠，就让我们相互关怀。
爱你的家人，爱你的朋友，用心去爱你的爱人，
在这个世界彼此温暖，这就是存在的意义。
爱这个世界上所有的人，这就是生命的意义。

- 活动时间：20 分钟。
- 活动道具：瑜伽垫、眼罩、歌曲音频及播放器。
- 活动场地：室内或室外，要求安静、无干扰。
- 活动流程：

（1）两人一组，面对面盘腿坐在瑜伽垫上，戴上眼罩，然后调整呼吸，依次放松头部、颈部、双肩、手臂、腹部、腿部等全身部位。

（2）播放音乐，每个人都随着音乐进入冥想状态，眼前浮现出一幅幅画面……

（3）音乐结束，大家慢慢睁开眼睛，交流自己的感受。

活动二 生命线

- 活动目的：请对过去的自己、现在的自己、未来的自己做一次评估和展望。
- 活动时间：30 分钟。
- 活动道具：准备白纸、铅笔。
- 活动场地：教室内。

■ 活动流程：

（1）教师先说明游戏内容：生命是你我都有的东西，人手一份，不多不少。人间有多少条生命，就有多少条生命线，生命线是每个人走过的路线。这个游戏就是画出人生的路线。

（2）先把白纸横向摆好，在纸的最上方写上“×××（自己的名字）的生命线”。然后，在纸的中部从左至右画一道长长的横线，并给这条线加上一个箭头，让它成为一条有方向的线（见图 14-1），起点是你出生的时间，终点是预测的死亡年龄。

（3）按照自己规定的生命长度，找到目前所在的那个点并做出标记。然后，在标记的左边（即代表过去岁月的那部分）把对自己有重大影响的事件写出来，并将其发生的时间标记在横线上。

（4）认真思考在今后的日子里最想达到的 2～3 个目标或可能出现的重大事件（如结婚、生子等），并写在标记的右边。

（5）自行填写，10 分钟后分小组交流。每个人轮流展示自己的生命线，边展示边说明，然后小组讨论。

图 14-1　生命线

头脑风暴

TOUNAO FENGBAO

1．探索记忆，思考人生

（1）假设在一次意外中，你不幸身受重伤，并流落荒岛，在求生无望且生命只剩下一天时，你会做些什么？

（2）在生命即将终结前 5 分钟，你有一个机会可以打一个电话，你会打给谁？会向他说些什么？

（3）在过往的岁月中，有哪些事情曾让你获得极大的快乐和满足？这些事情有什么共同点？

2．地震带来的思考

2008 年 5 月 12 日 14 时 58 分，四川省阿坝藏族羌族自治州汶川县发生了震惊世界的里氏 8.0 级地震。截至 2008 年 9 月 18 日 12 时，汶川地震共造成 69 227 人死亡，374 643 人受伤，17 923 人失踪。

2011 年 3 月 11 日，日本当地时间 14 时 46 分（北京时间 13 时 46 分），日本东北部太平洋海域发生里氏 9.0 级地震并引发海啸，造成重大人员伤亡和财产损失。地震引发的巨大海啸对日本东北部地区造成毁灭性破坏，并引发福岛第一核电站核泄漏。这次地震被命名为“东日本大地震”。据日本警察厅统计，截至 2021 年 3 月 11 日，因东日本大地震死亡的人数为 15 899 人。地震发生后的 10 年内，有 3 767 人被认定为关联性死亡，至今仍有 2 526 人下落不明。

思考　在灾难面前，生命是如此脆弱。你知道哪些关于地震的感人故事？地震让你对生命有了怎样的认识和思考？我们该如何珍惜生命？

心理探索

XINLI TANSUO

心理探索一 生命和生命的历程

一 什么是生命 

我们在日常生活与工作中经常会使用“生命”这个词，如生命价值、生命意义、艺术生命、职业生命等。那么，生命的含义究竟是什么？《不列颠百科全书》中对于生命是这么定义的：“生命是一种物质复合体或个体的状态，主要特征为能执行某些功能活动，包括代谢、生长、生殖及某些类型的应答性和适应性活动。”也就是说，生物学上认为生命是动植物的一种存续状态，其以新陈代谢为基本存在形式，能利用外界的物质形成自己的身体和繁衍后代，并能适应、改变环境。

二 生命的形态

生命体是一个多层次的复杂系统，不同的生命体有着不同的形态、结构。具体到人类而言，人的生命由实体、精神和社会性三方面构成，所以可以分为以下 3 种形态。

（一）生理性生命

生命最直观的表现是生物体的自身繁殖、生长发育、新陈代谢、遗传变异等生理现象，这是所有生命都必须具备的基本属性。人类也不例外，人首先是作为生理性的肉体生命而存在的，通过饮食、呼吸等各种生理活动来维持生存。

（二）精神性生命

人类之所以被称为“万物之灵”，在于其具有远超于动物的思维意识，具有高度发达的精神性生命。人的精神生命最大的特征是“超越性”——超越自我，超越空间，超越时间，并且永不停歇。只要人类还存活，就不会停止思考，就不会只顾当下，就不会止步不前：人类不止思考如何活下去，还探索如何活得更好；人类不仅可以利用自然界现有的工具，还可以创造出自然中没有的无穷无尽的事物；人类不满足止步于地球，还努力去探寻外太空的秘密。

（三）价值性生命

人都会思考“为什么活着、怎样活着”的问题，这是我们对于生命价值发自内心的追问，也是对人生意义的一种诉求。是随波逐流、得过且过，还是逆流而上、拼搏奋斗？《钢铁是怎样炼成的》一书中对生命价值做了这样的诠释：“人最宝贵的东西是生命。生命对于我们只有一次。一个人的生命应当这样度过：当他回首往事的时候，他不因虚度年华而悔恨，也不因碌碌无为而羞愧。”

人只有为自己的理想而奋斗，为自己的信仰而拼搏，才能发挥出生命的价值，实现人生的意义。人的价值性生命为人的生存指明了方向，加足了动力，使人的生命更加丰满。

三 生命的特点

（一）生命的不可逆性

从胚胎起，生命便一直生长、发育，直到衰亡，这个过程是不可改变的。它绝不会“倒行逆施”，也不会“时光永驻”，“返老还童”亦不可能实现。

（二）生命的不可再生性

生命，对任何人来说都只有一次。人们常说，“人死不得复生”，讲的就是生命的不可再生性。

（三）生命的不可互换性

生命为个体所私有，相互之间不得交换，彼此不可替代。许多小说中往往幻想将人的生命当成一种能源相互交换，这在现实生活中是绝不可能发生的。

（四）生命的有限性

人的生命是有限的，无论是帝王将相还是市井小民，到最后都不可避免走向衰亡。历史上有许多帝王花费大量人力、物力去寻求长生之法，最后都只是闹剧一场。有限性是生命的本质属性，生命的有限性使人不停地探寻生命的意义与价值，不断突破自我。

四 生命的历程及核心冲突

人的整个生命过程可分为若干个阶段，每一个阶段都是在前一个阶段的基础上发展起来的，并为下一个阶段打下基础。美国心理学家埃里克森按照人在特定时期的生理成熟程度和核心冲突，将人的一生分为8个阶段。每个阶段有相应的核心冲突，而核心冲突的处理方式和结果会影响人的一生。

（一）婴儿前期（0～1.5岁）：围绕信任感的心理冲突

在这个阶段，婴儿还不会说话，只能通过哭闹表达自己的需求，若其需求很快得到满足，那么在这一过程中婴儿就会建立起信任感。信任感有增强自我力量的作用，具有信任感的儿童敢于希望，富于理想，具有对未来的强烈期待。反之，婴儿的需求持续得不到满足，就会对周围的人及环境产生不信任感，就会不敢希望，时时担忧。

（二）婴儿后期（1.5～3岁）：自主意识与羞怯心理的冲突

在这个阶段，婴儿掌握了大量的技能，如爬、走、说话等，更重要的是他们有了自主意识，也就是说婴儿开始自主决定做什么或不做什么。这个阶段自主意识与羞怯心理的冲突主要体现在父母与子女的冲突上：一方面，父母必须承担起规范婴儿行为，使之养成良好习惯的任务，如训练婴儿大小便，使他们对随地大小便的行为感到羞耻，训练他们好好吃饭，使他们对浪费食物的行为感到羞耻，等等；另一方面，婴儿开始有了自主意识，他们坚持自己的进食方式、排泄方式等。

在这个阶段，对婴儿的家庭教育极为重要，过度溺爱将不利于婴儿的社会化；但是，若过分严厉，又会影响其自主意识和自我控制能力的发展。过度保护或惩罚不当，都会使婴儿产生自我怀疑，同时变得十分羞怯。

（三）幼儿期（3～6 岁）：主动性与内疚感的冲突

在这个阶段，如果幼儿的主动探究行为受到鼓励，幼儿就会形成主动性，这为他将来成为一个有责任感、有创造力的人奠定了基础。如果幼儿的独创行为和想象力受到讥笑，幼儿就会感到羞愧和内疚，并逐渐失去自信心，这使他们将来更倾向于接受别人为他们安排好的生活圈子，缺乏自己开创幸福生活的主动性。总的来说，当幼儿的主动性超越内疚感时，他们就能够正视并坚定地去追求有价值的目标。

（四）童年期（7～12 岁）：成就感与自卑感的冲突

在这个阶段，儿童都应在学校接受教育。学校是训练儿童适应社会、掌握今后生活所必需的知识和技能的地方。如果他们能顺利、圆满地完成学业，就会获得成就感，这使他们在今后的独立生活和工作中充满信心。反之，就会产生自卑感。

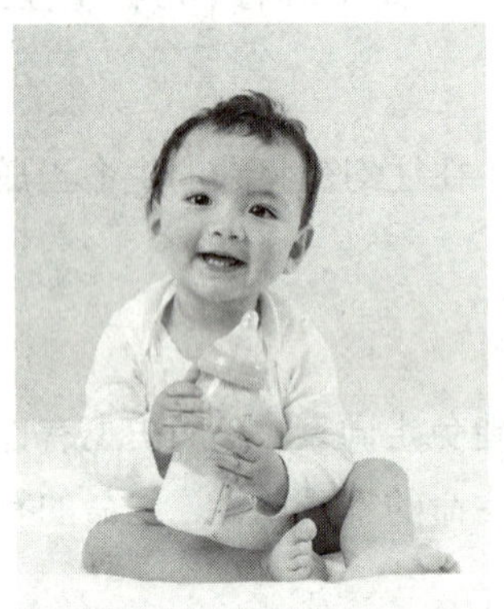   

（五）青少年期（13～18 岁）：围绕自我同一性的心理冲突

在这个阶段，青少年越来越多地接触社会，其按自己的方式积极探索世界。在探索的过程中，青少年学会了摒弃不适合自己的东西，逐渐找到最适合自己的生活方式。

在这个阶段，青少年的主要任务是了解自己，树立自己在别人眼中的形象，明确自己在社会集体中所处的位置，建立起自我同一性。所谓自我同一性，就是对自我有全面的认识，能够将自我的过去、现在和未来组成一个有机的整体，能够确立自己的理想与价值观念，并思考自己的未来发展。

那些无法形成自我同一性的青少年不能很好地适应环境，他们往往放弃努力，觉得一切都是命运的安排；或具有较高的自我防御性，表现为性格多疑、做事武断、待人严苛。

（六）成年早期（19～25 岁）：亲密感与孤独感的冲突

只有具有牢固的自我同一性的人，才敢于与他人发生爱的关系。因为与他人建立这种爱的关系，就是把自己的同一性与他人的同一性融为一体。这其中必然会存在自我牺牲或损失，需要妥协或退让，但是人只有这样才能在恋爱中建立真正亲密无间的关系，从而获得亲密感，否则将会产生孤独感。

（七）成年中期（26～65 岁）：围绕生育感的心理冲突

所谓生育感有生和育两层含义，一个人即使没生孩子，只要能关心孩子、教育指导孩子也可以具有生育感。反之，没有生育感的人，他们只关注自我，只考虑自己的需要和利益，而不关心他人（包括儿童）的需要和利益。

在这个阶段，人们不仅要生育孩子，而且要承担社会工作，这是人最关心下一代的时期，也是人创造力最为旺盛的时期。

（八）成年晚期（65 岁以上）：围绕绝望感的心理冲突

由于机体的不断衰老，老人的体力和心智每况愈下，内心会产生一种绝望感，为此他们必须做出相应的调整和适应。自我调整主要是回顾过去，接受自我，承认现实，最终克服绝望感，以超然的态度对待生活和死亡。通过自我调整，老人可能内心充实地、无憾地与世界告别，也可能怀着绝望走向死亡。

埃里克森认为，在每一个生命阶段，核心冲突都包含积极与消极两个方面，如果人在各个阶段都保持向积极方面发展，就完成了这阶段的任务，将会使人逐渐形成健全的人格，否则就会使人产生心理危机，出现情绪障碍，进而导致人格不健全。

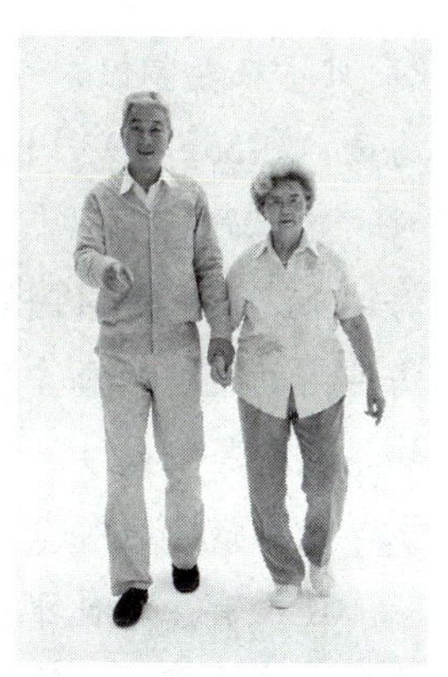

心理探索二　热爱生命、珍惜生命

一　成长成熟，认识生命的意义

（一）生命是无价之宝

法国诗人吕凯特说：“生命不可能有两次，但许多人连一次也不善于度过。”黑格尔认为：“生命是无价之宝。”每个人的生命都只有一次。在无限的时空中，再也不会有同样的机会，一旦失去了生命，没有人能够活第二次。因此，对于每一个人来说，生命都是弥足珍贵的。

正因为生命无价，每个人都应考虑如何让自己仅有一次的生命更有意义，更有价值。正如盲人作家海伦·凯勒所说：“有时我想，要是人们把活着的每一天都看作是生命的最后一天该有多好啊！”每个人都应珍爱自己，积极地过好每一天，绝不能随意地消耗、浪费生命，更不能轻易地、毫无价值地结束生命；每个人都要善待他人，以善良之心、善意之举去对待周围的人或物，切不可暴力伤害他人，践踏生命的尊严。

（二）生命需要磨砺

人的一生不可能一帆风顺，没有哪一个人是不经过磨砺就能够成功的。生命需要磨砺，磨砺是生命成熟之必需，未经磨砺的生命经不起摔打。把人生中的一切不如意都看作对生命的磨炼，用心待之，泰然处之，才能使人变得坚强，才能经受住任何考验，战胜任何困难。

（三）生命是在拼搏与追求中不断实现自我、超越自我

人这一辈子总是在得与失、苦与乐中不断地轮回徘徊，“在失去一切时，希望依然存在”，人就是应该

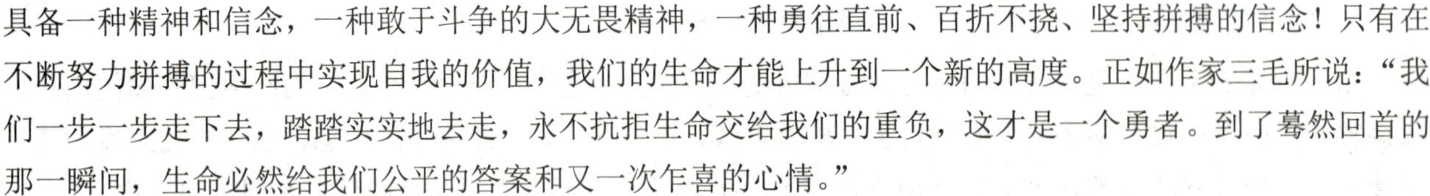

具备一种精神和信念，一种敢于斗争的大无畏精神，一种勇往直前、百折不挠、坚持拼搏的信念！只有在不断努力拼搏的过程中实现自我的价值，我们的生命才能上升到一个新的高度。正如作家三毛所说：“我们一步一步走下去，踏踏实实地去走，永不抗拒生命交给我们的重负，这才是一个勇者。到了蓦然回首的那一瞬间，生命必然给我们公平的答案和又一次乍喜的心情。”

【案例】肉体的痛苦，无法改变她对生命的热爱

张海迪是自学成才的著名作家，出版了长篇小说《轮椅上的梦》《绝顶》《天长地久》，散文集《鸿雁快快飞》《向天空敞开的窗口》《生命的追问》《我的德国笔记》等，翻译了《莫多克——一头大象的真实故事》《丽贝卡在新学校》等外文著作。张海迪被誉为身残志坚的一代楷模。

张海迪，1955 年 9 月出生于济南一个知识分子家庭。她拥有一个幸福的童年，快乐而活泼的她成天蹦蹦跳跳，跑来跑去，似小燕子般到处飞翔。可惜，蹦蹦跳跳的时光是那样短暂。1960 年一个明朗的早晨，张海迪上完课和小同伴们高兴地朝门外跑去时忽然跌倒了。自此，她的双腿丧失了知觉。

张海迪患的是脊髓血管瘤，病情反复发作，非常难治。随后的 5 年中，她做了 3 次大手术，脊椎板被摘去 6 块，最后高位截瘫。原来天真活泼的张海迪，从此只能整天卧在床上。看着小伙伴们高高兴兴地背着书包上学校，张海迪内心无比酸楚。终于有一天，张海迪按捺不住心中的渴望，对妈妈说她要上学，可是因为张海迪没有生活自理能力，所有的学校都不接收她。

张海迪没有向现实屈服，她一边强忍病痛，一边自己学拼音，学查字典，学了一个又一个生字。她趴在床上，用胳膊支撑着身体抄书，学完了一本又一本小学课本。没有人催问，没有人检查督促，更没有考试，一切都靠自学。努力是加倍的，收获也是加倍的。通过非同寻常的努力，张海迪还学会了素描、写生，能够临摹名画；学会了识谱，并能用手风琴、琵琶、吉他等乐器弹奏歌曲。

1970 年 4 月，张海迪跟着父母下乡，到条件十分艰苦的农村生活。她发现那里的学校没有音乐教师，就主动到学校教唱歌，课余时间还帮助学生组织学习活动，给学生理发、钉扣子、补衣服。看到当地群众缺医少药，张海迪就自学了许多医学知识，还学会了针灸。学针灸时，为了体验针感，她在自己身上反复练习扎针。短短几年后，她居然成了当地的一个年轻的“名医”，为乡亲们无偿治病。

张海迪还自学了英语、日语、德语和世界语，翻译了近 20 万字的外文著作和资料。1983 年，张海迪开始走上文学创作的道路，出版了多本著作，曾获全国性“五个一工程”图书奖。

20 世纪 80 年代初，张海迪的事迹被媒体报道后，在社会上引起强烈反响。1983 年 3 月 7 日，共青团中央授予张海迪“优秀共青团员”称号，全国妇联授予她“三八红旗手”称号。1983 年 5 月，中共中央号召全社会向张海迪同志学习，邓小平亲笔为她题词：“学习张海迪，做有理想、有道德、有文化、守纪律的共产主义新人！”全国上下掀起了一股“向张海迪学习”的旋风。

二 笑对人生，拥抱生命的美好

大学生如同初升的朝阳，拥有灿烂美好的人生。未来充满希望，大学生要有乐观的心态，积极拥抱生命，宽容地对待自己和他人，这样才能收获幸福。

（一）希望

个体能够设定具有挑战性的现实目标并有决心达成目标，而且能够在最初计划路径受阻时找到替代路径来实现所期望的目标，就会走出一条充满希望、螺旋上升的成长路线。也就是说，希望包含目标（是否拥有有意义的目标）、路径（是否知道如何达成目标）和动力（是否有足够的动力）三层含义。充满希望

的大学生往往是独立的思考者，有很强的自我意识，能更好地分析自己所处的状态。

想要达成自己的目标，就要树立信心、看到希望，具体可以从以下4个方面做起。

（1）灌输希望，即剖析自己生活中的重要事件，从达成目标的角度来整合、梳理并重新解释这些事件。也就是说将事件分解为目标、路径和动力三个部分，找出存在哪些积极因素和消极因素。

（2）确立目标，即根据自己的实际情况，制订具体清晰的目标。目标应该是积极的、付出努力后能实现的、符合自身能力和现实条件的。

（3）加强路径意识，即将较大的目标分解为较小的目标，找出实现每一个目标的具体途径；安排预案，想到替代方法，提高在计划路径受阻时解决问题的能力。

（4）加强动力意识。具体方法包括回顾成功经验、增强自我效能感、改变归因方式、促进积极思维等。

【案例】乐观就会有希望

有一位老人，他在72岁时遭受严重挫折——他为之奋斗了几十年的享誉全国的最大零售集团，在一夜之间破产了。人们看到这位闻名遐迩的世界级企业家迎来如此灾难性的失败，纷纷议论：有人认为他将心随天命，穷困潦倒地度过余生；有人认为他将闭门谢客，躲起来再也不见外人；还有人认为他肯定难以承受这种打击，会以自杀来结束自己的生命。

然而，事业的大厦轰然倒地，并没有使这位老人从此倒下。他依然神采奕奕地出现在人们面前。过了一段时间，老人和几个年轻人携手合作，开办了一家网络咨询公司，开始向自己不熟悉的IT行业进军。面对新的行业，老人并没有忧心忡忡、缩手缩脚，他脸上始终挂着微笑，他虚心好学，不耻下问，加上能够合理地运用过去经营零售企业时积累起来的经验，没多久老人就重新把生意做得红红火火了。

一年后，老人新的事业大厦又屹立在人们面前。当记者采访老人，问他为何能够在一年内东山再起时，老人快乐地大笑起来。记者等了好久，老人也未给出答案，于是记者疑惑地又重复提起这个话题，老人第二次快乐地大笑起来，他只说了短短一句："其实，我已给出答案！"此时，记者才恍然大悟——乐观和希望就是老人的法宝。

在长期的拼搏奋斗中，这位老人悟出了这样一个简单的道理：生活就是一束阳光，你站在阳光中，迎着阳光向前看，满眼光明，身心温暖，力量倍增；转过身，俯视阴影，则满目黯然，暗自神伤。选择阳光还是阴影，完全由个人来掌握。选择前者，你将积极快乐地向前走；选择后者，你将沉沦于悲观沮丧，举步维艰。

老人东山再起的故事告诉我们这样一个道理：成功需要一颗快乐的心来支撑！忽略了这一点，我们可能会一直与成功失之交臂。如果你遇到困难，正心怀沮丧，不妨尝试一下转换心情去探索另一条路径，说不定会柳暗花明。

（二）乐观

乐观是指个体在不同的情境和时间段中，都抱有对未来的美好希望，都相信事情会向着积极的方向发展。乐观的人把积极的事件归因于自身的、持久性的和普遍性的条件，而将消极的事件归因于外部的、暂时性的和与情境有关的条件。

具有乐观精神的大学生能够正视外界的压力，善于充分利用环境中的各种机会来提升自己的能力，也更容易从失败中走出去。培养乐观精神可以从以下三个方面入手。

1．积极幻想

心理健康的人都倾向于用乐观的方式认识自己、世界和未来。积极幻想是培养乐观品质的有效手段。具体包括：① 自我拔高。可在正确认识自己的基础上进行适当拔高，相信自己有能力做好应该做的事情。② 相信自己的自我控制能力。坚信自己可以让事情向好的方向发展，并为之付出努力。③ 对未来乐观。相信未来会更美好，相信通过自己的努力能使自己过上幸福的生活，相信自己有能力改变世界。

积极幻想对我们生活的帮助是毋庸置疑的，它让我们更加自信，更加有希望，也促使我们采取更多的行动，为既定的目标付出努力。

2．利用选择性注意和良性遗忘

选择性注意是指人们选择性地关注与自己有关的积极事件，而对与自己有关的消极事件视而不见。良性遗忘是指人们很难回忆起与自己有关的消极消息，而对自己有关的积极消息却时时牢记。大学生可充分利用这种心理机制，调适自己的心情，防止自己沉溺于消极情绪无法走出。

3．适当容忍自己某方面能力的不足

这是指个体发现自己某方面存在不足时，他能够接纳这一不足并将其重要性降低至可以容忍的限度。例如，一个经过努力仍然成绩不好的人，可以认为自己虽然在学习方面的能力不足，但与之相比更重要的是，他有一群好朋友。这样的自我评价对其保持心理健康是有好处的。但是，这并不意味着个体就此可以对自己的不足视若无睹，而是在拼尽全力仍无法改善时，正视这一现实，并发掘自己其他的优点。

（三）宽容

宽容是一种非常美好的品格。它是一种非凡的气度、宽广的胸怀，是对人对事的包容和接纳；是一种生存的智慧、生活的艺术，是对别人的释怀，也是对自己的善待。宽容是精神的成熟、心灵的丰盈，包含从容、自信和超然。

1．宽容的分类

心理学家将宽容分为人际宽容和自我宽容两种类型。人际宽容主要指宽容别人。受害者在受到不公正的对待后，克服对冒犯者消极的认知、情绪和行为反应，取而代之的是积极的认知、情绪和行为反应，这一表现即为人际宽容。自我宽容表现为个体认识到自己做错事后，抛开内疚和悔恨，就事论事，正视错误，并想办法改进。

2．宽容的作用

大多数心理学家认为宽容是一种自我保护机制，宽容有助于个体释放愤怒、仇恨等消极情绪，有助于个体做出亲社会行为，减少攻击行为，有助于个体建立和维护与他人良好的人际互动，改善和恢复已经破裂的人际关系，有助于个体提高自尊水平、保持平和的心境，而这些都有利于个体的身心健康。

3．培养宽容的态度

心理学家恩格里斯总结了宽容的 4 个阶段，并细致地描述了宽容一个人可能会经历的心理过程，如表 14-1 所示。

表 14-1 宽容的 4 个阶段

阶段	内容
体验伤害的阶段	1．遵从自己的心理防御机制 2．正视愤怒，目的是释放愤怒 3．以第三方的视角回顾自己的表现，适度自省 4．觉察到自己对伤害事件的过度关注 5．回想所受到的伤害 6．将自己的不幸与冒犯者的“幸运”做比较 7．意识到伤害对自己造成的影响是永久的 8．坚信善良、公正的信念有所改变
决定宽容的阶段	9．意识到目前的应对策略对当前的情境不起作用 10．将宽容作为一种选择 11．做出宽容的承诺
实施宽容的阶段	12．将冒犯者置于当时的情境中，对其过错进行重新认知 13．对冒犯者共情 14．觉察到对冒犯者的同情 15．承受痛苦
收获成果/深化的阶段	16．思索经历磨难和给予宽容对人生的意义 17．意识到自己也有得到他人宽容的需要 18．认识到他人也会受到伤害 19．认识到自己因宽容而树立新的生活目标 20．对冒犯者的消极情绪逐渐减少，积极情绪逐渐增加，最终得到内心的释然

了解宽容的整个心理过程，有助于大学生有意识地培养宽容的态度。从表 14-1 中得知，培养宽容的态度可遵循以下几个步骤：首先，引导个体树立宽容意识。其次，改变个体对冒犯者的消极认知，促进个体的共情。最后，个体真正地宽容冒犯者。当然，每个宽容者并不一定要经历表 14-1 中的所有阶段，而且每一阶段中的各个环节也不是固定不变的。不同个体之间存在着差异，在不同阶段有的个体会出现倒退或跳跃现象。

（四）幸福

心理学上所说的幸福是一种持续、稳定、积极的心理状态，包括对现实生活的总体满意度和对自己生命质量的评价，是个体对自己生存状态的全面肯定。幸福是一种较为稳定的欣喜感和愉悦感，不同于暂时的快乐和满足。生活中我们经常会有快乐的时刻，如看了一部喜剧电影，或者吃了一顿美食，但这种暂时的快感不是幸福。

由于受生活环境、文化教育等因素的影响，每个人对幸福的理解和要求各不相同。但是这并不妨碍我们将幸福作为生活的最高目标。提升幸福感可以从以下 4 个方面入手。

1．喜欢自己，相信自己

乐观和自信是追求幸福的基础。如果一个人内心对自己持否定的态度，只看到自己不足的一面，那即使他事业成功、生活富足，也没有办法得到真正的幸福。这也是一些看似成功的人觉得生活并不幸福的原因之一。

研究表明，行为对态度有一定的支配作用。如果自卑、悲观的人想要改变自己，使自己变得自信、快乐，那么一个有效的方法就是假装自己是一个乐观、自信的人。很多人有过这样的经验，当心情烦躁却有朋友打来电话时，他们不得不装出一副很高兴的样子跟朋友聊天，但奇怪的是，挂掉电话之后，心情好像也变得没有那么烦躁了。因此，我们可以试着先改变自己的行为，用这样的方式去引导以前那个自卑、忧郁的自己，慢慢改变他人对自己的态度，进而改变自己的心态。

2．有效沟通，改善关系

高质量的人际关系跟个人的幸福感息息相关。那么，我们要如何改善人际关系呢？

一方面，我们可以积极增加社会交往，与他人更多地进行信息交流和情感沟通。在沟通过程中，应尽可能采用积极的沟通方式，如主动提供信息、面带笑容等，提高交往沟通的有效性。

另一方面，培养良好的品质和品性。人与人之间是否能建立真诚友好的朋友关系，归根结底取决于个人的品质和品性，而“真诚”是令人信赖的一个最为重要的品质。只有以诚待人，真心待人，才能拥有良好的人际关系。

3．调整作息，保持健康

追求幸福的前提是拥有健康的身体。大学生要善待自己的身体，养成良好的生活方式和习惯。例如，早睡早起，尽量不熬夜，每天保证 6～8 小时的睡眠；定期参加体育锻炼；每周保证有一天能够抛开所有的烦心事，让自己彻底放松下来；保持合理的膳食结构，摄取充足的营养；尽量远离烟酒这类对健康无益的物品。

4. 热爱生活，发展兴趣爱好

对生活充满热爱，有一项或几项有益身心的兴趣爱好，才能使个体的精神有所寄托，才能使生活充满乐趣，心灵有所依托。有些大学生在学习之余便无所事事，要么对着电脑枯坐一整天，也不知道自己干了些什么，要么沉迷于玩网络游戏或看小说，但其实他们自己也觉得这种日子很无聊。由此可见，如果心灵毫无寄托，整日无所事事，幸福感自然也就消失不见了。

大学生应该珍惜大学生活的每一天，找到自己感兴趣的事物，充分利用学校的资源，发展自己的兴趣爱好。例如，参加学校的各种社团，如街舞社、吉他社等；选修其他感兴趣的公共课，如书法、篆刻等；留心各种学术讲座、名人演讲等。大学生将自己的生活过得充实起来，不虚度光阴，就定能发现生活的美好、幸福的真谛。

三 激流勇进，承担人生的责任

生命是一种责任，承担和履行责任的过程是探索和实现生命价值的过程。生命因承担和履行对自己、对他人、对社会的责任而显得靓丽、充实且富有意义。大学生要摆脱无兴趣、无斗志、无所谓的精神疲软状态和社会上极端功利化趋势的影响，勇于、敢于承担自己的生命责任。

（一）大学生要正确认识自身价值，自觉承担社会责任

部分大学生将个人与社会完全割裂，认为现实残酷，自觉无力改变，于是随波逐流，得过且过。这种消极的心态使得部分大学生产生了强烈的失落感、空虚感、孤独感，认识不到自身的价值，体会不到生命的意义，严重的会导致其行为失常，甚至是人格分裂或精神绝望。

因此，大学生要把个人成才与社会发展结合起来，自觉把社会理想、时代要求内化为个人的成才目标，树立社会责任感和使命感。只有对人生目的、人生态度和人生理想等问题有了正确认识，建立起正确的自我意识，才能形成社会责任感的内在精神支柱，产生履行社会责任感的强大动力。

（二）大学生要积极投身社会实践，体悟生命的意义

少数同学对个人爱好偏执，对个人利益过分敏感，但自我责任意识淡薄，呈现明显的情绪化、功利化倾向，从而导致他们无法正确看待自己的社会责任，如片面强调个人权力和利益的获取，而不愿意付出艰辛努力，不愿意承担自己行为的后果。他们过度关注自我，而忽视了对他人、对家庭、对社会的责任。这种过度关注自我甚至损害他人利益的行为，必然会遭到社会的否定和排斥，从而使自己陷入孤立无援的境地。这种对自我责任的彻底放弃，甚至会导致对生命的放弃。

因此，大学生应自觉走出校园，深入社会，到社区、基层去，通过科技服务、公益劳动等方式，了解社会，认识国情，丰富情感，磨砺意志，真正体悟生命的意义和美好。

（三）大学生要充分发挥主体作用，努力提升生命责任感

大学生是大学生活的主体，要充分发挥主体作用，学会在各种利益冲突中独立地判断和选择，并对自己的行为后果负责。如果一个人对怎么做人都糊里糊涂，对自己都不负责，甚至自暴自弃，也就谈不上对他人和社会负责了。因此，大学生要对自己负责、对自己的生命负责、对自己的事业负责、对自己的情感负责，并且由己及人，由近及远，从对自己的亲人负责、对周围的人负责，升华到对社会、对民族、对国家负责。生命责任感应具体到生活的每一个层次、每一个领域、每一个行动。

生命接力 大爱无疆

2020年10月，广西青年梁昌辉因经常头痛到医院检查，确诊脑肿瘤。经过几个月的治疗，他的病情得到好转。

2021年春节，梁昌辉和家人回到家乡岑溪，在家中吃药治疗。好景不长，3月28日，梁昌辉病情再次恶化，出现呼吸衰竭，被送到岑溪市人民医院治疗。4月22日，医生遗憾地宣布梁昌辉已脑死亡。

梁昌辉的父亲梁启昌得知这个消息后悲痛不已，但他毅然做了一个决定——把儿子的器官捐献出去。“如果昌辉不行了，我想能不能捐献他的器官，让他去帮助其他的孩子。”

纵有万般不舍，梁启昌与所有亲属一起与梁昌辉做了最后告别。4月22日上午8时，在梧州市红十字会和岑溪市红十字会的共同见证下，广西医科大学第二附属医院的医护人员在岑溪市人民医院完成了对梁昌辉的器官获取手术，顺利摘取了他的肝脏、两侧肾脏和两枚眼角膜。

被问到为什么主动捐献器官，梁启昌说道：“我希望他以第二种形式存活在这个世界上。器官捐献是救人救命的大爱之举，我作为党员，也希望这种精神能够延续下去。”

成功进行器官摘取后，一场生命的接力赛开始了。医护人员迅速将梁昌辉捐献的器官转运到广西医科大学第二附属医院。4月22日下午，器官移植手术顺利完成。梁昌辉的肝脏和肾脏被成功地移植到了两名患者身上，使他们重获新生。而他捐献的两枚眼角膜，也将使两名患者获得重见光明的机会。

“我儿子在生前就是一个善良且乐于助人的人，相信他如果知道自己的器官可以帮助更多的人，一定会非常开心。这也是一种生命的延续。”梁启昌欣慰地说。

尊重生命，传递大爱。梁昌辉的生命虽然永远地定格在了25岁，却在他人的身上得到了延续，继续谱写生命的乐章。

XINLI XUNLIAN 心理训练

我的人生五样

请每个人拿出一张白纸，然后思考：对你来说人生中最重要的是什么？然后在白纸上写下对你来说最重要的五样东西。这五样东西可以是具体的物品，如食物、水或钱；可以是人和动物，如父母、朋友或宠物；可以是精神的追求，如理想、爱好或习惯。

接着，你需要把其中一项删掉，删掉意味着这样东西从此在你人生中消失。认真思考并做出选择，想想自己为什么把它删掉。

接着，在剩下的四项中再选择一项删掉，想想自己为什么把它删掉。

接着，在剩下的三项中再选择一项删掉，想想自己为什么把它删掉。

接着，在剩下的两项中再选择一项删掉，想想自己为什么把它删掉。

现在请看剩下的最后一项，这是对你来说最重要的东西。考虑一下自己为这样最重要的东西付出了什么。

请认真感受删除的心理过程，与他人分享一下自己的内心感受和想法。

参考文献

[1] 彭聃龄．普通心理学［M］．5版．北京：北京师范大学出版社，2019．

[2]（美）理查德·格里格，（美）菲利普·津巴多．心理学与生活［M］．19版．王垒，等译．北京：人民邮电出版社，2016．

[3] 李先锋．大学生心理健康理论与实务［M］．北京：电子工业出版社，2009．

[4] 马雁平，陈萍，张澜．大学生心理健康教育［M］．长春：吉林大学出版社，2013．

[5] 杨喜添．浅议大学生社团的建设与管理［J］．广东青年干部学院学报，2007，21（2）．

[6] 张文学．高校学生社团发展现状及其指导［J］．中国青年研究，2006（6）．

[7] 朱卫国，桑志芹．大学生心理健康教程［M］．2版．南京：南京大学出版社，2014．

[8] 储克森．大学生心理健康指导十课题［M］．北京：机械工业出版社，2011．

[9] 岳晓东．怎样做最好的自己［M］．合肥：安徽人民出版社，2010．

[10]（美）伯恩．人间游戏：人际关系心理学［M］．田国秀，等译．北京：中国轻工业出版社，2006．

[11] 赵国祥．现代大学生心理健康教程［M］．北京：人民教育出版社，2007．

[12]（美）布莱克曼．心灵的面具：101种心理防御［M］．郭道寰，等译．上海：华东师范大学出版社，2011．

[13] 张平．每天一个心理游戏［M］．北京：中国华侨出版社，2013．

[14] 陶爱荣．快乐前行：高职生心理健康与发展［M］．南京：南京大学出版社，2014．

[15]（美）莎伦·伦德·奥尼尔，（美）埃尔沃德·N．查普曼．职场人际关系心理学［M］．12版．石向实，等译．北京：中国人民大学出版社，2011．

[16] 曾丹．大学生主要的心理挫折类型、成因及其教育途径［J］．黑龙江教育学院学报，2008，27（3）．

[17] 高蕾．当代大学生人际交往中存在的问题及应对策略［J］．教育探索，2012（1）．